新时代劳动教育行动导向教材
高等职业教育通识课教材

JIYI YU LAODONG

技艺与劳动

主 编◎肖 珑

·上海·

内 容 提 要

本书以技艺劳育为鲜明特征,强调专劳融合,突出高职教育人才培养"做中学、学中做"的特色。全书内容包括树立正确劳动价值观、培育劳动品质、传承劳动美德、增强劳动能力、提升劳动素养及保障劳动权益六大版块;以社会热点、典型案例和工作任务等为教学情境,采用任务驱动编写体例,每个工作页均配有丰富的拓展阅读、生产/服务管理工具表、评价单等,为师生翻转课堂、一体化教学、混合式教学等提供便利。

本书既可以作为高等职业院校学生劳动教育课程的教材或指导书,又可以作为各行各业进行劳动教育的参考用书。

图书在版编目(CIP)数据

技艺与劳动 / 肖珑主编. —上海:同济大学出版社,2023.2
 ISBN 978-7-5765-0791-1

Ⅰ.①技… Ⅱ.①肖… Ⅲ.①劳动教育-高等职业教育-教材 Ⅳ.①G40-015

中国国家版本馆 CIP 数据核字(2023)第 028199 号

技艺与劳动

主　编　肖　珑
责任编辑　任学敏　　**助理编辑**　夏晗丹　　**责任校对**　徐春莲　　**封面设计**　渲彩轩

出版发行	同济大学出版社　　www.tongjipress.com.cn (地址:上海市四平路1239号　邮编:200092　电话:021-65985622)
经　销	全国各地新华书店
排　版	南京文脉图文设计制作有限公司
印　刷	启东市人民印刷有限公司
开　本	787mm×1092mm　1/16
印　张	13.25
字　数	331 000
版　次	2023年2月第1版
印　次	2023年2月第1次印刷
书　号	ISBN 978-7-5765-0791-1
定　价	49.00元

本书若有印装质量问题,请向本社发行部调换　　版权所有　侵权必究

前 言

劳动教育是新时代中国特色社会主义教育的重要内容。2001至2021年间,以高职劳动教育为主题的研究热度持续上升,研究主题日益丰富。本书编写团队致力于劳动教育的多样性发展特点研究,在充分考虑地区经济、文化特点的基础上,开拓了以技艺劳育为核心的创新性劳动教育途径。

本书以技艺劳育为鲜明特征,强调专劳融合,突出高职教育人才培养"做中学、学中做"的特色。根据高职学生学习特点,编者梳理总结出树立正确劳动价值观、培育劳动品质、传承劳动美德、增强劳动能力、提升劳动素养及保障劳动权益六大内外兼修、知行并重的内容版块。本书聚焦高职院校德技双馨的育人目标,在注重对学生观念、品质和美德培养的同时,强调具有专业特色和职业特点的技术、技艺操作的教授,使之在实践中内化为品德,外放为能力,从而引领劳动教育向内容体系化、范式多样化、操作规范化、评价科学化的方向发展。

本书围绕专业技艺和劳动教育的知行合一这一逻辑主线,融合课程思政、专业教育、实习实训、创新创业、校园文化、社会实践等职业教育教学内容,以社会热点、典型案例和工作任务等为教学情境,采用任务驱动编写体例,每个项目通过"想一想、议一议、做一做"的职业行动设计,让学生主动地、有意识地在职业行动中强化劳动精神养成、劳动能力培养和劳动实践锻炼;每个任务后设置来自真实的生产实践和专业教学实践的"做一做"教学情境,采用工作页的设计方式,注重知识、技能、素养和劳动的综合能力培养。每个工作页均配有丰富的拓展阅读、生产/服务管理工具表、评价单等，便于师生在翻转课堂、一体化教学、混合式教学等教学模式下使用。

本书由河南职业技术学院肖珑教授担任主编，负责全书的内容规划、体例制订及统稿工作，重庆工业职业技术学院王官成教授担任主审；河南职业技术学院张俊叶、刘雨佳、索生安、陈昕志负责书稿编写工作，具体编写分工如下：认识、项目一由张俊叶负责编写；项目二任务2.1、2.2、项目六由刘雨佳负责编写；项目三、项目四由索生安负责编写；项目二任务2.3、项目五由陈昕志负责编写。本书在编写过程中参考和引用了大量文献资料，在此向作者表示最诚挚的谢意。同时，为了展现更贴合专业的工作情境，得到了各行业专家的大力帮助，在此一并表示感谢。

本书力求通俗易懂、结构严谨、内容充实，在编写过程中尽力反映经典与前沿，体现教材的成熟性和先进性。但由于作者水平有限，书中难免出现缺漏和错误，敬请读者批评指正。

编　者

2022年12月

目　录

前言

认识劳动及劳动教育 ………………………………………………………………… 001
　认识 1　认识劳动 ………………………………………………………………… 001
　认识 2　认识职业院校劳动教育的特点 ………………………………………… 004
　认识 3　认识技艺劳育 …………………………………………………………… 008

项目一　树立正确劳动价值观 ……………………………………………………… 013
　任务 1.1　认识马克思主义劳动价值观 ………………………………………… 014
　任务 1.2　认识习近平新时代中国特色社会主义劳动价值观 ………………… 023
　任务 1.3　认识大学生树立正确劳动价值观的必要性 ………………………… 036

项目二　培育劳动品质 ……………………………………………………………… 050
　任务 2.1　培育主动劳动的优良品质 …………………………………………… 051
　任务 2.2　培育诚实劳动的优良品质 …………………………………………… 067
　任务 2.3　培育合作劳动的优良品质 …………………………………………… 076

项目三　传承劳动美德 ……………………………………………………………… 086
　任务 3.1　发扬中华民族的优良传统 …………………………………………… 087
　任务 3.2　践行时代精神 ………………………………………………………… 102

项目四　增强劳动能力 ……………………………………………………………… 119
　任务 4.1　掌握劳动知识 ………………………………………………………… 120
　任务 4.2　提升劳动能力 ………………………………………………………… 131

项目五　提升劳动素养 ……………………………………………………………… 147
　任务 5.1　提高职业道德修养 …………………………………………………… 148
　任务 5.2　树立劳动安全意识 …………………………………………………… 160

项目六　保障劳动权益 ··· 172
　　任务 6.1　树立合法劳动意识 ··· 173
　　任务 6.2　保障劳动权益 ·· 186

参考文献 ·· 205

认识劳动及劳动教育

认识 1　认识劳动

劳动是人类的本质活动。劳动将人类与动物从根本上区别开来，人类社会的历史就是劳动发展的历史。离开劳动，不可能有人类的历史和灿烂的文明；离开劳动，不可能有真正的教育。劳动是历史和文明的起点，更是劳动教育的起点。

一、劳动的概念

劳动是人有意识地、自觉地改变环境、改变世界的实践活动。劳动是在人的主观能动性的支配下的行动和表现。例如，农民在田地中耕作是一种劳动行为，但是牛在田里拉犁耕地，就不能称为"劳动"。这是因为耕地不是牛"主观"的行为，而仅仅是动物生存的本能。人类则通过对自然规律的认知，掌握了农田耕作技术、农作物生长发育规律、气候变化规律等。在田地里耕作收获粮食，从而达到收获这一目标，整个耕作过程都是在人的主观能动性的支配下进行的，是一种劳动的过程。

劳动是人类社会赖以生存和发展的前提条件。马克思认为，劳动是人借以实现人和自然之间的物质交换的人类一般的生产活动，劳动首先是人以自身的活动来调整和控制人和自然之间的物质交换的过程。人自身作为一种自然力与自然物质相对立。为了占有对自身生活有用的自然物质，人就使他的臂和腿、头和手运动起来。当他将这种运动作用于他身外的自然并改变自然时，也就同时改变了他自身的自然。他使自身的自然中蕴藏着的潜力发挥出来，并且使这种力的活动受他自己控制。劳动是人使用特定的劳动资料，通过自觉、能动、社会化的活动改变劳动对象，创造人自身需要的使用价值或效用。在持续不断地改变自然的过程中，人创造了自己；在劳动中，人的心智不断丰富发展，人显现出主体性、社会性和创造性。

劳动是人有意识地、自觉地改变环境、改变世界的实践活动，是人类社会赖以生存和发展的前提条件。劳动是人的本质，劳动创造了人本身，劳动创造了历史，并创造着未来；劳动是改变人和人类历史的根本力量。人世间的美好梦想、幸福生活，只有通过劳动才能实现。只有劳动才能创造更多更好的物质财富和精神财富，才能不断丰富幸福的内涵、提升幸福的层次。

二、劳动的要素

人类的生存与发展离不开劳动，但劳动需要一定的条件，只有具备一定的劳动条件,劳动才能顺利进行。例如,建造房屋首先要有劳动者——建筑工人,其次要有必需的劳动对象——砖,还要借助劳动工具——抹泥板和砖刀等。马克思在《资本论》中指出:"劳动过程的简单要素是有目的的活动或劳动本身、劳动对象和劳动资料。"他还指出:"如果整个过程从其结果的角度、从产品的角度加以考察,那么劳动资料和劳动对象表现为生产资料,劳动本身则表现为生产劳动。"也就是说,劳动必须具备三个要素,即劳动者、劳动对象和劳动资料。劳动对象和劳动资料的总和称为生产资料。

劳动者在劳动活动中逐渐理解并掌握劳动资料的由来、性能、应用方式等经验、知识、理论、技能,生成劳动观念,制定协作方式、劳动规则,从而形成适合特定生存环境的劳动文化。劳动者在劳动活动中改进、迭代劳动工具,作用于劳动对象,创造劳动成果(包括物质成果和精神成果),推动劳动活动方式不断升级、人类文明形态持续演进。劳动者是劳动生产工具的创造者和使用者。劳动者的劳动行为在劳动过程中起着决定性作用,劳动者只有具备一定的经验和技能,才能使劳动对象更好地按照劳动者的意志发生相应的变化,从而创造出人们生产和生活需要的物质资料。

劳动对象是劳动得以开展的物质基础和客观条件,是生产过程中必不可少的要素。劳动对象通常包括两类:一类是未经加工的自然环境中的物质,如海洋里的鱼虾、矿藏、森林等,是人类天然的食物和劳动资料的来源;另一类是经过加工的原材料,如棉纱、木材、钢材等。只有有了劳动对象,劳动者才有可能使用生产工具进行劳动。缺少了劳动对象,人类就不能生产任何产品。

劳动资料也称劳动手段,即劳动者用来影响或改变劳动对象的一切物质资料或物质条件。劳动资料中最主要的是劳动工具,它是其他物质资料得以成为劳动资料的前提。劳动工具的种类有很多,如运输工具、测量工具、试验工具等。在劳动过程中,劳动工具是劳动者所达到的劳动生产率的重要标志,并且对劳动的规模、劳动的种类都有直接的影响。

劳动过程中的三要素相互联系。只有有了劳动对象,劳动者才能使用劳动资料进行劳动,创造出物质财富和精神财富。而由于在劳动中的作用不同,劳动对象与劳动资料有时并不是完全分开的。例如,在农业生产中耕作土地时,土地既是劳动对象,又是劳动资料;制造货车时,货车是劳动对象,而货车运输货物时,货车是劳动资料。

三、劳动的分类

我们可以按照不同的标准对劳动进行分类。

(一)生产劳动与非生产劳动

就劳动结果的物质形态而言,劳动结果既有存在物质实体的商品,也有无物质实体的虚拟商品。由此便有非生产劳动之说。

若按劳动的自然形态区分,生产劳动指的是创造物质财富的劳动,包括工业、农业、建筑业、交通运输业和邮电业等生产部门中的劳动,以及生产过程在流通领域中继续的那部分劳动,如商品的分类、加工、包装、保管等。从事生产劳动的劳动者并不一定都亲自动手或直接参与生产,只要他的劳动属于生产劳动总体的一部分,如从事劳动管理、技术管理、人事管理、工艺流程设计等,就都属于生产劳动。

非生产劳动是相对于生产劳动而言的,指的是直接或间接进行非物质资料生产的劳动,它不是人类社会一开始就有的,而是随着物质资料生产的发展,随着人们对精神生活、医疗教育、生活服务等各方面需求的不断增长而出现的。

(二) 体力劳动和脑力劳动

体力劳动是指以消耗体力为主的劳动。从事体力劳动的人是指运用体力和一定的生产工具、生产方法,生产出具体的具有一定使用价值的产品的劳动者,如产业工人、农民、小手工业者都属于从事体力劳动的劳动者。体力劳动是人类社会物质资料生产中劳动力消耗的基本方式。

脑力劳动是劳动者以大脑神经系统为主要运动器官,以其他生理系统的运动为辅的运动,如思考、记忆等。从事脑力劳动的人是指把自己的智力运用到劳动过程中,创造物质财富和精神价值的劳动者。脑力劳动以运用劳动者的智力、科学文化知识和生产技术能力为主,是一种更为复杂的系统性的劳动。脑力劳动所具有的创造力能够打破体力劳动的自然界限,对社会生产具有重要作用。在社会化大生产中,随着新科学技术的广泛应用,生产自动化程度日益提高,脑力劳动的作用越来越重要。

体力劳动与脑力劳动共同创造价值。在现实生活中,体力劳动与脑力劳动往往是结合在一起的。随着社会生产力的进步和社会分工的多样化,传统意义上的体力劳动与脑力劳动二分法已经不能够适应社会发展的需要。

(三) 具体劳动与抽象劳动

具体劳动是指在一定的具体形式下进行的劳动。具体劳动体现着人和自然的关系,是劳动的自然属性。例如,木匠用斧子、锯等劳动工具对木材等劳动对象进行加工,生产出桌、椅、床等劳动产品;又如,纺织工人用织布机、剪刀等劳动工具纺纱织布。不论是制造家具还是纺纱织布,都是人类劳动力的支出。

抽象劳动是指抽去了具体形式的、人类一般的、没有差别的劳动,是人类劳动力(脑力和体力)一般生理学意义上的支出或消耗,它反映的是商品生产者之间的经济关系,是劳动的社会属性。在商品生产条件下,当人们通过劳动产品的相互交换产生经济联系时,耗费在这些劳动产品上的人类的劳动力,才能被当作形成价值的一般人类劳动而被"抽象"出来。因此,抽象劳动是一种社会关系,是商品经济所特有的。

具体劳动和抽象劳动是对立统一的。一方面,具体劳动和抽象劳动是生产商品时劳动的两种不同属性,对应的分别是劳动的自然属性和社会属性;另一方面,商品生产者在进行具体劳动的同时,也支出了抽象劳动,它们在时间上和空间上都是统一的,二者不可分割。

(四) 数字劳动

随着移动互联网、大数据、云计算、人工智能等信息技术的不断发展,数字经济时代已全面来临。伴随着数字经济的蓬勃兴起,一种新型的劳动模式——数字劳动也应运而生。数字劳动改变了人们的传统认知,日益成为数字经济时代人们生产生活中不可或缺的劳动形式,并催生出新兴的职业。

"数字劳动"一词最早由意大利学者蒂齐亚纳·泰拉诺瓦于 2000 年在《免费劳动:为数字经济生产文化》一文中提出。随后,以"数字劳动"为主题的学术会议陆续召开。目前,学术界对数字劳动的看法有两种:一种认为,数字劳动是区别于物质劳动的文化、知识、信息生产和消费的非物质劳动;另一种认为,数字劳动涵盖了数字媒介生产、流通与使用所牵涉的脑力与体力劳动的多种形式,即使在互联网领域,脑力劳动仍是基于人类肉体的物质性大脑活动,并未离开自然与物质,因此,数字劳动归根结底也是物质劳动。虽然上述两种观点对数字劳动概念的界定存在属性上的差别,但二者都认为数字劳动是生产劳动,能够生产商品和剩余价值。

认识 2　认识职业院校劳动教育的特点

在习近平新时代中国特色社会主义思想的指引下,我国教育改革立足于"立德树人"这一根本任务,紧紧围绕"培养什么人、怎样培养人、为谁培养人"这一根本问题,在促进人的全面发展和推进劳动教育的实施等方面提出了新理念和新观点。

2018 年 9 月,习近平总书记在全国教育大会上指出,"要在学生中弘扬劳动精神,教育引导学生崇尚劳动、尊重劳动,懂得劳动最光荣、劳动最崇高、劳动最伟大、劳动最美丽的道理,长大后能够辛勤劳动、诚实劳动、创造性劳动""要努力构建德智体美劳全面培养的教育体系,形成更高水平的人才培养体系"。这是对马克思主义劳动关系全面而深刻的阐释,意味着我国劳动教育的理念与实践升华到了一个全新的高度。2020 年 3 月 20 日,中共中央、国务院发布《关于全面加强新时代大中小学劳动教育的意见》,该文件提出要"落实全国教育大会精神,坚持立德树人,坚持培育和践行社会主义核心价值观,把劳动教育纳入人才培养全过程,贯通大中小学各学段,贯穿家庭、学校、社会各方面,与德育、智育、体育、美育相融合,紧密结合经济社会发展变化和学生生活实际,积极探索具有中国特色的劳动教育模式,创新体制机制,注重教育实效,实现知行合一,促进学生形成正确的世界观、人生观、价值观"。2022 年 10 月,党的二十大报告中明确指出:"我们要办好人民满意的教育,全面贯彻党的教育方针,落实立德树人根本任务,培养德智体美劳全面发展的社会主义建设者和接班人。"这为全面构建新时代劳动教育体系奠定了理论基础。

一、职业院校劳动教育的内涵

要全面把握职业院校劳动教育的内涵,必须首先把握职业院校的特殊性。高职院校是培养技术技能人才的主阵地,高素质应用型技术技能人才的培养目标与我国目前对劳动者的市场岗位需求高度契合。在职业教育中,理应找准劳动教育与专业、课程融合的切入点,突出劳动的技术性与技能性。根据高职教育的特殊性,职业院校劳动教育的内涵是:职业院校为培养具有劳动知识、劳动素养、劳动精神的德智体美劳全面发展的社会主义建设者和接班人而开展的劳动思想观念、劳动知识、劳动技能教育以及劳动实践等活动。

（一）高职院校劳动教育的政策内涵

中华人民共和国成立以来，我国教育政策中对劳动教育的内涵阐述不断发生变化，每个阶段的劳动教育内涵都因历史发展而得到不断的补充和拓展。但不管内涵如何变化，我国始终坚持把教育与生产劳动相结合作为实践育人的重要载体。进入经济高质量发展的新时代，我国亟须培养能够担当民族复兴大任的新时代新人，《关于全面加强新时代大中小学劳动教育的意见》（以下简称《意见》）的出台更显意义重大。《意见》指出，劳动教育是中国特色社会主义教育制度的重要内容，直接决定社会主义建设者和接班人的劳动精神面貌、劳动价值取向和劳动技能水平。《意见》明确了劳动育人的功能，对各级各类院校如何开展劳动教育作出了具体的要求和指导。在我国技能人才总量短缺、结构失衡等问题突出的情势下，加强职业院校劳动教育，培养高素质技术技能人才迫在眉睫。《意见》对职业院校劳动教育的目的、侧重点、主要内容、载体、学时都作了具体的要求。《意见》指出，职业院校要让学生树立劳动光荣、技能宝贵的观念，坚定地让学生体认劳动不分贵贱，增强职业荣誉感，侧重劳动精神、劳模精神、工匠精神的培养。通过结合学科和专业的实习实训、专业服务、社会实践、勤工助学等开展职业院校劳动教育，培养精益求精的工匠精神和爱岗敬业的劳动态度。根据《意见》，职业院校开展劳动教育要因地制宜，结合当地自然、经济、文化特色，发挥职业院校自身优势，为中小学劳动教育的开展提供劳动教育资源，开放校内实训基地作为中小学职业体验中心等。

（二）高职院校劳动教育的学理内涵

在重视劳动教育课程的基础上，也要推进"课程劳育"建设。在高职院校中，劳动教育不仅体现在劳动教育必修课程中，更应该体现在每个专业、每门课程之中。职业院校的劳动教育以技能素养为逻辑起点，专业教学中要将劳动素养融入技能素养的培育中。因此，职业院校的劳动教育可以分为专门的劳动教育和融合的劳动教育。专门的劳动教育是指学校根据人才培养方案开设劳动教育必修课程，通过有组织、有目的、有计划的理论和实践教学活动将学生培养成爱劳动、会劳动、珍惜劳动成果的人，包括劳模讲座、劳动教育专题活动、劳动教育社会实践等。融合的劳动教育是指其他课程结合专业特点有机融入劳动元素，在专业理论教学和实践教学中进行劳动教育，包括专业课中的劳动元素挖掘、专业实训、岗位实习等。融合劳动教育需要教师将劳动价值观、劳动精神、劳动文化等劳动元素挖掘出来并融入到课堂教学和专业实践的过程中，通过理论教学、实操训练等方式，帮助学生获得劳动知识、技能和情感。高职院校劳动教育与德育、智育、体育、美育各有侧重且相互促进，不可相互替代。劳动教育是实现德育、智育、体育、美育的途径和手段，具有树德、增智、强体和育美的综合育人价值。

（三）高职院校劳动教育的实践内涵

高职院校与普通本科院校具有同等重要的地位，相较于普通本科院校，高职院校的劳动教育更具有职业性、阶段性和实操性。职业性是指高职院校的劳动教育适应职业教育属性，旨在培养具有科学的劳动观念、综合的劳动素质和专业的劳动能力的优秀劳动者或创业者，通过劳动教育促进高职院校学生职业发展。阶段性是指高职院校相较于本科院校，学制少一年时间，高职学生一年一阶段，每个阶段的劳动教育都有具体的目标和任务。实操性是指高职院校的劳动教育更偏向于培养学生胜任专业工作的实践操作能力，是脑力劳动和体力劳动的结合。强化类型特色是现代职业教育高质量发展的性质和特征，职业教育具有"特色化"和"类型教育"的内涵定位，因此，高职院校的劳动教育牢牢把握职业性和实操性的特征，融合职业素养培育要求，有利于我们更科学地认识高职院校的劳动教育，准确把握高职院校劳动教育的定位。

二、职业院校劳动教育的特点

（一）价值引领性

职业院校的劳动教育本质就是劳动价值观教育，因此职业院校劳动教育的根本属性是价值引领性。当前高职学生中普遍存在不珍惜劳动成果、不想劳动、不会劳动等问题，劳动的独特育人价值在一定程度上被忽视，因此劳动教育的重点是要帮助学生树立正确的劳动价值观；引导学生形成正确的劳动价值和劳动态度；引导学生正确认识劳动在创造物质世界中所发挥的重要作用；引导学生正确看待劳动分工，学会尊重劳动、尊重劳动者；引导学生正确认识劳动是一切社会财富的来源，相信劳动创造价值、劳动创造财富。总之，要以劳动教育唤起劳动意识，以劳动意识培养劳动习惯，以劳动习惯提高劳动能力，以劳动能力增强劳动素质。

（二）目标改造性

改造社会是马克思赋予"教育与生产劳动相结合"的最终目标之一。"劳动者素质对一个国家、一个民族的发展至关重要。劳动者的知识和才能积累越多，创造能力就越大。提高包括广大劳动者在内的全民族的文明素质，是民族发展的长远大计。"基于时代的道德焦虑，人们期望通过劳动教育思考人类的存在、反思人性的养成。所以，劳动教育不仅包括劳动知识和技能的获得，而且更强调道德的习成。这种道德的习成是在教育者的学习能力与劳动的道德性的相互作用下完成的，它是一种影响和浸染，是固有道德在环境中的提升和在氛围中的再造。小行动改造大观念，当今社会劳动观念的缺失与道德信念的混乱都需要借助于劳动教育来改造。要从人类发展的根源上进行厘清、纠偏、教育、改造，如此，人性才得以健全、鲜活，社会才得以有序、健康，这也是人得以全面发展的基础。德育、智育、体育以及美育的培养，也要以劳动教育为基础。具体而言，劳动精神、劳动素养的培养是德育的重要内容；劳动知识、劳动技能和创造性劳动有利于增智；在钻研和奉献中进行劳动锻炼、践行工匠精神，也有利于促进身体美、情操美的体育和美育的发展。所以说，劳动教育有利于树德、增智、强体、育美，是全面育人的重要基础，是对德、智、体、美各项教育的有力支撑，体现了育人与育才的统一。

（三）社会实践性

一方面，职业教育是与劳动密切相关的类型教育，其培养内容本身就包含工作技能或劳动技能。职业教育培养的是面向生产一线、从事专业劳动和专业生产的技术技能人才,这其中既包括实体经济中生产物质资料的技术技能人才,也包括服务业中提供生产性服务和生活性服务的技术技能人才。因此,职业教育的劳动教育要与生产实践和专业发展结合起来。另一方面,职业院校的劳动教育应关注社会的发展变化,关注劳动形态的发展变化。当代社会许多复合的崭新的劳动形态,特别是存在于信息产业、文化产业等领域的新兴劳动形态正不断涌现,日益改变着劳动形态的旧格局。因此,职业院校的劳动教育要做到与时俱进,更具时代性和实践性。

三、劳动教育对于职业院校的意义

(一)立德树人,体现社会主义教育性质

劳动教育是党和国家教育方针的重要组成部分,具有不言而喻的政治意义、文化意义与社会意义。职业院校劳动教育,旨在培养学生正确的劳动观念、积极的劳动精神、基本的劳动能力和优良的劳动品质,这既是坚持社会主义办学方向、建设中国特色教育事业的根本要求,也是社会主义教育性质的重要体现。中华人民共和国成立后不久,劳动教育就已成为我国重要的教育方针,它与德育、智育、体育相结合,旨在培养有社会主义觉悟和有文化的劳动者。党的十八大以来,习近平总书记多次提及劳动在促进人的成长和社会发展、创造美好生活等方面的独特作用,提出崇尚劳动、尊重普通劳动者的社会性要求,要求学生"爱祖国、爱学习、爱劳动"。在2018年的全国教育大会上,习近平总书记更是站在实现中华民族伟大复兴的战略高度,把劳动教育纳入培养社会主义建设者和接班人的总体要求之中,纳入爱党、爱国、爱社会主义的范畴。因而实施劳动教育首先要把准立德树人根本任务,在德智体美劳五育并举的人才培养体系中,准确把握新时代劳动教育的丰富内涵和重大意义。

(二)全面育人,提升人才培养质量

习近平总书记要求,努力培养数以亿计的高素质劳动者和技术技能人才。这不仅阐明了劳动育人的重要属性,更为加快发展职业教育指明了方向,即为社会培养大批的高素质劳动者和技术技能人才。劳动是培养人、塑造人的关键途径,甚至是最主要、最根本的手段,劳动教育要贯穿、渗透于一切学校教育之中。在教育体系中,学生只有通过劳动,才能充分发挥个人的才干和智力。"劳动是一种极为复杂的现象,它可以揭示人的思想、情感、智力、美感、心理状态、创造精神,揭示教育和自我教育的意义。人生育人,而劳动则把人造就成真正的人。"职业院校是培养高素质劳动者和技术技能人才的重要基地,是青年学生走向社会职业岗位的最后一道训练关卡。因此,职业院校在实施劳动教育时,既要注重劳动知识与劳动技能的训练,更要强化学生在劳动价值观、劳动情感态度、劳动伦理责任、劳动权益意识等各方面的劳动素养的培育。

(三)提升育人效果,促进职业院校高质量发展

2019年《国务院关于印发国家职业教育改革实施方案的通知》强调,要推进高等职业教育高质量发展,把发展高等职业教育作为优化高等教育结构和培养大国工匠、能工

巧匠的重要方式，使城乡新增劳动力更多接受高等教育。高质量发展是以全体师生身心健康发展为教育基础和教育效益的全面发展，是职业院校发展的本质追求。劳动教育是高等职业教育人才培养的重要内容之一。新时期加强职业院校劳动教育要涵养人的劳动意识、丰富人的劳动知识、增强人的劳动能力、提高人的劳动素养，就是要进一步思考和完善职业教育的类型价值追求，重塑职业教育治理体系建构，实现职业院校的高质量发展。职业院校劳动教育最为突出的特点是"真实环境实干、职业岗位参与"，路径是教育与生产劳动和社会实践相结合。对接就业岗位的真实需求，不仅能激发学生的成长"内力"，还能触及职业院校内涵发展的"内核"。在此基础上，职业院校培养的高素质劳动者和技术技能人才才能够更好地服务区域经济和社会发展，满足人民群众对高质量高等职业教育的期待。

认识 3　认识技艺劳育

一、技艺与劳动的区别与联系

在中国古代，"技"发源于手工劳动，主要代表某类技术与技能，后来也日渐出现"百工"，形容掌握某种技能的人。"艺"在《说文解字》中意为"手持工具，勤劳地在地里耕作"，主要表示一种劳动观念。后经演化，"艺"的概念开始与"技"互通，表示"技，才"之意，随即也就产生"技艺、才艺"的惯用术语。"技艺"与"生产劳动"不可分割，或者说，技艺本质上就是劳动，尤其是手工劳动、耕地劳动等。在古希腊语中，"技艺"具有神明之意，被视为普罗米修斯赐予的礼物，掌握和习得技艺的人能够摆脱宙斯的惩罚。智者柏拉图认为"技艺"与"知识"是类比物，皆是被理性捆绑在心灵中的"真意见"，可以使人成为优秀的"智慧之人"。一切技艺均需要历经学习、生产、制造及使用等环节。柏拉图的"技艺"体系学说一方面肯定了技艺的育人作用，即能够使人掌握智慧之学；另一方面也隐喻了技艺与生产、制造与创造等行为之间的关系，即技艺的本质无法与劳动相剥离。亚里士多德再次肯定了技艺是劳动的一种重要形式，认为技艺是劳动的手段，其目的在于生产技艺产品和闲暇思考教育。

二、技艺育人与劳动育人的联系

技艺育人与劳动育人的观念通过发展逐渐形成了三种观点：技艺育人观、劳动育人观和技艺劳育观。

（一）技艺育人观——技艺就是劳动

技艺育人观是通过技术技艺传授、模仿、研习、创新与实践等教育活动来实现学徒（学生）工匠精神塑造与工艺技能习得的教育观念或教育态度，其核心是"技艺就是劳动"。在古代，由于技艺劳动多表现为手工劳动、耕地劳动等，技艺教育也常被视为低等劣势之学。譬如，《论语·子罕》篇记载："吾少也贱，故多能鄙事"，孟子提出"劳心者治人,劳力者治于人",充分表达了孔孟"技艺""愚人"思想。后来,随着工匠(熟练掌握技艺的人)地位的提升,尤其是"官匠"的出现,技艺教育也从底层走向大众舞台并得到世人推崇,相继出现了师徒传承、家族教育以及官府教育等技艺育人形式,旨在通过手工劳动教育形塑学徒精益求精的技术精神和精湛自如的技艺能力,进而帮助其立足于社会中,成为拥有一技之长的社会栋梁之才。近现代,尽管技术和技艺被时代赋予了新的内涵,甚至已经走上"异化"之旅,但随着工匠精神的价值回归,"唯有通过精益求精的'劳动'才能创造新器物"依然是亘古不变的真理。具体到学校教育领域,职业院校在技艺育人的过程中,学生对于技艺的习得往往是通过反反复复的训练和劳动而来。因此,无论是技艺的授受、传承抑或是习得,技艺的本质就是劳动,也就如同亚里士多德所言:"技艺是作为手段的劳动。"

(二)劳动育人观——劳动涵盖技艺

劳动育人观是以劳动教育为核心的教育观念,是通过在各级学校教育中增设生产劳动、服务性劳动和日常生活劳动等环节,促进学生树立正确劳动价值观和养成良好劳动素养,进而形成德智体美劳综合发展的教育态度,其核心是"劳动涵盖技艺"。春秋末年史学家左丘明在《敬姜论劳逸》指出:"夫民劳则思,思则善心生;逸则淫,淫则忘善,忘善则恶心生。"反映了劳动可以塑造善良的道德和品行;明末学者颜元在《言行录》中指出:"养身莫善于习动,夙兴夜寐,振起精神,寻事去作,行之有常,并不困疲,日益精壮。"强调了劳动可以强身健体,使人摆脱贫乏。近代的"五四"运动中,李大钊首倡劳动教育,号召"工读打成一片"。这一时期,教育与生产劳动的结合在工学思潮、平民教育思潮和职业教育运动中得到进一步推动。中华人民共和国成立之后,劳动育人一直是党和政府关注的重点议题。毛泽东曾在一次全国教育工作会议中批评到,现在的学生只知道在校学习,无法看见稻、粱等农作物,没有机会接触工人和农民,这样无法实现为工农群众服务的教育目的。后来为改善这一局面,我国也陆续出现了半工半读、夜校、劳动大学、技术夜校等具有劳教结合特征的教育模式。随着社会主义建设进入新的时代,习近平总书记强调"劳动最光荣、劳动最崇高、劳动最伟大、劳动最美丽""同生产劳动和社会实践相结合,培养德智体美劳全面发展的社会主义建设者和接班人""走技能成才、技能报国之路"。习近平总书记的系列重要论述,再次升华了劳动教育的时代价值,开辟了21世纪劳动教育思想的新境界,为新时代劳动教育的落地实施指明了前进方向。

(三)技艺劳育观——技劳必须合一

技艺劳育观是技艺育人与劳动育人高度融合的教育产物,是职业院校通过营建"在技艺习得中劳动,以及在劳动中习得技艺"的育人理念和环境,从而培养德智体美劳综合发展的技术技能人才的教育活动。无论是在国外抑或是国内,技艺育人与劳动育人已经深入人心,并长期应用于教育实践,取得了良好的育人效果。在这一过程中,"技艺是劳动""劳动含技艺"与"劳动的过程就是习技的过程"的观念日渐得到国内外学术界尤其是技术教育学与劳动教育学界的共同认可,并得到了充分的理论阐发与实践印证。技术教育学与劳动教育学界达成的学术共识为"技艺劳动合一"(即"技艺劳育")概念的生发奠定了厚实的理论逻辑基础。在理论逻辑上，技艺劳育吸收了技艺育人和劳动育人的内涵精华，筑牢了"技艺就是劳动""劳动就是习技"的价值观念，贴合了新时代教育发展的迫切需求，进而成为各级各类职业院校贯彻国家劳动教育政策、开展新时代劳动教育的重要实践形式。剖析这一形式的育人功能，可以从德、智、体、美四方面加以阐释。第一，有助于形塑善良的道德品行。技艺劳育的本质是人在技艺学习过程中践行劳动，进而在循环往复的劳动学习过程中成为优秀的技艺人（工匠）。古今中外，凡是能成为优秀技艺人的，不仅外显超娴熟的技艺技能，同时也内蕴优良的职业精神和善良的道德品行，即"技艺道一体"。老子认为"道"包括"天道"与"人道"，具化入技艺领域，技艺之道即是指职业精神与技艺方法。在技艺劳育过程中，学徒通过持久的劳动不仅能够习得技艺和技术原理，而且也可以通过耳濡目染地继承和发扬技艺师傅的劳动精神和道德品行，进而形成技艺技术与精神品行的"双重自省"，实现自我善良道德品行的塑造。第二，有助于习得充盈的智慧技能。如同柏拉图所述，"技艺"就是知识和理念。通过技艺劳育实践，学生既可以获得赖以生存的职业技能，同时亦可以累积技艺原理知识，甚至在劳动中生产出新的知识。知识的累积与创造一步步打开了学生智力与智慧发展的大门，激发了学生的学习热情和兴趣，使其获得充实的智力内容。第三，有助于养成扎实的健康体魄。习近平总书记多次强调"文明其精神，野蛮其体魄"。身体是革命的本钱，健康的体魄是走向成功的重要保证。职业院校技艺劳育将技艺传承与习得融入劳动教育之中，促使技艺学徒通过反反复复的劳动实践，实现技艺习得、精神塑造与身体锤炼的多重目标，从而为其综合发展打下坚实的基础。第四，有助于涵养高雅的审美志趣。马克思认为"劳动创造了美，劳动首先使劳动自身成为审美对象，使劳动过程、劳动工具、劳动场面、劳动产品成为审美对象"。在技艺劳育过程中，技艺与劳动的双重美感为学生高雅审美志趣的涵养提供了鲜活教材与实践平台，有利于学生树立健康、积极的情感态度与审美旨趣。

三、技艺劳育在现代职业教育中的实现途径

（一）破除"重成器、轻成人"的技育关系

技艺劳育在实践逻辑层面的第一类关系是"技育关系"。所谓技育关系，就是指技艺与育人之间的联系。古今中外的技艺理论与实践皆已表明，技艺与技能不仅具备"强人"功能，同时也具有"树人"的价值，只有破除"重成器、轻成人"的技育关系，才能培养具备职业素养、道德情操、工匠精神与家国情怀且能够适应未来社会发展的"未来人"。一是将"技术人文"思想融入培养目标。技术人文教育的本质是一种教育价值观的教育，也就是塑造具有健全人格且能够全面发展的人。以"技术人文"思想为宗旨，更新职业教育人才培养目标，从根本上纠正培养"工具人"的错误倾向。二是将"技术人文"思想融入培养课程。通过建构技术思想史、技艺美学、技艺精神与社会道德等价值观层面的课程体系，充分发挥技艺的育人价值，激发学生追求和探索世间美好的兴趣，让学生在技艺学习过程中逐渐养成"真、善、美"的良好品行，从而成为德智体美劳综合发展的未来职业生态人。三是将"技术人文"思想融入培养环境。古代"孟母三迁"的故事告诉

我们环境也是一种教育资源,良好的环境能够陶冶人的情操、净化人的心灵,达到"不言而教"的效果。职业院校既要营建"崇尚技艺"的文化氛围,更要构建人文主义的文化环境,实现技术文化与人文素养的有效结合,从而培养"文武双全"与兼容并蓄的未来人才。四是将"技术人文"思想纳入培养评价体系。培养评价是职业院校检验学生技能素质水平的重要环节。革新"技术工具"导向的评价理念,及时动态调整人才培养评价体系和权重,在考量学生技术技艺水平的同时,更加关注对学生文化素质、劳动精神与职业道德等内容的测量和评估,促使学校和学生做出适应性调整,进而培养将劳动者作为主体的"人"。

(二)破除"重专技,轻通技"的技劳关系

技艺劳育在实践逻辑层面的第二类关系是"技劳关系"。所谓技劳关系,就是技艺与劳动之间的关系。无论是柏拉图、亚里士多德、洛克与马克思等西方思想家的研究论断,抑或是国内史料记载及国家领导人的主要思想,都表达出"技艺就是劳动,劳动涵盖技艺"的重要结论。遵循这一逻辑,职业院校学生技能习得的过程,本质上就属于劳动范畴。以"技艺"为主要参照物,技艺代表专业技术能力,即拥有解决某个问题、制造某个产品或掌握某种工艺的能力;而劳动则代表通识性基础能力和专业技术能力的集合,包括人际交往能力、语言表达能力、文化审美能力与可持续学习能力等诸多类型能力。以能力价值为起点,通识能力是学生习得专业技术能力的重要支撑力量,同时也是弥补"技术至上"思维局限性的有效利器,更是塑造学生道德品质、敬业精神与公民意识,实现学生自由、和谐与全面发展的有效法宝。新时代,我国职业教育的培养目标已经由传统的"培养生产、服务、管理第一线的实用技术人才"升格为"培养德智体美劳全面发展的高素质技术技能人才",这迫切需要我们理顺技艺与劳动之间的关系,解决"重专技,轻通技"的问题。第一,树立通识教育理念,为学生提供生活、道德、情感和理智等一般性知识的教育,将通识教育理念贯穿于学校劳动教育始终,扎实培养学生通识技能,提升学生可持续发展能力。第二,通过"外引"与"内培"两种方式优化通识教育师资,聘请本科院校通识教育教师或国内外通识教育知名专家担任专、兼职教师,参与学校通识教育教学、课程、教材与科研全过程;依靠"师傅传帮带"的形式组建通识教育帮扶团队,开展通识教育师资校本培训,不断提升学校通识教育青年教师队伍的教育教学水平。第三,从文化、历史、道德修养等人文科学、社会科学、自然科学知识层面重构通识教育课程体系,更新通识教育课程内容,打造通识教育"金课",使之成为开启学生心灵窗口的"助推器"和"发动机";合理分配通识教育与技能教育课时,将通识教育课程的"关口"适当前移,促使学生及时完成"通识转型",进而通过专业技能的学习成长为德智体美劳全面发展的高素质技术技能人才。

(三)破除"重劳力,轻劳育"的劳育关系

技艺劳育在实践逻辑层面的第三类关系是"劳育关系"。所谓劳育关系,就是劳动与育人之间的关系。马克思主义哲学认为劳动创造了人类,人是劳动的生命存在,劳动是一切人类生活的第一个基本条件,教育与生产劳动相结合是人类实现全面发展的必

经之路。马克思主义劳动观清晰阐释了劳动与人的根本关系,同时也探讨了劳动与教育之间的能动关系。党的十八大以来,习近平总书记明确指出教育的根本任务是立德树人,培养德智体美劳全面发展的社会主义事业建设者和接班人。立足新的时代定位,以立德树人为根本任务的劳动教育被纳入党的教育方针并被赋予了新的价值尺度。劳动教育相关政策的出台,明确了各级各类教育的劳动教育价值、目标、形式与路径等,强调要让学生身心参与,注重手脑并用,牢固树立积极向上的劳动精神和良好的劳动品质,不断提高劳动育人实效。第一,丰富劳动育人形式。以习近平总书记2018年全国教育大会讲话精神为宗旨,牢记立德树人根本任务,充分利用院校、家庭与社会三个主体维度,广泛开展技能学习之外的日常生活劳动、生产劳动和服务性劳动等,不断丰富劳动育人形式,让广大学生能够接受锻炼,磨练意志,真正树立"崇尚劳动、尊重劳动与热爱劳动"的劳动价值观。同时,做好劳动育人与技艺育人的无缝衔接和深度融合,打造"技艺习得中感知劳动精神,劳动过程中习得通识性技术技能"的共赢局面,从而培养德智体美劳全面发展的社会主义建设者和接班人。第二,搭建劳动育人平台。劳动育人活动的顺利进行离不开平台、基地与设施的鼎力支撑。大力开展劳动育人平台建设,开发校内外劳动实践教育基地,不断拓展劳动教育实践空间,保障学生充分参与各式各样的劳动实践,进而亲身获得不同的劳动感知,累积劳动教育体验,养成职业劳动精神,最终实现自我的超越式发展。第三,完善劳动育人标准。劳动教育是一项复杂的系统工程,时刻紧跟国家政策指引,依据新时代劳动教育发展目标与要求,积极完善劳动教育内容标准建设,尤其是课程、师资、教材、评价与经费等标准化体系设计,凭借统一规范充分维持系统元素之间的协调联动,进而为劳动育人活动的开展提供常态化的组织机制保障。

项目一

树立正确劳动价值观

> **劳动箴言：**
>
> 世上没有天才，天才是用劳动换来的。
>
> ——童第周

知识目标

1. 熟悉马克思主义劳动观的基本内容；
2. 掌握习近平新时代中国特色社会主义劳动价值观；
3. 了解大学生树立正确劳动价值观的意义。

能力目标

1. 能够在生活中通过自己的劳动创造价值；
2. 能够诚实劳动、辛勤劳动、创造性劳动；
3. 能够利用习近平新时代中国特色社会主义劳动价值观科学合理地规划自己未来的职业。

素质目标

1. 树立劳动最光荣、劳动最崇高、劳动最伟大、劳动最美丽的劳动价值观；
2. 树立科学的就业、择业观。

任务 1.1　认识马克思主义劳动价值观

案例导入

劳动成就梦想

烈日炎炎,农民在田野间劳作,汗珠砸在泥土上,一株株秧苗结出沉甸甸的粮食;天寒地冻,外卖小哥骑着电瓶车在大街小巷穿梭,头盔染上了白霜,保温箱里的饭菜还是热气腾腾;冬去春来,老师始终站在三尺讲台,陪着孩子们慢慢长大;花开花落,科技工作者一直守在实验室,验证一个个奇思妙想……日复一日,年复一年,在中华大地上,千千万万劳动者,耕耘着,创造着,用汗水和心血浇灌着劳动的果实,实现着人生的价值。

马克思把劳动比喻为整个社会都在围绕旋转的"太阳",将劳动视作创造价值的唯一源泉。凭借一双勤劳的双手,人类的祖先打磨几块冷石,生起一团热火,告别茹毛饮血,迈向新的生活。凭借一双勤劳的双手,中华民族的先民们"烁金以为刃,凝土以为器,作车以行路,作舟以行水",用汗水与智慧开启了灿烂的中华文明。凭借一双勤劳的双手,中国人民在中国共产党的领导下,自力更生、发愤图强、解放思想、锐意进取,取得了革命、建设、改革的伟大成就,全面建成了小康社会,共同创造着幸福生活。

中华民族是勤于劳动、善于创造的民族。正是因为劳动创造,我们拥有了历史的辉煌;也正是因为劳动创造,我们拥有了今天的成就。如今,踏上新征程的我们,仍然需要大力弘扬劳动精神,继续奋斗,勇往直前,为实现第二个百年奋斗目标而不懈努力。

(案例来源:杜羽、方莉,《光明日报》2021年9月28日第5版,有删改)

想一想

如何理解劳动是创造价值的唯一源泉?

劳动价值观作为价值观中不可或缺的部分,是人们在实现个人愿望、满足自身需要时对劳动价值的定位和根本看法。它直接决定着劳动者的价值判断和价值选择,是世界观、人生观、价值观的重要组成部分。具体来说,劳动价值观主要包括:人们对劳动价值的认识;人们对劳动的情感态度和价值取向;人们对个人劳动与社会劳动的价值的认识。劳动价值观作为一种意识形态,对人们的劳动选择和劳动行为起着引导和支配的作用。

劳动价值观是马克思主义教育理论的重要内容。马克思、恩格斯从不同的角度对劳动价值观作了精辟的论述，其基本内容主要包括：劳动创造了人和人类历史；劳动是价值和财富产生的源泉；劳动是实现人全面发展的基本途径。

一、劳动创造了人和人类历史

（一）劳动创造了人本身

马克思认为："人类通过劳动摆脱了最初的动物状态。"劳动使人从自然界中分离出来，使人有了不同于一般动物的语言和肢体结构，有了区别于其他动物的生物性特性。恩格斯在《劳动在从猿到人转变过程中的作用》一文中详尽论述了人猿揖别的过程中劳动所发挥的决定性作用。人类的祖先在从古猿转变到人的几十万年的过程中逐渐学会了用后肢支撑身体和直立行走，并且学会了使用自己的手去做一些动作，这些动作虽然在开始时只是非常简单的，但是具有决定意义的一步完成了，手变得自由了，能够不断地掌握新的技巧。手的运用、劳动的发展，促使社会成员联系更紧密，人们在劳动中的共同协作交流逐渐增多，产生了"彼此间有些什么非说不可"的需要，使得人的发音器官的机能也逐渐地发展和完善。语言是意识的表现，也是人与动物区分的标志，有了语言，真正意义上的人就产生了。"首先是劳动，然后是语言和劳动一起，成了两个最主要的推动力，在它们的影响下，猿的脑髓就逐渐地变成了人的脑髓，而脑髓和为它服务的器官、愈来愈清楚的意识以及抽象能力和推理能力的发展，又反过来对劳动和语言起作用，为二者的进一步发展提供愈来愈新的推动力。"劳动、语言、思维相互作用、互相影响，使人体器官的机能在劳动和生产实践中发展和完善，标志着人从自然界中分化出来了。

劳动是生物人转变为社会人的基础。由生物人到社会人的转变是在一定的社会关系中完成的。马克思指出，无论是通过劳动而产生自己的生命，还是通过生育而产生他人的生命，都立即表现为双重关系，一方面是自然关系，另一方面是社会关系。社会关系在这里是指许多个人的共同活动，不管这种共同活动是在什么条件下、用什么方式和为了什么目的而进行的。这里，马克思对人的二重性做了区分，一是自然属性，二是社会属性。但人的自然属性是受社会属性制约的，个人是社会存在物，不管个人在主观上怎样超脱各种关系，他在社会意义上总是这些关系的产物。那么，生物人是如何成为社会人的呢？马克思指出，正是在改造对象世界的过程中，人才真正地证明自己是存在物，这种生产是人的能动的生活，通过这种生产，自然界才表现为人的作品和人的现实。这里的改造世界就是人类的劳动，正是通过劳动形成了社会关系，生物的人才转变为社会的人。从生物人到社会人转化的过程，是作为"一切社会关系的总和"的人的本质形成的过程，人们以自己所从事的物质资料生产活动为途径进入到一定的社会关系之中。

可见，劳动无论在人的意识的形成和发展的过程中，还是由生物人转变为社会人的过程中都发挥了决定性的作用。正如恩格斯所言：劳动是一切人类生活的第一个基本条件。可以说，"劳动创造了人本身"。

(二)劳动创造了人类历史

人类的发展过程就是劳动的发展史,人类历史是在一定的社会形式中由劳动展开的历史。马克思、恩格斯认为人类社会的全部历史是以生产劳动为起点的,只有人类的生产劳动才真正构成了人类历史的基础,才是揭开人类历史发展秘密的钥匙。

马克思认为,整个所谓的世界历史不外是人通过人的劳动而诞生的过程,我们首先应当确定一切人类生存的第一个前提,也就是一切历史的第一个前提,这个前提是人们为了能够"创造历史",必须能够生活。正因如此,马克思赋予物质生产劳动活动"第一个历史活动"的意义。这表明,只有立足于生产劳动才能理解人类的历史发展,只有人民才是历史的创造者。对于马克思这一伟大的发现,恩格斯曾鲜明地指出,历史破天荒第一次被安置在它的真正基础上,一个很明显而以前完全被人忽略的事实,即人们首先必须吃、喝、住、穿,就是说首先必须劳动,然后才能争取统治,从事政治、宗教和文化等等,——这一很明显的事实在历史上应有的权威此时终于被承认了。可见,人类社会是通过生产劳动产生的,劳动是人类历史的真正基础,没有生产劳动就没有人类的延续和发展。

(三)劳动推动了人类社会历史的进步

由于劳动,人类揖别动物界并最终摆脱最初的动物状态,开辟了广阔的生活天地,从野蛮走向文明。在物质生产活动中,人们通过自己的劳动实践将主观世界和客观世界联系起来,把自己的主观意志外化为客观的对象性存在而塑造历史。生产劳动满足了人类的衣食住行等基本生活需要,构成了人类的基本经济生活,人类也正是在此基础上从事政治活动、精神文化活动、宗教活动等,从而创造了自己的历史。马克思指出,劳动首先是人和自然之间的互动,正是在劳动促成人与自然既分化又统一的过程中,形成了人与自然的关系和人与人之间的社会关系,这二者之间的矛盾推动了整个人类社会历史的进步。

历史,是人的历史,是人的劳动实践的历史。劳动不仅是人获得自身物质生活资料的基本方式,而且是个人表现自己生活的基本方式,个人怎样表现自己的生活,他们自己就是怎样的,因而劳动者个人实际地构成了自己创造自己历史的基本方式。正是在这一层面上,马克思、恩格斯强调,人民群众是历史的创造者和历史的主体。

二、劳动是价值和财富产生的源泉

(一)劳动是商品价值的唯一源泉

劳动是商品价值的唯一源泉,这是马克思劳动价值论的核心思想。马克思的劳动价值论系统地论证了劳动在商品价值中的作用。

在马克思主义经济学领域中,"价值"作为经济学范畴有着更为抽象、更为严格的定义。马克思认为一切有价值的商品都是建立在劳动创造基础上的,价值是人类抽象劳动的凝结,是凝结在商品中的无差别的人类劳动。这里的劳动指的是一切形式的人类脑力和体力的消耗。生产商品的劳动具有二重性——具体劳动和抽象劳动,二者统一于劳动过程中。一切劳动,一方面是人类劳动力在生理学意义上的耗费,就相同的或抽象的人类劳动这个属性来说,它形成商品价值;另一方面是人类劳动力在特殊的、有一定目的的形式上的耗费,就具体的有用的劳动这个属性来说,它生产使用价值。这里,马克思把商品看作使用价值和价值的统一体,二者共存于一个商品体内。在生产商品的实际劳动中,社会的、相同的或抽象的劳动创造出这种商品的价值;个人的、具体的劳动则创造这种商品的使用价值。一方面,使用价值是价值的物质承担者,没有使用价值,价值无法存在;另一方面,它们是商品的两种完全不同的属性,其中使用价值是商品的自然属性,价值是商品的社会属性。可见,商品的使用价值和价值是由体现在商品中的具体劳动和抽象劳动决定的。拥有不同形式的具体劳动主要决定使用价值,而凝结在商品中的一般的、无差别的抽象劳动则是商品价值的唯一源泉。正是由于对劳动二重性的分析,马克思第一个彻底研究了劳动所具有的创造价值的特性,第一次确定了什么样的劳动形成价值,为什么形成价值及怎样形成价值等问题。

那么,如何衡量劳动价值的大小呢?马克思将抽象劳动的价值视为商品价值的一般尺度,而劳动的自然尺度则是劳动时间,因而就可以用抽象劳动时间量来衡量商品的价值量。马克思指出,商品的价值或它的相对价值的大小,取决于它所含的社会实体量的多少,也就是说,取决于生产它所必需的相对劳动量。所以,各个商品的相对价值,是由耗费于、体现于、凝固于该商品中的相应的劳动量决定的。这表明商品的价值是由劳动者创造的,要生产出一个商品,就必须在这个商品上投入或耗费一定量的劳动,劳动是商品价值的唯一源泉。

(二)劳动是财富产生的源泉

物质生产是人类维持生命存在的前提条件,劳动是不以一切社会形式为转移的人类生存条件,是人与自然之间的物质交换即人类生活得以实现的、永恒的自然必然性。人类首先要通过生产劳动解决衣食住行等生存问题,然后才能从事政治、宗教和文化等活动,即人类的所有活动都是建立在人类所创造的物质财富基础上的。劳动在唯物史观中体现的是一种社会关系,马克思在《哥达纲领批判》中指出,劳动只有作为社会的劳动才能成为财富和文化的源泉,必须在社会中创造劳动主体的物质与精神财富。人类通过劳动创造出大量的社会财富以满足人类日益增长的物质、精神方面的需要,极大促进了人类社会的发展。马克思认为,劳动并不是它所生产的使用价值即物质财富的唯一源泉。正像威廉·配第所说,劳动是财富之父,土地是财富之母。这充分说明劳动在财富创造过程中所发挥的重要作用。

三、劳动是实现人全面发展的基本途径

马克思主义认为,在合理的社会制度下,每个有劳动能力的人都能应当学会劳动,不仅能够用手劳动,而且能够用脑劳动,从而将体力劳动与脑力劳动结合起来,并使人的各方面的能力得到充分的、协调的发展,成为全面发展的人。

(一)劳动创造了人全面发展的现实条件

在教育史上,许多先贤提出了关于人的全面发展的主张。如亚里士多德提出人的

德智体和谐发展；莫尔提出消灭脑力劳动与体力劳动的分离；夸美纽斯、卢梭、裴斯泰洛齐等人也从不同的角度论证了人性和谐的观点。而后的空想社会主义者圣西门则首次提到了全面发展的人；傅立叶的"协作教育"是让儿童轮流参加各种劳动，实现体力和智力的全面发展；欧文在他的共产主义移民区中要求所有人都交替从事各种劳动，并强调劳动者本身的全面发展，将体力劳动与脑力劳动的结合视为实现全面发展的基本途径。马克思、恩格斯批判性地继承了历史上关于人的全面发展的思想遗产。同时，马克思、恩格斯在系统地考察了分工发展与人的发展关系的基础上，指出旧式分工造成人的脑力劳动与体力劳动的分离与对立，导致人的劳动能力逐渐丧失整体性，从而使人陷入片面的畸形发展。体力劳动和脑力劳动的分离，以及体力、脑力的各自片面发展在一定程度上都将限制和破坏人发展的全面性。

（二）教育与生产劳动相结合是造就全面发展的人的唯一方法

实现人的全面发展，就是要达到人的脑力、体力发展的统一。马克思通过对资本主义大工业生产的具体分析，科学地解释了教育与生产劳动相结合的必要性与可能性，充分肯定了它在人的全面发展中的重要地位。马克思在《资本论》中指出，正如我们在罗伯特·欧文那里可以详细看到的那样，从工厂制度中萌发出了未来教育的幼芽，未来教育对所有已满一定年龄的儿童来说，就是生产劳动同智育和体育相结合，它不仅是提高社会生产的一种方法，而且是造就全面发展的人的唯一方法。马克思深入分析了异化劳动形成的私有制根源，提出以共产主义扬弃私有制、最终消除劳动异化，才能实现劳动和教育相结合，从而使多方面的技术训练和科学教育的实践基础得到保障。在未来社会，一切人都要劳动，劳动为人创造全面发展和自我实现的机会，劳动已经不仅仅是谋生的手段，而且成了生活的第一需要，生产劳动不再是奴役人的手段，而成了解放人的手段，生产劳动就从一种负担变成一种快乐。正如列宁所言，没有年轻一代的教育和生产劳动的结合，未来社会的理想是不能想象的。无论是脱离生产劳动的教学和教育，还是没有同时进行教学和教育的生产劳动，都不能达到现代技术水平和科学知识现状所要求的高度。

四、马克思主义劳动伦理观

基于辩证唯物主义的基本立场，即从劳动主体层面上看，我们可以从提倡人"自由理性的劳动""平等公正的劳动"以及"和谐幸福的劳动"三个方面来阐述马克思主义劳动伦理观的基本内涵。

（一）自由理性的劳动

马克思对劳动本真内涵的把握是从人的自由本性角度出发的，因此其劳动伦理的首要内涵是指劳动是人出于理性目的的自由劳动，而非人为了求生存从而被迫的异化劳动，原因有三。

第一，马克思认为劳动是人的本质，正是人特有的劳动创造力使人和动物区分开来，人可以通过劳动改变自然界存在物的既有形态，也可以创造出属于人自己的物质生活条件。劳动不仅区分了人和动物,也将人从自然当中分化出来,构建起以人的交往关系为基础的社会,形成了自然与社会的紧密关联。

第二,劳动本身就是一种自由的、自觉的活动。对于一个健全的社会劳动者而言,劳动不仅是人社会化存在的必然手段,而且更是劳动者社会化存在的一种光荣与自觉;劳动不仅是劳动对象的生产加工手段,而且还是一种自在的精神追求与自我价值的实现。

第三,作为劳动主体的人在劳动的过程中构建起社会关系,逐步实现了全社会的劳动自由。作为劳动主体的人通过劳动,一方面从自然界或者说从劳动对象那里获得了人所需要的物质、能量和信息,实现了人与自然的物质交换,另一方面劳动主体之间也逐渐产生交往关系,随着交往关系的扩大,逐渐形成了一体化的社会关系网络。恩格斯明确指出,正是劳动增进了人们之间的交往关系。

(二)平等公正的劳动

马克思主义劳动伦理观的第二层内涵是指建立在人类劳动自由基础上的平等公正的劳动,这也是其劳动伦理思想的核心内容。平等公正的劳动主要表现为两个方面:一是人作为劳动主体应当享受平等公正的就业机会和社会地位;二是人作为劳动主体应当享受平等公正的劳动待遇。

(三)和谐幸福的劳动

马克思主义劳动伦理观的第三层内涵是指人在和谐的劳动过程中能够充分感受幸福。从人的劳动的历史发展来看,劳动是不幸福的。但是唯物史观认为,劳动与幸福并不是天然的矛盾对立,二者之间存在统一性。劳动不仅是人的本质力量的展现,更是人对美好生活的体验过程,是人们幸福的开始。劳动赋予人幸福,幸福也是人劳动的果实。

议一议

1. 劳动如何创造了人和人类历史?
2. 怎么理解劳动是价值和财富创造的源泉?
3. 劳动如何实现人的全面发展?

活动 1-1:博物馆志愿者活动
——走近文物、感悟劳动价值

一、劳动背景

劳动是人类的本质活动,是推动人类社会进步的根本力量。"劳动创造了中华民族,造就了中华民族的辉煌历史,也必将创造出中华民族的光明未来。"各地各级博物馆是见证中华文明发展轨迹,展示中国历史发展脉络的文化艺术宝库,让我们走进博物馆,走进历史,领略文物散发的劳动之美、劳动智慧和劳动价值。

二、劳动描述

请你组建志愿者小组,利用节假日时间组织班级学生参观某博物馆,制订参观博物馆行程计划、整理简要讲解资料并组织班级实地参观。劳动活动中各行动阶段的任务描述如图 1-1 所示。

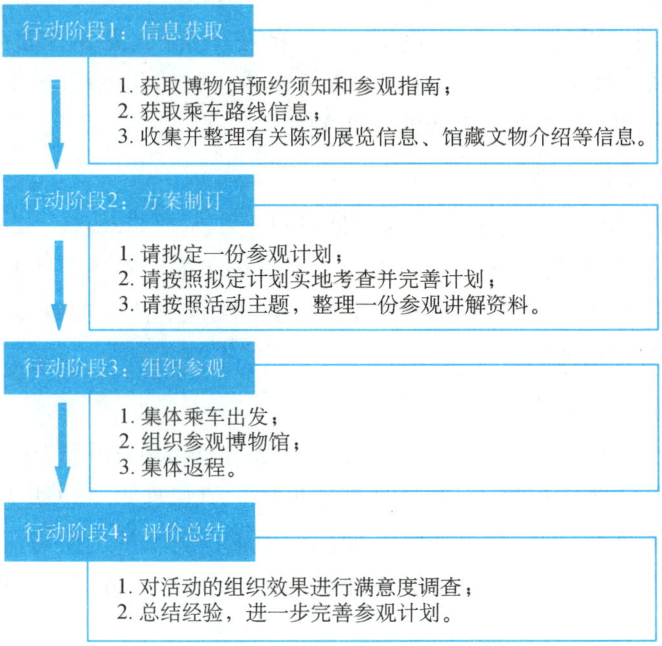

行动阶段1：信息获取
1. 获取博物馆预约须知和参观指南；
2. 获取乘车路线信息；
3. 收集并整理有关陈列展览信息、馆藏文物介绍等信息。

行动阶段2：方案制订
1. 请拟定一份参观计划；
2. 请按照拟定计划实地考查并完善计划；
3. 请按照活动主题,整理一份参观讲解资料。

行动阶段3：组织参观
1. 集体乘车出发；
2. 组织参观博物馆；
3. 集体返程。

行动阶段4：评价总结
1. 对活动的组织效果进行满意度调查；
2. 总结经验,进一步完善参观计划。

图 1-1 劳动任务描述

三、劳动目标

以"走近文物、感悟劳动价值"为活动主题,通过策划、组织博物馆的参观活动,使学生感受地域文化,领略中华历史文化底蕴,感悟和树立"劳动创造了人类历史、劳动是价值和财富产生的源泉、劳动是实现人全面发展的基本途径"的劳动价值观。

四、劳动过程

行动阶段 1：信息获取

1. 请你组建志愿者小组并合理分工,通过查阅官方网站、微信公众号等方式,收集并整理待参观博物馆的预约须知和参观指南。重点关注开放时间、预约方式、入馆须知等信息。

2. 查询从学校到博物馆的公共交通线路信息,根据班级人员情况拟定最佳出行方式。

3. 通过查阅官方网站、图书资料等方式获取并整理博物馆简介、陈列展览信息、馆藏文物介绍等信息。

行动阶段 2：方案制订

1. 请你根据"行动阶段 1"所收集整理的信息，初步拟定一份参加行程计划。该计划内容至少包括活动主题、行程安排、准备工作、参观内容、注意事项五个方面的详细描述。

2. 按照此次活动主题，简要编写参观讲解资料。

3. 请向相关专业的学生、博物馆工作人员或专业教师咨询拟定的行程计划和讲解资料的可行性，充分听取改进意见。

4. 小组成员参照拟定计划和讲解资料进行实地考察、查漏补缺，进一步完善活动的细节，保障安全、有效地开展活动。

行动阶段 3：组织参观

1. 集体乘车出发。小组成员提前将活动行程计划发放到每一位参观者手中。在乘车出发前集中清点人员，强调出行安全注意事项。

2. 小组成员按照分工，安全、有序地组织同学参观博物馆。参观过程中围绕活动主题，进行简要介绍和讲解，引导同学们有目的、有思考、有感悟地参观。

3. 按照行程计划时间，组织学生安全返校。

行动阶段 4：评价总结

参照表 1-1 内容，请小组成员在一周内通过问卷调查方式收集参观人员的满意度和反馈意见。总结经验，进一步完善活动行程计划和参观讲解资料，为下一次参观活动做好充分准备。

表 1-1　活动调查表

调查内容	评价结果	选"否"，请给出建议
1. 您认为此次活动主题是否鲜明？	□是　□否	
2. 您对此次活动选取的博物院是否满意？	□是　□否	
3. 您对参观时间安排是否满意？	□是　□否	
4. 您对参观出行方式是否满意？	□是　□否	
5. 您对志愿者的活动引导是否满意？	□是　□否	
6. 您对志愿者的讲解介绍是否满意？	□是　□否	
7. 您对博物馆哪个展厅最感兴趣：		
8. 您对博物馆哪些文物最感兴趣：		
9. 您此次参观的劳动感悟有哪些：		

 读一读

数字博物馆

随着5G互联网时代的到来和大数据、区块链以及AI、VR等互联网技术的发展,元宇宙等互联网理念的兴起,数字化转型已经成为博物馆发展的一大趋势,这也是博物馆融入新时代背景下社会文化生活的一项重要举措。数字博物馆是运用数字技术,将实体博物馆的职能以数字化方式完整地呈现在网络上。它包括三个部分,即实体博物馆展厅现场数字化展示系统、基于数字技术的博物馆业务管理系统和网络平台展示系统。采用互联网与机构内部信息网进行信息构架,把枯燥的数据变成鲜活的模型,从而激发观众的观赏兴趣。

博物馆由于布展限制,很多藏品的介绍都是只言片语,普通观众难以深入了解藏品的更多信息。借助海量的数据资源,线上展览突破了这一限制。观众点开一件展品,就是点开了一个历史截面,展品的文化背景、历史故事乃至时代风云,都会呈现在眼前,这无疑赋予了文物和展品更广阔的生命力。

数字博物馆中有多种多样的展示形式,比起传统博物馆单一的展示形式,数字博物馆能够以图片、文字、视频等形式,生动形象地将文物呈现在大众面前,增加了观众观看的趣味性,而且增加的一些互动技术,有利于人们更加了解历史文物。博物馆利用多媒体技术不仅能够全面地展示馆内的所有信息,主要展示手段有幻影成像、互动投影、虚拟翻书、弧幕影院、三维虚拟模型等。而且还能够有效地管理,数字博物馆可以利用数字交互系统开展网络留言、评价和实时互动。人们可以随意欣赏任何一个展品,多媒体智能解说加上智能导航,让人们不需要借助馆内解说员就能够了解展品,这无疑加大了人们对于历史文物的探索欲望。

2022年3月,全国60余位博物馆管理者和专家联名发起《关于博物馆积极参与建构元宇宙的倡议》。目前数字技术的集成和融合,已经到了可以构建元宇宙的阶段。元宇宙是相对于现实空间的一种3D数字空间,它可以对线下的展览进行3D的呈现。博物馆将过去和未来联系在一起,元宇宙将虚拟和现实融合,博物馆与元宇宙的相遇,是历史逻辑的再现和延续。

(1) 中国国家博物馆数字展厅:https://www.chnmuseum.cn/Portals/0/web/vr
(2) 全景故宫网站:https://pano.dpm.org.cn/gugong_pano/index.html
(3) 数字多宝阁:https://www.dpm.org.cn/shuziwenwu.html
(4) 河南博物院虚拟展览:http://www.chnmus.net/sitesources/hnsbwy/page_pc/clzl/xnzl/list1.html
(5) 秦始皇帝陵博物院:http://www.bmy.com.cn/html/public/zl/500yvr/bc726d2972a949c180c4f85216e6c5ea.html

任务 1.2　认识习近平新时代中国特色社会主义劳动价值观

> **案例导入**
>
> **弘扬劳模精神　凝聚奋进力量**
>
> 　　2022年5月1日,《人民日报》第5版以《弘扬劳模精神　凝聚奋进力量》为题,弘扬劳模精神,凝聚奋进新征程、建功新时代的磅礴力量。在多位劳模中就包括了全国劳动模范、广西玉柴机器股份有限公司3D快速制造中心主任池昭就。池昭就从一个学徒成为玉柴模具制造的核心人物,开创了玉柴"三精一法"等绝活,不断刷新模具制作技术水平。他带领团队攻克一个又一个难关,彻底打破了国外四气门气道核心技术的垄断。他的目标是要用技术创新,让"中国制造"变成"中国创造"。
>
> 　　劳动模范是民族的精英、人民的楷模,是共和国的功臣。他们有的奋战在厂矿车间,孜孜不倦钻研技能;有的奔忙在乡间田野,脚踏实地辛勤劳动;有的深耕在科研一线,锲而不舍奋力攻关;有的坚守在本职岗位,长年累月服务群众……他们在平凡的岗位上创造了不平凡的业绩,谱写了一曲曲新时代劳动者的奋斗之歌。
>
> 　　光荣属于劳动者,幸福属于劳动者。让我们走近全国劳模,感受劳模风采,弘扬劳模精神,凝聚奋进新征程、建功新时代的磅礴力量。
>
> （案例来源:庞革平、温正华,《人民日报》2022年5月1日第5版,有删改）

想一想

如何理解以池昭就为代表的劳模人物在平凡岗位上作出的不平凡业绩?

　　重视劳动价值和作用,树立鲜明的劳动价值观是习近平新时代中国特色社会主义思想的突出特点。党的十八大以来,习近平总书记在多个场合、多次讲话中阐述了劳动、劳动者、劳动模范、劳模精神等在中国特色社会主义事业建设中的重要作用,进一步继承与发展了马克思主义劳动价值观,形成了"劳动最光荣、劳动最崇高、劳动最伟大、劳动最美丽"的劳动价值观。

一、劳动最光荣:劳动没有高低贵贱之分

（一）任何一种劳动都很光荣

　　社会的发展离不开每一位劳动者的创造,不论工人、农民或领导干部,他们都在自己平凡的岗位上从事着不同的劳动,为社会的发展添砖加瓦。他们勤劳朴实、自强不息的民族精神,爱岗敬业、吃苦耐劳的奉献精神,体现了中华民族的传统美德。针对社会上出现的歧视体力劳动者的现象,习近平总书记指出,不管他们从事的是体力劳动还是

脑力劳动,是简单劳动还是复杂劳动,只要有益于人民和社会,他们的劳动同样是光荣的,同样值得尊重。习近平总书记充分肯定了每一位劳动者的劳动付出,将每一位劳动者置于平等的地位,要求我们尊重每一位劳动者的劳动。他说:"无论时代条件如何变化,我们始终都要崇尚劳动、尊重劳动者,始终重视发挥工人阶级和广大劳动群众的主力军作用。"习近平总书记号召全社会大力弘扬劳动光荣、知识崇高、人才宝贵、创造伟大的时代新风,促使全社会成员弘扬劳动精神,推动全社会热爱劳动、投身劳动、爱岗敬业,为改革开放和社会主义现代化建设贡献智慧和力量。2015年"五一"国际劳动节大会上,习近平总书记进一步强调,全社会都要以辛勤劳动为荣、以好逸恶劳为耻,任何时候任何人都不能看不起普通劳动者,都不能贪图不劳而获的生活。这些讲话不仅有力地回击了当前社会上出现的轻视劳动、看不起劳动者的歪风邪气,而且对激励劳动者的劳动热情,培育社会主义核心价值观具有重要引领作用,也是对马克思劳动创造价值思想的创新发展。

(二)尊重劳动,尊重知识,尊重人才,尊重创造

全面建成小康社会,我国亿万劳动群众是主体力量,特别是知识分子作为创新性劳动的主体,他们的主体能动性的充分发挥,直接关系到劳动的创新性成果的转化,关系到全面建成小康社会目标的实现。为充分发挥这些高素质劳动者、创造性人才的作用,2014年6月,习近平总书记谈及加快发展职业教育时指出,要树立正确人才观,培育和践行社会主义核心价值观,着力提高人才培养质量,弘扬劳动光荣、技能宝贵、创造伟大的时代风尚,营造人人皆可成才、人人尽展其才的良好环境,努力培养数以亿计的高素质劳动者和技术技能人才。全社会都要贯彻尊重劳动、尊重知识、尊重人才、尊重创造的重大方针。对于当前青少年中出现的不爱劳动、不会劳动、不珍惜劳动成果的现象,习近平总书记在2018年全国教育大会上特别强调,要在学生中弘扬劳动精神,教育引导学生崇尚劳动、尊重劳动,懂得劳动最光荣、劳动最崇高、劳动最伟大、劳动最美丽的道理,长大后能够辛勤劳动、诚实劳动、创造性劳动。弘扬劳动精神,向劳模学习,是对"劳动光荣"理念的进一步倡导,是对马克思主义劳动价值观的弘扬。"劳动最光荣"作为一种引导人民群众积极进取的价值取向,展现着无穷魅力。

二、劳动最崇高:劳动创造美好幸福生活

(一)劳动是提高人们生活水平、创造幸福生活的基础

习近平总书记在陕西延川梁家河七年的知青岁月中,不仅踏实劳动,而且带头积极劳动,带领村民修井、建沼气池、打坝。在劳动生产实践中,他深深认识到只有依靠劳动才能创造出更多的物质财富,才能解决老百姓的温饱问题。在福建工作期间,他指出贫困地区的人们要想摆脱贫困,过上好日子,就必须付出更加艰辛的劳动。"人世间的一切幸福都需要靠辛勤劳动来创造",这一句简单的话不仅阐释了幸福与劳动的关系,而且也是对广大人民群众通过劳动创造幸福生活的伟大号召。随后,习近平总书记多次在会议上谈到了劳动与幸福生活的关系,他指出,中国人民自古就明白,

世界上没有坐享其成的好事,要幸福就要奋斗。幸福不是毛毛雨,幸福不是免费午餐,幸福不会从天而降。人世间的一切成就、一切幸福都源于劳动和创造。当前,人民日益增长的美好生活需要和不平衡不充分发展之间的矛盾是我国社会的主要矛盾,而要解决这一矛盾,唯有诚实劳动、努力奋斗,满足人民对美好生活的需要,为幸福生活奠定物质基础。

(二)幸福都是奋斗出来的,奋斗本身就是一种幸福

劳动不仅满足了人们物质生活的需要,同时使人们在劳动创造中体验和感受劳动的幸福与精神愉悦。随着生活水平的提高、物质生活条件的改善,人们不仅仅把劳动看作谋生手段,还把劳动看作实现自我价值的重要方式,人们更加注重劳动过程中的体验与感受,通过劳动满足自身的发展需要和自我实现需要。党的十八大以来,习近平总书记多次强调"让人民群众有更多获得感"。党的十九大报告进一步深化了这一要求,"使人民获得感、幸福感、安全感更加充实、更有保障、更可持续"。习近平总书记指出,一切劳动者,只要肯学肯干肯钻研,练就一身真本领,掌握一手好技术,就能立足岗位成长成才,就都能在劳动中发现广阔的天地,在劳动中体现价值、展现风采、感受快乐。奋斗者是精神最为富足的人,也是最懂得幸福、最享受幸福的人。习近平总书记的讲话告诉我们劳动不仅是人的一种物质活动,也是人的一种精神活动,劳动能给人带来快乐和幸福,这种幸福不只是物质上、感官上的满足,还是更高层次、更大价值的人生取向,是人们幸福生活的重要组成部分。

三、劳动最伟大:劳动是推动人类社会进步的根本力量

(一)劳动成就梦想

2012年11月29日,习近平总书记在国家博物馆参观"复兴之路"展览时第一次提出了"中国梦"。他说:"实现中华民族伟大复兴,就是中华民族近代以来最伟大的梦想。这个梦想,凝聚了几代中国人的夙愿,体现了中华民族和中国人民的整体利益,是每一个中华儿女的共同期盼。"然而,梦想不会自动成真,实现梦想也不可能一蹴而就,中华民族的伟大复兴,绝不是轻轻松松、敲锣打鼓就能实现的。他指出,我们所处的时代是催人奋进的伟大时代,我们进行的事业是前无古人的伟大事业,我们正在从事的中国特色社会主义事业是全体人民共同的事业。全面建成小康社会,进而建成富强民主文明和谐的社会主义现代化国家,根本上靠劳动,靠劳动者创造。实现我们的奋斗目标,开创我们的美好未来,必须紧紧依靠人民、始终为了人民,必须依靠辛勤劳动、诚实劳动、创造性劳动。"空谈误国,实干兴邦",实干首先就要脚踏实地地劳动。离开了劳动,梦想不可能成真,所设立的目标就会成为空中楼阁。说到底,实现中华民族的伟大复兴,要靠各行各业人们的辛勤劳动。

(二)劳动开创未来

中国改革开放四十多年来,中国人民用自己辛勤的劳动取得了举世瞩目的巨大成就,中国特色社会主义进入新时代。但是,我们必须清醒地认识到,我国仍处于并将长

期处于社会主义初级阶段,社会生产力还不够发达,社会财富还不够充裕,在建设社会主义现代化强国的奋斗中,面临着各种难题。只有依靠广大人民群众脚踏实地的劳动,持之以恒的诚实劳动、辛勤劳动,憧憬才能变为现实。习近平总书记强调,因为劳动创造,我们拥有了历史的辉煌;也正是因为劳动创造,我们拥有了今天的成就。劳动造就了中华民族,造就了中华民族辉煌的历史,也必将创造出中华民族的光明未来。习近平总书记的讲话深刻诠释了劳动对国家富强、社会发展的重要价值,揭示了劳动是实现国家富强、民族振兴、人民幸福的根本路径。劳动是梦想与现实之间的桥梁,是通向未来的必由之路,只有脚踏实地的辛勤劳动、诚实劳动、创造劳动,才能开创我们的美好未来。因此,必须"引导和支持所有有劳动能力的人依靠自己的双手开创美好的明天"。

劳动是一切成功的必由之路。现在,我们比历史上任何时候都更接近实现中华民族伟大复兴的目标,比历史上任何时期都更有信心、更有能力实现这个目标。但是,我们的路也更加艰难,更加需要艰苦奋斗、不懈努力,只有脚踏实地的辛勤劳动,"两个一百年"的奋斗目标才能实现。

四、劳动最美丽:奋斗是劳动人民最美的姿态

(一)劳动创造了世间的一切美好

人们靠劳动实现了生存与发展,人们在劳动中体会到了快乐和幸福,体验到了自身的价值。2013年10月,习近平总书记在同中华全国总工会新一届领导班子集体谈话中指出,要在全社会大力弘扬我国工人阶级的优秀品质,大力宣传劳动模范和其他典型的先进事迹,加强对广大青少年的教育,让全体人民进一步焕发劳动热情、释放创造潜能,通过劳动创造更加美好的生活。这是对劳动者辛勤劳动的赞美,也是对他们劳动的肯定。习近平总书记关于"劳动最美丽"的重要论述,是对马克思主义劳动价值观的继承和发展。

(二)劳动是最美的绽放

党的十八大以来,每年的"五一"国际劳动节前夕,习近平总书记都会在讲话中谈及劳动模范和劳模精神,并高度评价与赞美劳动模范与劳模精神,称劳动模范是劳动群众的杰出代表,是最美的劳动者,是民族的精英、人民的楷模,是坚持中国道路、弘扬中国精神、凝聚中国力量的楷模,肯定劳动模范对社会作出的贡献,这不仅是国家、社会对于他们工作的认可,更是他们"最美"的证明。劳动模范在他们平凡的岗位上,默默无闻,辛勤劳动,以高度的主人翁责任感、卓越的劳动创造、忘我的拼搏奉献,为全国各族人民树立了光辉的学习榜样,给全社会展现了劳动最美丽的时代形象。习近平总书记指出,劳动模范身上体现的"爱岗敬业、争创一流,艰苦奋斗、勇于创新,淡泊名利、甘于奉献"的劳模精神,是伟大时代精神的生动体现,丰富了民族精神和时代精神的内涵,是我们极为宝贵的精神财富。习近平总书记关于劳模精神的表述,赋予劳动神圣性与崇高性,强调了劳模精神作为精神财富的重要意义,为科学理解和大力弘扬劳模精神提供了正确的方向和指导,有利于在全社会营造"崇尚劳动"的浓厚氛围,树立劳动最美丽的观念。

(三)劳动者永远是最美丽的人

党的十八大以来,被习近平总书记点赞的劳动模范有很多,他们的共同特点就是热爱劳动、辛勤劳动、诚实劳动,在自己平凡的岗位上尽职尽责、淡泊名利、无私奉献。被誉为"最美奋斗者"的黄大年是我国著名地球物理学家,生前任吉林大学地球探测科学与技术学院教授、博士生导师,取得了一系列重大科技成果,为深地资源探测和国防安全建设作出了突出贡献。

2009年,黄大年毅然放弃国外优越的科研条件和生活,成为东北地区第一位"千人计划"归国者,他承担的"航空探测装备主题项目"和"地球深部探测关键仪器装备研制与实验项目",短期内突破了国外禁运和技术封锁,填补了国内技术空白。与此同时,他以"为祖国培养人才"为己任,带出了一支"出得去,回得来"的人才队伍。2017年7月,中华全国总工会追授黄大年"全国五一劳动奖章"。习近平总书记对黄大年的先进事迹作出重要指示:"我们要以黄大年同志为榜样,学习他心有大我、至诚报国的爱国情怀,学习他教书育人、敢为人先的敬业精神,学习他淡泊名利、甘于奉献的高尚情操,把爱国之情、报国之志融入祖国改革发展的伟大事业之中、融入人民创造历史的伟大奋斗之中。"劳动模范以他们的行动谱写了新时代劳动者之歌,是我们学习的楷模。习近平总书记号召全国各族人民都要向劳模学习,以劳模为榜样,发挥只争朝夕的奋斗精神,共同投身实现中华民族伟大复兴的宏伟大业。

劳动最美丽是对所有劳动者根本的价值要求,更是对全社会的价值要求。我们今天所取得的伟大成就、所拥有的一切,无不凝聚着劳动者的辛勤汗水,蕴含着劳动者的牺牲奉献。我们一定要以劳动模范为榜样,爱岗敬业、勤奋工作,锐意进取、勇于创造,不断谱写新时代的劳动者之歌,以奋斗开创明天。

五、新的劳动伦理形态——体面地劳动

国际劳工组织将体面劳动定义为通过促进就业、加强社会保障、维护劳动者基本权益和完善社会对话机制来保障广大劳动者在自由、公正、安全和有尊严的条件下工作。体面劳动不仅包括外在指标,如合理报酬、社会保障、职业发展等,而且还关注劳动者的内在感受,如尊严、自由、安全感、幸福感、价值感和成就感等,其核心是尊重劳动和劳动者的尊严,保护劳动者的合法权益。

实现体面劳动,是所有劳动者的美好愿望。它意味着拥有足够的就业机会以选择恰当的就业岗位,拥有良好的劳动条件以提高劳动质量,拥有合理的收入以维持体面生活,拥有鼓励进取的环境以实现人自身的全面发展。那么如何实现体面劳动呢?

(一)提高劳动者收入

提高收入是实现体面劳动的先决条件。劳动者要有足够的收入,才能体现体面劳动,才能体现"劳动最光荣,劳动者最伟大"。如果劳动者总在最低工资标准线上挣扎,体面劳动根本无从谈起。可以说,离开了"足够的收入",劳动者的体面、伟大就成为雾中花、水中月。

(二）提高劳动者素质

加快经济发展，必须建设一支高素质的劳动者队伍。因此，我们必须把提高劳动者素质作为加快经济发展的重要基础和必要条件，加大政策、资金的支持力度和公共服务投入，带动社会的资金流向。同时，引导劳动者加大对自身的投入，努力向知识型、技能型、创新型劳动者方向发展。

（三）健全劳动法律法规

实现劳动关系的法定化（包括劳动者权利的法定化、用工单位违法责任的法定化和政府主管部门职责的法定化、劳动者权利救济的法定化），是实现体面劳动的关键所在。从当前来看，要继续健全完善劳动法律法规体系，不断与我国经济社会发展水平相适应；加强宣传教育，增强劳动者的权利意识和法制观念，提高其依法维权的自觉性；规范劳动部门行政行为，加大行政执法力度，督促有关部门和企业依法履行职责，严肃查处侵犯劳动者权益的行为；加大法律援助力度，降低劳动者维权成本，增强维权实效。

（四）完善社会保障制度

让人人享有社会基本保障，既是实现体面劳动的重要保证，也是构建和谐社会的重要基础。我国现阶段的社会保障制度建设还相对薄弱，不为职工投保、拖欠社会保险金等现象还比较普遍，劳动者的社会保障权益还得不到充分保证。同时，劳动者也不可能随时都有获得体面劳动的机会。

（五）实施更加积极的就业政策

就业是民生之本，是劳动者最基本、最优先的权利。必须进一步加快改革开放步伐，切实增强企业的生产经营能力，创造出更多、更好的就业岗位。同时，将就业帮扶的重心，从单纯的就业技能培训，转向多方面政策配合，通过拓宽就业渠道、积极鼓励创业、发展第三产业、改进就业服务、消除劳动力市场壁垒、引导劳动力合理流动和完善社会保障体系等一系列政策措施，促进劳动者实现充分就业。

（六）建立体面劳动的衡量标准

体面劳动这一理念的提出，最直接的意义就在于为劳动者的权益保障提供一个方向和目标。应该结合国际劳工标准，研究制定符合中国国情的体面劳动衡量标准，使劳动者的经济权益在工资总额紧贴经济效益的运行机制下得到保障，政治权益在以职代会为基本形式的基层民主管理的有力作为下得到维护，发展权益在自身不断学习提高和建功立业活动当中得到尊重，推动形成全社会对体面劳动的理解和认同。

议一议

1. 如何理解劳动不分贵贱？
2. 如何理解幸福是奋斗出来的？
3. 你身边有哪些"最美劳动者"？

做一做

活动1-2:学做家常菜,感受家的味道
——在炸小酥肉的制作中学习家常菜的烹饪技巧

一、劳动背景

"一粥一饭,当思来之不易;半丝半缕,恒念物力维艰。"一道家常菜,通常承载着劳动者在幕后辛勤的付出。择菜、洗菜、切菜,准备配料并着手烹饪,只有亲历而为,才能享受劳动带来的快乐和愉悦,也更能体会到劳动的不易与辛苦。

炸小酥肉是一道经典的河南美食。学生在劳动过程中不只是学习做菜,还有对做菜背后人生哲理的思考,这既是一次劳动教育活动,也是一次思想熏陶的契机。通过学做家常菜,学生能够感受到劳动的艰辛,更加体会到父母对自己深切的爱,同时也将更好地传承热爱劳动、关心家庭、勤俭节约的淳朴家风,从而树立劳动最光荣的观念,养成热爱家务劳动的良好习惯。

二、劳动描述

以猪五花肉和土鸡蛋为主料,以大葱、生姜、食盐、料酒、酱油、八角、花椒粉、小茴香、面粉、红薯淀粉为配料,制作炸小酥肉。劳动中各行动阶段的任务描述如图1-2所示。

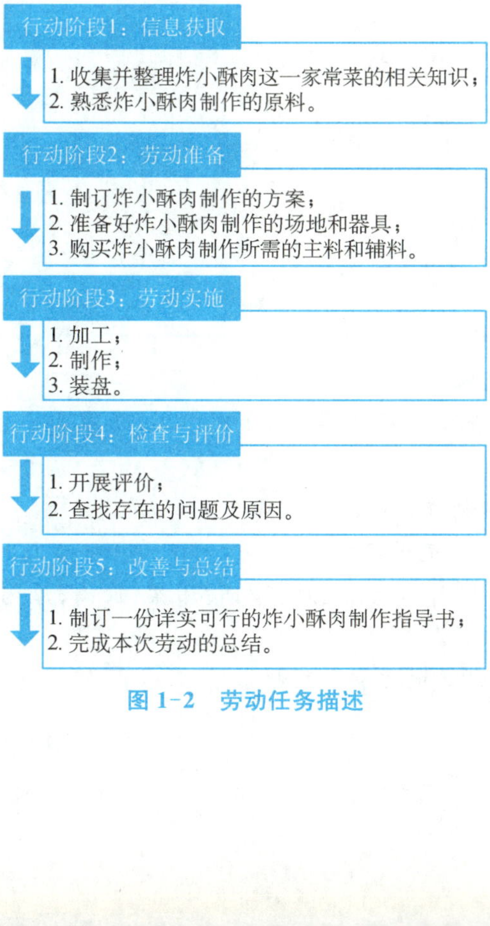

行动阶段1:信息获取
1. 收集并整理炸小酥肉这一家常菜的相关知识;
2. 熟悉炸小酥肉制作的原料。

行动阶段2:劳动准备
1. 制订炸小酥肉制作的方案;
2. 准备好炸小酥肉制作的场地和器具;
3. 购买炸小酥肉制作所需的主料和辅料。

行动阶段3:劳动实施
1. 加工;
2. 制作;
3. 装盘。

行动阶段4:检查与评价
1. 开展评价;
2. 查找存在的问题及原因。

行动阶段5:改善与总结
1. 制订一份详实可行的炸小酥肉制作指导书;
2. 完成本次劳动的总结。

图1-2 劳动任务描述

三、劳动目标

通过炸小酥肉的制作,让学生掌握家常菜制作的基本技能,增强实践动手能力,并能够将学习与家务劳动密切结合,强化劳动意识,体会到为家人付出的快乐,体验劳动带来的自信,从而有效地传承"劳动最光荣"的传统美德。

四、劳动过程

行动阶段1:信息获取

1. 炸小酥肉的相关知识

炸小酥肉,是河南地区传统名菜之一。其主料为猪五花肉,辅料为大葱、生姜、八角、花椒面、小茴香、酱油、面粉、淀粉等,成菜咸、香、酥、嫩,色泽金黄,将豫菜咸香味型的特点展现得淋漓尽致。炸小酥肉可以在复炸后直接食用,也可以蒸制做扣碗,还可以作为半成品制作大烩肉等菜肴。

2. 炸小酥肉制作的原料

请你查阅相关资料,结合任课教师讲解,调研炸小酥肉制作需要的物料及价格,完成表1-2。

表1-2 物料及价格清单

序号	物料名称	价格/单价	数量	作用
1				
2				
3				
4				
5				
6				
编制者		日期		

行动阶段2:劳动准备

1. 请你根据"行动阶段1"所收集整理的信息,并参照表1-2所列物料,制订炸小酥肉制作的方案。

2. 准备好炸小酥肉制作的场地和器具。

场地:中餐实训室或家庭厨房。

设备与器具:炉灶、操作台、洗菜池、炒锅、油盆、笊篱、炒勺、砧板、菜刀、抹布、盆、碗、筷、盘。

购买炸小酥肉制作所需的主料和配料。

食材:

猪五花肉　500克

大葱	50 克
生姜	50 克
食盐	10 克
料酒	50 克
酱油	30 克
八角	2 颗
花椒粉	10 克
小茴香	10 克
鸡蛋	2 枚
面粉	50 克
红薯淀粉	50 克
清水	适量
食用油	1 升

图 1-3　主料、配料

行动阶段 3：劳动实施

1. 加工

（1）将猪五花肉洗去血污后，剔去皮，先切成 1 厘米厚的片，再切成 1 厘米粗、5～8 厘米长的条，如图 1-4 所示。

图 1-4　主料切配

（2）大葱和生姜切成 2 毫米粗的细丝，放入适量清水中，浸泡 15 分钟，成葱姜水，如图 1-5 所示。

2. 制作

（1）将其他调料与鸡蛋、面粉、淀粉、葱姜水一起加入到肉条中，搅拌均匀，倒入适量食用油封住表面，不使其干结，腌渍 20 分钟，如图 1-6 所示。

（2）将食用油倒入炒锅内，加热到五成油温，将腌渍好的肉条逐条下入油中炸至定型，成熟后捞出沥油，油温上升至六七成热复炸上色即可，如图 1-7 所示。

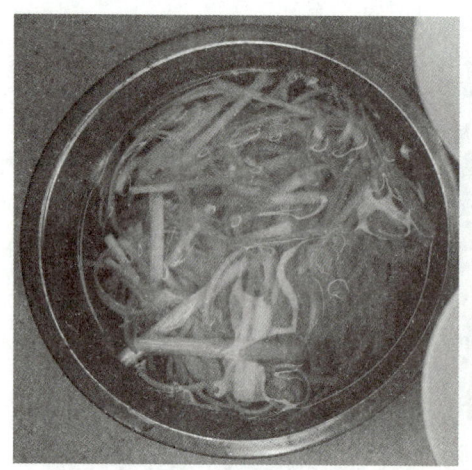

图 1-5 调料切配

图 1-6 腌渍

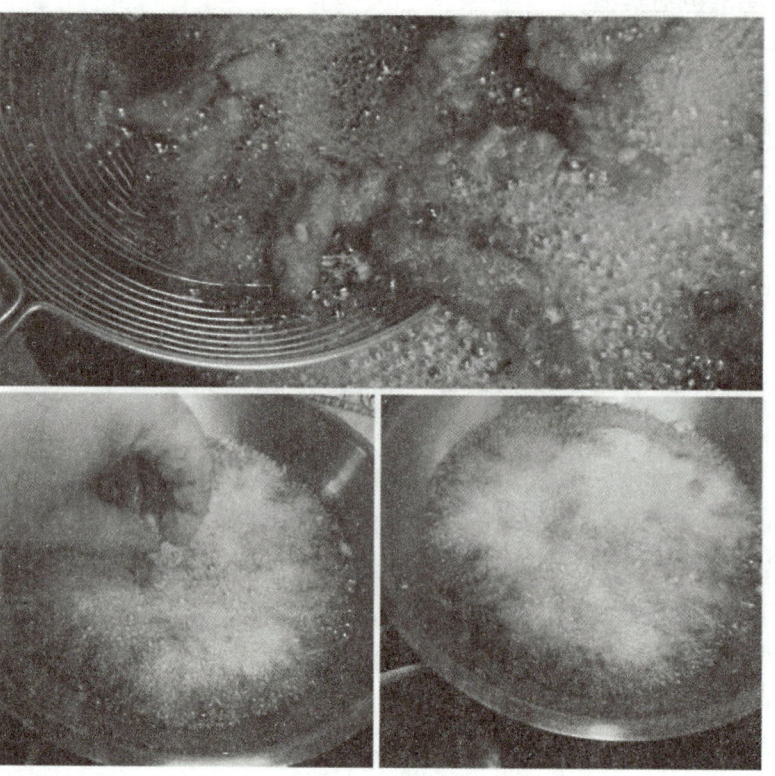

图 1-7 炸制成熟

3. 装盘

将炸小酥肉装盘,在上面撒花椒粉即可,如图 1-8 所示。

项目一 树立正确劳动价值观

图 1-8 出品装盘

行动阶段 4：检查与评价

1. 开展评价，对炸小酥肉开展点评活动，并将评价结果记录在表 1-3 中。

表 1-3 炸小酥肉制作评价表

序号	考核要点	配分	考核标准	得分
1	味感	25 分	口味纯正，主味突出，调味适当，无邪味、糊味和腥膻味等异味	
2	质感	25 分	火候得当，质感鲜明，具有麻、辣、鲜、香、烫、嫩、酥等特点	
3	观感	15 分	主副料配比合理，刀工细腻，规格整齐，芡汁适度，色泽红亮，装盘美观，餐具与菜品协调	
4	营养卫生	15 分	生熟分开，营养配比合理，成品中无人工色素和不能食用的物品，成品突出绿色健康的特点，讲究餐具和盘饰清洁卫生	
5	劳动感悟	20 分	知识、技能总结到位，劳动感悟深刻	
	合计	100 分		

033

2. 查找存在的问题及原因。

行动阶段 5：改善与总结

1. 根据教师点评的结果和反馈意见，结合个人实施方案，形成详实的炸小酥肉制作指导书，并将该指导书以图文的形式绘制在表 1-4 中。

表 1-4　炸小酥肉制作指导书

2. 请你完成一份活动总结，以图文的形式呈现，重点谈一谈你在炸小酥肉制作过程中学到了哪些知识和技能。

练一练

查阅相关资料,自己动手做一份扣碗小酥肉。

读一读

小酥肉的由来

小酥肉是逢年过节、婚丧嫁娶时,百姓餐桌上必不可少的一道美味佳肴。但若问起小酥肉的来历,多数人就不知道了。

商朝末年,商朝君王帝辛(后世称纣王)宠幸美人苏妲己,以致日夜欢乐,不理朝政。妲己受纣王恩宠,更是得意忘形,昨日谗言杀宫女,今日谗言杀官员,后天谗言杀百姓。朝野内外是非颠倒,各路诸侯纷纷反抗,一时间江山飘摇,民不聊生。百姓深受其害,称纣王是灾星,称妲己是狐狸精,明地里敢怒不敢言,暗地里则恨不得喝了纣王的血,吃了妲己的肉。

相传有一年秋天,纣王、妲己一行在南阳城(今马村区安阳城村)一带狩猎,结果东跑西跑连个野兔也没有射中。天近午时,狩猎人马冲进一处农户家,又是射鸡,又是射羊,并勒令农家主妇煮肉下酒。农妇心里害怕,连忙烧火煮肉,招待纣王、妲己一行。纣王、妲己等人吃饱喝足,分文不给,扬鞭催马而去。

农妇见狩猎人马远去,心里气愤,跑进厨房,为了发泄内心的愤恨,将一块生肉放至案头,视为妲己,边骂边剁。

丈夫上山砍柴回来,问清原因,不由奇思妙想道:"媳妇莫哭,帝辛是天子,妲己是娘娘,咱们惹不起,不过,瞧你将这肉剁得又细又烂,果真用油炸,用锅蒸,还真是一道美味佳肴哩。不如将菜烧出来吃掉,这道菜就叫苏妲己肉好不好?"

农妇说:"亏你想得出,此事若是传扬出去,说你我吃了苏妲己肉,还不被砍头示众。"

丈夫思索片刻道:"这好办,我们不妨将菜名改一下,就说是妲苏肉。换名不换汤,暗指苏妲己肉。"

农妇听后笑着说:"还是你鬼点子多,妲苏肉就妲苏肉。"

两人将剁碎的肉,又是炸又是蒸,就这样,一道久传不衰的民间名吃就这样诞生了。消息传出,人们竞相效仿,都说此道菜又好吃、又解恨。

随着时间推移,商朝灭亡了,纣王自焚了,妲己被杀了,天下又恢复了正常秩序,百姓又恢复了平静生活。但不知从何时起,妲苏肉的称谓变成了现在的小酥肉,世代流传了下来。

(资料来源:商都网,《小酥肉的由来》,《乡村科技》2014年第5期)

任务1.3 认识大学生树立正确劳动价值观的必要性

案例导入

为大学生回乡创业叫好

是在喧嚣的大城市捕捉机会,还是回到小山村实现梦想?大学毕业生胡鹏飞的抉择是回乡当"羊倌"。他的创业梦是从踏实的"养羊"起步,在家乡发展生态农业,在泥巴里盘出"金子",在激情中追逐梦想。

"生在农村、长在农村,把汗水挥洒在这里我才觉得踏实。"这朴实的话语道出一个道理:梦想的种子要播散在适合自己成长的土地上。当众多年轻人涌入城市的时候,他选择回到家乡一步一个脚印地实现梦想。这种不贪慕虚荣、不浮躁的精气神值得我们点赞、力挺。

很多大学生把成功的希望寄予大城市、大机关、大企业,忽视了小城镇和广阔的农村。大城市有大城市的发展机会,新型城镇化给了小城镇众多的机会,农村更有意想不到的发展机会。相对来说,大城市、大机关、大企业人才济济、竞争者众,不是每人都有机会。小城镇、农村则是一大片蓝海,相对来说技术缺乏、管理缺乏、技术缺乏,只要是人才,只要是种子,播下去就能发芽,就能茁壮成长。只要肯吃苦、愿付出,本科生、硕士生、博士生在那里大有作为!胡鹏飞的故事告诉我们,"小羊倌"能够成就一个大产业,艰苦的环境更能够体现一个高素质人才的自身价值,自己铸就的"金饭碗"胜过在城市中接手别人的"铁饭碗"。

建设创新型国家的基石是创业,创业的主力是有梦想有魄力的年轻人。对于创业道路上肯吃苦、孜孜以求并小有成就的胡鹏飞,我们要大声地力挺、点赞、叫好。

(案例来源:武雪梅,人民网2014年2月1日,有删改)

想一想

胡鹏飞放弃城市生活,选择回到家乡创业,对于你将来的就业有哪些启示?

大学生是社会主义事业的建设者和接班人,肩负着建设国家的使命。培育大学生树立正确的劳动价值观,对大学生牢固树立社会主义核心价值观,促进大学生全面和谐发展,实现高等学校立德树人的教育目标有着重要的价值。2018年5月,习近平总书记在北京大学师生座谈会上指出,青年的价值取向决定了未来整个社会的价值取向,并告诫青年,人生的扣子从一开始就要扣好。但是,长期以来,由于学校、家庭、社会等多种因素的影响,当前大学生中存在诸如"轻视劳动""看不起劳动者"等错误的价值观念。

如何让大学生树立正确的劳动价值观,能够诚实劳动、辛勤劳动、创造性劳动,已成为高等学校教育不可忽视的重要问题。

一、成为社会主义现代化建设者和接班人的需要

党的十九大报告指出,改革开放之后,我们党对我国社会主义现代化建设作出战略安排,提出"三步走"战略目标。解决人民温饱问题、人民生活总体上达到小康水平这两个目标已提前实现。在这个基础上,我们党提出,到建党一百年时建成经济更加发展、民主更加健全、科教更加进步、文化更加繁荣、社会更加和谐、人民生活更加殷实的小康社会,然后再奋斗三十年,到新中国成立一百年时,基本实现现代化,把我国建成社会主义现代化国家。

1992年,邓小平在南方谈话中指出,中国的事情能不能办好,社会主义和改革开放能不能坚持,经济能不能快一点发展起来,国家能不能长治久安,从一定意义上说,关键在人。可见人在现代化建设中的重要性。2018年,习近平总书记在全国教育工作大会上强调,坚持中国特色社会主义教育发展道路,培养德智体美劳全面发展的社会主义建设者和接班人。大学生作为我国社会主义的建设者和接班人,必须树立正确的劳动价值观,将来才能为我国社会主义现代化建设作出重大贡献。

劳动教育是中国特色社会主义教育制度的重要内容,直接决定社会主义建设者和接班人的劳动精神面貌、劳动价值取向和劳动技能水平。长期以来,全国各级各类学校坚持教育与生产劳动相结合,在实践育人方面取得了一定成效。同时也要看到,近年来青少年中出现了不珍惜劳动成果、不想劳动、不会劳动的现象。这种现象的存在对我国社会主义现代化建设是极为不利的,必须引起学校教育的重视。因此,高校亟须加强对在校大学生的劳动教育,引导大学生树立正确的劳动价值观。劳动价值观直接影响到大学生在校期间的学习和生活,正确的劳动价值观会让学生认识到对待学习必须踏踏实实,勤勤恳恳,正所谓"书山有路勤为径,学海无涯苦作舟",靠投机取巧的思想是要不得的。劳动价值观还会影响他们将来走上工作岗位后的价值取向,不正确的劳动价值观会使他们在工作中产生利益至上的思想,即对自己有利的劳动就去干,无利可图的劳动就远远地躲着;不正确的劳动价值观会使他们在工作中产生拈轻怕重的思想,劳动过程中总是挑肥拣瘦,缺乏全心全意为人民服务的意识。由此看来,引导大学生树立正确的劳动价值取向,有利于人才的培养,从而推动我国社会主义现代化建设。

二、促进自身全面和谐发展的需要

2018年,习近平总书记在全国教育大会上强调,党的教育方针是培养德智体美劳全面发展的社会主义建设者和接班人。从劳动教育与品德教育、智力教育、体质教育、审美教育的联系来看,使学生形成正确的劳动价值观、提升劳动技能、锻炼劳动能力、体验劳动之美是高校进行德育、智育、体育和美育的重要内容。德育在于引导学生领悟社会主义思想观点和道德规范,理解社会主义核心价值观,培养学生形成社会主义品德,侧

重于培养学生形成正确的世界观、人生观和价值观；智育在于传授学生系统的科学文化知识和一定的基本技能，提高学生提出问题、分析问题、解决问题的能力，使其掌握社会主义现代化建设的本领，侧重于启发学生掌握认识世界、改造世界的方法论；体育在于传授学生保持健康卫生的知识和技能，发展学生体力、增强学生体质，侧重于使学生拥有强健的体魄和良好的身体素质，为从事生产劳动和社会活动做好准备；美育在于培养学生形成正确的审美观，提高他们发现美、鉴赏美、创造美的能力，净化学生的心灵，使其形成高尚的情操，侧重于引导学生带着真善美的眼光和心灵进入生产和生活世界；而劳动教育在于培养学生的劳动情感、劳动态度、劳动价值观，形成劳动技能和劳动体验，侧重于教育学生带着积极健康的情感、态度和方式生产和生活。就学生的全面发展来说，各类教育都有其自身的规律、特点和功能，同时，它们又相互制约、相互促进，共同构成人的教育的有机整体。值得注意的是，劳动教育独有的育人功能是全面发展的教育体系的重要组成部分，是发展德智体美教育的重要支撑和有力抓手。

对大学生进行新时代的劳动观教育对德育、智育、体育、美育都有着正向的促进作用。劳动观教育具有融通性，劳动价值观、劳动态度的培养属于德育的内容，劳动精神、劳动习惯的养成是智育和体育的重要内容，学生在劳动观教育过程中可以体验到对美的追求，在劳动中增强体魄、磨练意志、提升人格品质，实现以劳树德、以劳增智、以劳健体、以劳育美的目标。以劳树德，指通过劳动教育使大学生形成良好的学习习惯，端正学习态度，形成高尚品德，具备创新意识，在未来投入工作岗位的时候，实现社会公德、职业道德和个人品德的有机结合。以劳增智，指通过劳动教育，学生可以从理论上掌握劳动知识和劳动技能，这些知识和技能需要接受来自实践的检验，学生对劳动的认知水平得到提高，劳动方法和方式得到改进，从而实现以劳增智。以劳健体，任何劳动过程都内含了脑力劳动和体力劳动两个方面，脑力劳动是运用智力、知识为主的劳动方式，体力劳动主要是以劳动者运动系统为主的劳动方式，尤其是通过适当的体力劳动，劳动者的体力和体质都得到了很好的锻炼，身体更加健康有活力。以劳育美，美育目的的实现，离不开审美的实践活动。劳动教育的实施不仅可以让大学生加深劳动创造美的认识，而且能体验到劳动本身即美。大学生们可通过家庭中的家务劳动、日常生活中的手工制作等劳动美化自己的生活，通过参加社会公益劳动美化周边的环境。劳动的综合育人功能恰恰说明它不应该被涵盖在其他四育之内，而是完善人才培养目标、支持德智体美教育的相对独立的重要平台、重要领域。将劳动教育与德智体美教育并列，既是对劳动教育本身的有效加强，也是对德智体美教育的有力支撑。因此，实施劳动教育可以从心灵上促成学生美的积淀，熏陶学生美的情怀，树立和培养学生正确的审美观，提高学生对美的感受力、鉴赏力和创造力，从而起到以劳育美的作用。

三、实现美丽青春梦想的需要

无论是个人的梦想，还是社会发展的梦想，都只有通过辛苦劳动、诚实劳动、创造性劳动才能够实现。只有依靠劳动，我们才能在这个世界上获得存续与发展，在进行劳动实践的过程中，与世界发生联系，实现自己的梦想。可见，劳动是现实与梦想之间的桥梁和中介。从国家层面看，坚持科教兴国战略、人才强国战略、创新驱动发展战略，充分调动广大劳动者积极性、主动性、创造性,不断拓展人才成长空间,塑造一支有理想、有智慧、有技能、会创新的高素质劳动者队伍;从个人层面看,将个人梦想与国家梦想紧紧相连,把人生理想、家庭幸福融入国家富强、民族振兴的伟大事业,形成"干一行、爱一行、专一行、精一行"的社会风尚,我们就能够让一切劳动与创新的活力竞相迸发,让一切创造社会财富的源泉充分涌流。

大学生正处于人生当中最为美好、最有激情、最有活力的重要阶段,也是敢于有梦、勇于追梦、勤于圆梦的关键时期。梦想有了,如何实现?"天上不会掉馅饼",大学生青春梦想的实现唯有靠勤奋不辍、持之以恒的奋斗。可见,劳动教育是大学生实现美丽梦想的需要。(1)脑力劳动与体力劳动相结合。大学生的主要任务是学习科学文化知识,学习常常以师生在教室进行课堂教学的方式进行,这种以脑力劳动为主的劳动方式让人的神经系统得到了锻炼,而其他方面没有得到有效的发展,久而久之,会造成人的片面发展。而体力劳动则是对脑力劳动的有效补充,让人身体的运动系统、骨骼系统、肌肉系统等都得到很好的发展。(2)理论学习与实践锻炼相结合。当前很多高校普遍存在重理论轻实践的现象,但将来大学生参加社会劳动,二者都很重要。大学生在校学到的更多是书本上的理论知识,但要做到学以致用,就必须到实践中去进行检验,要经常性地参加实习实训、勤工俭学和其他社会实践活动。(3)自我服务与公益劳动相结合。就其内涵而言,自我服务包括个体性自我服务和群体性自我服务。个体性自我服务是大学生依靠自身劳动完成个人日常生活卫生事宜;集体性自我服务是通过大学生群体完成学习和生活中的简单劳动,比如教室、宿舍、实验室、图书馆等场所的卫生打扫和整理。目前,我国高校普遍实行高校后勤社会化,校内留给学生劳动的机会并不多。在此背景下,大学生可以尝试积极参与公益劳动,以增强动手操作能力,培养吃苦耐劳、勤俭节约的品质。将服务性的公益劳动与个体性自我服务结合起来,有利于大学生形成正确的劳动价值观。

四、形成积极向上就业创业观的需要

毕业生就业率是高校就业质量的一项重要指标,也是衡量学校办学水平的一项重要指标。当前,大学生的就业创业观令人担忧,尚未形成积极向上、实事求是的就业创业观念。2022年我国高校毕业生规模首破1 000万人大关,刷新历史纪录。根据智联招聘发布的《2022大学生就业力调研报告》,2022届高校毕业生中,50.4%选择单位就业,比2021届下降了6个百分点,这是继2021年之后,连续两年呈现单位就业比例下降,自由职业、慢就业比例上升,高校毕业生选择考研、升本、出国深造的比例进一步上升。2022届毕业生的平均期望月薪6 295元,比2021届下降6%,表明毕业生愿意降低薪资要求适应就业市场。对于偏好的就业企业类型,国企仍是毕业生首选,占比44.4%。国企热、考公潮升温,民企热度降低,共同折射出毕业生在选择工作上的求稳心态加剧。一线城市是毕业生的首选,新发职位最多的是一线城市,上海、北京排名前二,占比分别为19.85%、18.12%;深圳、广州位居第三、第四,占比分别为11.87%、9.95%。在新一线城市中,杭州对应届生的需求最为旺盛,占比为

8.55%,排名第五;成都以4.76%的占比排名第六。以上数据表明大学生在就业观方面普遍存在追求高学历、高工资、大城市的现象,期望值较高,因此亟须对大学生进行正确的劳动价值观教育。

大学生毕业后的就业创业选择不仅影响其自身的发展和价值实现,也关系到千万个家庭的生活前景和幸福期待,尤其是来自农村家庭或贫困家庭的大学生,他们身上更是寄托着一个家庭甚至是一个家族的希望和梦想。引导大学生树立正确的劳动价值观,有利于促进大学生在大学阶段形成积极向上的就业创业观。比如,在继续深造和实现就业之间需要科学判断,并不是说学历越高就越容易就业,有的专业本科或专科更容易就业;也并不是说所有人都适合考研,读研意味着毕业后更多地从事科研工作。当国家建设需要和个人价值实现出现矛盾的时候,应当首先考虑国家建设需要,应该有大局意识,而不是置国家需要于不顾去考虑个人利益。当所学专业与就业岗位并不完全匹配的时候,大学生应当加强学习,努力适应并胜任当前工作岗位,而不是迅速辞掉工作。当客观现实与主观认知产生分歧的时候,比如是否一定要坚持去一二线城市工作,是否低于某一工资水平的工作就不要,是否一定要选择找个大公司大企业的工作,大学生需要立足现实,重新进行自我评估,并做出合理明智的选择。当就业和创业机会摆在面前的时候,大学生需要充分考虑创业前景、创业政策、社会关系、家庭背景、个人能力等多重因素,然后做出合适的选择。可见,大学生只有在大学阶段形成正确的劳动价值观,形成积极向上的就业创业观,才会在就业创业选择时做出理性选择。

议一议

1. 你将如何科学规划自己的职业生涯?
2. 对于大学毕业生中存在的"不就业""慢就业"等现象,你如何看待?

做一做

活动1-3:携花带枝来,剪云裁月去
——在撒艺插花中树立正确的劳动价值观

一、劳动背景

青年的价值取向决定了未来整个社会的价值取向,大学生树立正确的劳动价值观,能够诚实劳动、辛勤劳动、创造性劳动,已成为高等学校教育不可忽视的重要问题。撒艺插花是中国传统插花的一种,其特点在于物尽其用,不借助其他材料,仅靠器皿及材料本身的特质实现花枝的固定(图1-9)。撒艺插花取材广泛,形式灵活,能够极大体现中国传统插花的线条美、意境美和自然美。通过学习,学生可以在认识撒艺插花的基础上,树立文化自信,并在双手创美的过程中逐步树立正确的劳动价值观。

图 1-9　撒艺插花（作者：尚新民，郑州晗笑花艺）

二、劳动描述

以小组为单位，按照设计好的插花立意构思草图，不借用其他材料，选用花材中直径 0.5～1 厘米的新鲜枝条制作撒，结合花材的修剪、造型，将花材牢固固定在瓶器中，形成一件意境深远、表现自然、花材固定稳固的传统插花作品。劳动中各行动阶段的任务描述如图 1-10 所示。

行动阶段1：信息获取
1. 收集并整理撒艺插花相关知识；
2. 了解撒艺插花所需要的物料种类、价格；
3. 收集撒艺插花主要应用领域及制约其发展的瓶颈问题。

行动阶段2：方案制订
1. 制订小组撒艺插花方案；
2. 完成小组内人员分工；
3. 完善撒艺插花实施计划。

行动阶段3：方案实施
1. 依据计划进行插花前的准备；
2. 按照设计方案进行花材修剪、整形、作撒；
3. 按照"起把紧、瓶口清"的原则进行插制。

行动阶段4：检查与评价
1. 按照撒艺插花评价标准，重点检查花材固定牢固度，并对现场进行6S管理检查；
2. 分组开展评价并进行问题查找；
3. 收集各组问题并进行原因分析。

行动阶段5：改善与总结
1. 编写一份详实可行的撒艺插花制作指导书；
2. 完成本次撒艺插花的劳动总结。

图 1-10　劳动任务描述

三、劳动目标

通过花材修剪、造型和物尽其用的撒艺制作技艺练习，学生在反复练习中提升插花技能，并感受双手创美的过程，进一步深刻理解劳动创造美好生活的劳动观。

四、劳动过程

行动阶段 1：信息获取

1. 撒艺插花知识整理

（1）请你查阅相关资料，整理中国传统插花的相关知识和"撒"的技术工艺和制作方法。

（2）以小组为单位进行立意构思，并在表 1-5 中绘制一个主题明确的撒艺插花立意构思草图（不具备绘画条件的同学可以选择一张中国传统插花图片粘贴在表 1-5 中）。

表 1-5　插花立意构思

（3）请你和你的小组成员一起，根据构思草图或者图片准备容器、时令花材、新鲜粗枝条（0.5～1 厘米）、剪刀、喷水壶、铁丝、胶带等材料，并填写物料清单（表 1-6）。

表1-6　物料及价格清单

序号	物料名称	规格/参数	数量	价格/单价	作用
1					
2					
……					
小组			日期		

2. 撒艺插花的主要特点及关键技术

根据资料收集，小组讨论，收集和整理撒艺插花的主要特点和关键技术。

（1）撒艺插花的主要特点：_____

_____。

（2）撒艺插花的关键技术：_____

_____。

行动阶段 2：方案制订

1. 请你根据"行动阶段 1"所收集整理的信息，并参照表 1-6 所列物料，拟定本组撒艺插花的实施方案（表 1-7）。

表1-7　撒艺插花实施方案表

项目	要点	对象	实施措施
花型选择	第一主枝	姿态	
		种类	
		高度	
花材选择	花材	花语	
		花色	
		花姿	
花器选择	花器	种类	
		质地	
		颜色	
花材修剪与整形	叶片及枝条的整形	叶片造型形式	
		枝条造型形式	
固定形式	撒	形式	
		材料	
		绑扎方式	
作品造型	造型	起把紧	
		瓶口清	

2. 请向任课教师汇报本组拟定的方案,充分听取改进意见,确定本组撒艺插花实施方案。

3. 请按照本组的撒艺插花实施方案,在小组内进行人员分工,并填写表1-8小组成员分工表。

表1-8 小组成员分工表

序号	组员姓名	任务分配	任务完成自评	任务完成小组长评价
1				
2				
3				
4				
5				
6				

行动阶段3:方案实施

1. 制作前准备

请各组提前进行信息收集、物料准备和人员分工。

根据撒艺插花实施方案,总结收集整理的撒艺插花知识,从收集到的信息中找到撒艺插花的特点和核心技术。

准备插花所需要的容器、花材、剪刀、橡皮筋、喷水壶、储水桶等器具。

2. 插花制作

(1) 根据表1-7的插花实施方案,小组讨论,与任课老师进行沟通,确定插花流程。

(2) 确定撒的形式,并完成撒的制作,确保撒固定牢固。

(3) 对花材进行修剪和整形。

(4) 根据容器高度及确定的花型,插制三主枝。第一主枝高度 $= (1.5 \sim 2) \times$(容器高+容器宽);第二主枝高度 $= \left(\frac{1}{2} \sim \frac{2}{3}\right) \times$ 第一主枝高度;第三主枝高度 $= \left(\frac{1}{2} \sim \frac{2}{3}\right) \times$ 第二主枝高度。

(5) 插制焦点花。

(6) 对作品进行整体修饰,并对各小组现场6S管理检查,将检查结果填写在表1-9中。

表 1-9 6S管理检查表

序号	检查项	检查内容	检查结果		情况说明
1	设施环境	通道顺畅无堆积物	□符合	□不符合	
		地面无纸屑、废料、油污、积尘等	□符合	□不符合	
		桌椅、储物柜、文件资料、清洁工具摆放整齐	□符合	□不符合	
		工作台面清理整齐干净	□符合	□不符合	
		标识牌、文化栏等合理摆放、无脏污	□符合	□不符合	
		门窗墙壁清洁无死角	□符合	□不符合	
2	设备仪器	擦拭干净并按时点检与保养	□符合	□不符合	
		配套工装器具附件等整洁无损	□符合	□不符合	
		分类摆放、取用便捷	□符合	□不符合	
		配套说明书、指导手册保存齐全	□符合	□不符合	
		线缆走线规范,无私拉乱扯现象	□符合	□不符合	
3	物料辅材	领用归还记录详实	□符合	□不符合	
		分类整理、合理摆放收纳	□符合	□不符合	
		节俭省用,成本控制	□符合	□不符合	
		及时清点、清扫,不遗留物品	□符合	□不符合	
		安全存放收纳	□符合	□不符合	
4	安全卫生	落实疾控防疫、卫生防护措施	□符合	□不符合	
		做好各项操作前个人保护措施	□符合	□不符合	
		严格操作规范、安全无事故	□符合	□不符合	
		消防、门窗等安防设施齐全正常	□符合	□不符合	
		室内水电气暖等辅助设施正常	□符合	□不符合	
		开展安全教育	□符合	□不符合	
5	劳动素养	文明着装、仪容仪表端正	□符合	□不符合	
		不闲谈、不怠慢、工作认真专心	□符合	□不符合	
		形成6S管理制度,责任到人	□符合	□不符合	
		有效时间控制,提高学习效率	□符合	□不符合	
		自觉开展6S管理活动	□符合	□不符合	

行动阶段4：检查与评价

对撒艺插花劳动开展自我评价、小组评价和教师评价活动，并将评价结果记录在表1-10中。

表1-10 撒艺插花制作评价表

序号	检查项	检查内容	自我评价	小组评价	教师评价
1	作品评价（40分）	作品立意幽远，构图合理，美观大方（20分）			
		花枝固定牢固（10分）			
		花枝和叶片处理自然（10分）			
2	信息收集（10分）	信息收集详细、完整（5分）			
		问题总结到位（5分）			
3	物料准备（10分）	花材、容器准备充分（5分）			
		剪刀、储水桶、铁丝、褐色胶带等辅助器具准备齐全（5分）			
4	成员协作（10分）	小组成员分工明确（5分）			
		小组成员谈论热烈，互相尊重，效率高（5分）			
5	6S落实（10分）	设施环境、工作台面整洁（2分）			
		设备仪器擦拭干净、工具摆放整齐（2分）			
		物料辅材分类整理、妥善存放（2分）			
		安全卫生严格落实（2分）			
		着装整洁，按时上下课（2分）			
6	劳动感悟（20分）	知识、技能总结到位（5分）			
		瓶颈问题分析深刻，解决方案明晰（5分）			
		劳动感悟深刻（10分）			
合计		100分			
		综合评价得分			

注：① 综合评价得分＝自我评价（40%）＋小组评价（30%）＋教师评价（30%）。
② 考评满分100分，60～74分为及格，75～84分为良好，85分以上为优秀。

行动阶段5：改善与总结

1. 根据自我评价、小组评价及教师评价的结果和反馈意见，结合各组撒艺插花实施方案，改善并形成详实的撒艺插花制作指导书，并将该指导书以图文的形式绘制在表1-11中。

2. 请你完成一份活动总结,以图文的形式呈现,重点谈一谈你在撒艺插花制作过程中应用了哪些知识和技能,并进行总结、发现和创新,对于信息收集阶段提出的核心技术如何突破。教师根据学生劳动总结进行评价,并将评价结果填写在表 1-10 教师评价栏目下。

表 1-11 撒艺插花制作指导书

练一练

撒艺插花按照花型可以分成直立型、倾斜型、平卧型、下垂型;根据选用容器可以分成瓶花、盘花、缸花、碗花、篮花和竹筒插花;根据撒的形式又可以分成一字撒、十字撒、Y 字撒、井字撒等。同学们可以根据现有材料,因地制宜,就地取材,以实现花材牢固固定为目的,勤加练习,熟练掌握撒艺插花技能。

读一读

撒 说

清朝文学家李渔所著《闲情偶寄》一书中记载有关于插花中使用撒的文章,这是我国首次有关撒的文字记录。书中写到:"……瓷瓶用胆,人皆知之,胆中着撒,人则未之行也。插花于瓶,必令中傲,其枝梗之有画意者,随手插入,自然合宜,不则挪移,布置之力,不可少矣。有一种倔强花枝,不肯听人指使,我欲置左,彼偏向右;我欲使仰,彼偏好垂,须用一物制之。所谓撒也,以坚木为之,大小其形,勿拘一格,其中则或扁或方,或为三角,但须圆其外,以便合瓶。此物多备数十,以俟相机取用。总之,不费一钱,与桌撒一同拾取,弃之彼者,复收于此。斯编一出,世间宁复有弃物乎?"

插花固定工具主要有剑山、撒、花泥和试管等,花泥和试管常用于西方插花和现代插花花艺中,中国传统插花往往会根据容器形制采用撒或剑山来完成。质量好的剑山铜针长而密,铅座加套橡皮圈,可防滑并防护花器,且不易磨损,可以反复使用。其缺点在于价格昂贵,不宜向大众推广,同时剑山适合在浅盆中使用,高瓶则不适合单独使用。

撒是充分利用器皿及材料本身的特质以达到固定花材的效果的一种花材固定方式。狭义的撒是在器口或器皿内部固定枝条作撒,进而用撒来固定花材;而广义的撒则泛指一切借助力学原理固定花枝的材料和技巧,不局限于材料本身的形质。

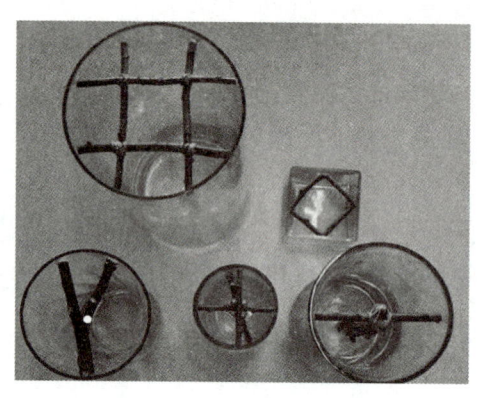

图1-11　各种各样的撒

根据撒的位置及撒与器皿之间的施力关系,我们将撒分为两种形式:内力撒和外力撒。一切借助器皿内部固定花材的方式,我们称之为内力撒;借助器皿沿口及器皿以外的力量固定花材的方式,我们称之为外力撒。最常见的内力撒做法是截取长短适宜的枝段固定在器口,作为媒介起到支撑花材的作用,如一字撒、十字撒、井字撒等。第二种是不假借其他任何材料,利用枝条与器皿内壁接触、挤压产生的弹力固定,这种方式要求枝条本身要具备较强的柔韧性。还有一种是巧妙借助橡皮筋的弹力,在枝条根部绑上辅枝作弹力撒的方式固定(图1-11)。

外力撒通常利用枝条本身作撒,人为地将枝条劈开或在适当位置做一个凹槽,并将其咬合在器口固定,做撒、造型,一举兼得。另外,当对枝条的天然形态固定有一定要求时,一般选用带有权口的枝权,将其卡在器皿沿口作撒。

做撒的方式并不唯一,要善于观察器皿及材料的特点,根据花型找到最佳的固定方式。好的撒时常起到四两拨千斤的效果,是否做得好、做得巧,很大程度上是一件作品成败的关键。但无论哪种做撒方式,都要始终保持器口利落清爽,不露人工痕迹,同时要兼顾枝条与撒的衔接关系。如何自然过渡却不显生硬,其中之法、之巧钻研起来,可谓妙趣横生。

适合做撒的材料十分广泛,但宜选用新鲜的、富有弹性的、有一定粗度的植物枝条,所以干枯的、茎秆中空易折断的、细弱的枝条不宜采用。通常可以选择黄杨、法桐、玉兰、香樟、桃、杏、李、梨、梅花等的枝条,直径要在0.5厘米以上;为了使撒能够稳定固定花枝,还需要根据容器形制确定合适形式的撒。容器口径在3厘米以内的可以制作一字撒;口径在3～10厘米的可以制作十字撒;口径在10厘米以上的则可以根据花型选用井字撒或者添加扶木等，以确保花枝固定稳固。当然，如果撒是作品构图的一部分，则需要整体考虑。

　　一根枝条，部分用于插花，剩余用来固定花材，从植物中来，到植物中去，可谓物尽其用！以文化为魂、以技艺为骨、以枝叶为肉、以色彩为赏，携花带枝来，剪云裁月去，成就了中国传统插花"一花一世界、一叶一菩提"的魅力。中国传统插花正在用它深幽的意境美、流畅的线条美、富于智慧的固定方式赢得世界花艺爱好者的青睐，作为非物质文化遗产，在传承和发扬中绽放光彩。如何将一根枝条的作用在插花中发挥到极致，我们的先祖通过不断实践和思考凝结成了富于智慧的具有中国特色的环保型花材固定方式。除此之外，美观实用的"鲁班凳"、结实环保的木拱桥、形式各异的竹编等传统技艺也同样蕴含着生活的智慧，沉淀着文化的韵味，并在"苟日新，日日新，又日新"的文化创造中守护技艺的精髓，实现文化的传承。

项目二

培育劳动品质

劳动箴言：

青春啊，永远是美好的，可是真正的青春，只属于这些力争上游的人，永远忘我劳动的人，永远谦虚的人。

——雷　锋

知识目标

1. 了解新时代劳动者应具备的基本品质；
2. 了解日常生活劳动、生产劳动、服务性劳动的定义；
3. 理解主动劳动、诚实劳动和合作劳动的内涵。

能力目标

1. 掌握日常生活劳动、生产劳动、服务性劳动的方法；
2. 能够在劳动实践中践行"主动劳动、诚实劳动、合作劳动"的劳动品质。

素质目标

1. 涵养良好的劳动品质；
2. 培养劳动习惯，让劳动内化于心、外化于行。

任务 2.1　培育主动劳动的优良品质

> **案例导入**
>
> **全国劳模刘敏捷：忠诚执着守初心　扎根农村带民富**
>
> 　　刘敏捷，中共党员，扎根农村田间地头 20 年，长期从事特色甘薯新品种高效生产及营销模式的建立与推广，带领广大农民群众增收致富，先后荣获全国劳模、正高级乡村技艺振兴师、全国优秀农民工等荣誉称号。
>
> 　　刘敏捷是土生土长的江苏省灌云人，从农校毕业后，被分配到一家农副产品加工企业工作。"那段日子，对口的分配、优厚的待遇、受用的职位让我觉得很满意。"刘敏捷回忆，有了小家庭后，自己一度认为这就是幸福人生的开始。一个偶然的机会，他发现岗岭地区十几万亩甘薯亩产量低下，原因是品种老化，农民种植技术落后。一直心系农民增收致富的刘敏捷毅然辞掉稳定的企业高管工作，正赶上南京农业大学等高校推行"百名教授科技兴百村"计划，刘敏捷就跟着专家、教授们学习种甘薯。他听说南京农业大学可能有甘薯专家，打点行装就去了南京。从南京农业大学找到省农科院，刘敏捷终于从省农科院带回了 40 万棵新品种"苏薯 9 号"秧苗，无偿发到农民手中。秋收时，"苏薯 9 号"给了刘敏捷一个惊喜：亩均增收 1 000 公斤以上，甘薯种植户户均增收 1 000 元。"农村发展尤其是农村经济发展需要农业科技知识的支撑。"刘敏捷感慨地说。在他的言传身教下，他和农民一起进行甘薯栽培提垄技术试验和覆膜试验，发明了机械提垄机，帮助农民借助新品种、新技术实现增收致富。截至目前，由刘敏捷推广、引进的甘薯新品种 30 多个，向合作社社员示范户和贫困农户无偿发放 50 多万株甘薯苗和 20 多万斤肥料；他还编制了无公害甘薯实用技术标准和甘薯新品种栽培技术光盘无偿发放给农民，惠及连盐宿等市的 10 多万名农户。
>
> 　　（案例来源：连云港市委组织部，连云港党建云 2022 年 4 月 25 日，有删改）

想一想

　　刘敏捷辞去企业高管，主动扎根农村田间地头，你认为他的选择对吗？

　　中共中央、国务院印发的《关于全面加强新时代大中小学劳动教育的意见》指出："实施劳动教育重点是在系统的文化知识学习之外，有目的、有计划地组织学生参加日常生活劳动、生产劳动和服务性劳动，让学生动手实践、出力流汗，接受锻炼、磨炼意志，培养学生正确劳动价值观和良好劳动品质。"主动劳动、诚实劳动、合作劳动是劳动品质的重要内涵。

党的二十大中提到:"新时代的伟大成就是党和人民一道拼出来、干出来、奋斗出来的",要"坚持尊重劳动、尊重知识、尊重人才、尊重创造。""使人人都有通过勤奋劳动实现自身发展的机会。""广大青年要坚定不移听党话、跟党走,怀抱梦想又脚踏实地,敢想敢为又善作善成,立志做有理想、敢担当、能吃苦、肯奋斗的新时代好青年。"这些论述闪耀着马克思主义劳动思想的光辉,对新时代、新征程上的当代青年提出了新的要求。当代大学生要深化对劳动创造人、劳动创造世界的认识,以便在进入社会、走上工作岗位后,无论从事什么职业,位居什么岗位,都能尊重劳动、热爱劳动,主动自觉地承担劳动,尽心尽力做好劳动,精益求精完成劳动,切实传承和弘扬新时代优秀劳动品质。

一、认识劳动任务

常见的劳动任务可以分为日常生活劳动、生产劳动和服务性劳动。随着社会的发展和生活生产条件的日益改善,新时代劳动任务也越来越丰富。

(一) 日常生活劳动

日常生活劳动在广义上是指人们为了生存和发展而进行的各种劳动,狭义上则主要是指为满足家庭生活中的衣食住行需要而付出的脑力和体力劳动。日常生活劳动注重在个人生活自理中强化劳动自立意识,体验持家之道,促进健康发展,适应社会生活。日常生活劳动涵盖面广,关乎日常生活的方方面面,经常从事日常生活劳动,能够全面提升生活品质,养成良好生活习惯;能够培养分析归纳的能力,探索解决问题的最优方式;能够加强沟通、交流与合作,促成良好人际关系;能够感知辛苦、学会体谅,从而愿意付出、乐于付出。总之,日常生活劳动有利于帮助个人实现自我认知、优化性格秉性、培养责任意识、坚定理想信念。

日常劳动是人们在生活中形成的一种良好的习惯,是值得传承的优良作风,由于对日常劳动的认知片面,当下的青年越来越缺乏这种优良的习惯作风。一方面,现在独生子女居多,普遍在家长呵护下长大,享受着日益优越的物质条件,在家里难有劳动机会,渐渐养成了养尊处优、娇生惯养的不良习性,劳动意识和劳动观念薄弱,劳动习惯亟待着重培养。另一方面,我国人口老龄化的程度持续加深,根据第七次人口普查数据,中国 65 岁以上人口占到总人口的 13.50% 左右。面对人口老龄化的社会背景,当代青年应该担负起家中的劳动责任,力所能及地为家庭、学校和社会贡献自己的劳动力量。

在日常生活中,劳动实践常常因为琐碎而被人忽视,早在古代就有"一屋不扫,何以扫天下"的故事。当代大学生应该从日常劳动做起,从做家务、整理内务和清洁劳动等身边小事做起,在学习掌握日常劳动知识和技能的前提下,尽可能多地参加日常劳动实践,养成劳动习惯,锻炼劳动技能,提升劳动的荣誉感。

(二) 生产劳动

生产劳动是满足社会生产和人民生活需要的社会劳动,是人类社会存在和发展的基础。当代社会的生产劳动范畴从内容上说是由生产物质产品的劳动和提供劳务的劳动构成，从形式上说是由为满足生产部门所需的产品与劳务和为满足生活所需的产品与劳务构成，具体包含第一产业、第二产业和第三产业的劳动。因此，生产劳动是人类幸福生活的源泉。劳动者的知识、能力是决定生产劳动效率的重要因素，生产劳动工具则是生产力发展水平的重要标志和劳动过程中不可缺少的劳动资料。

伴随着新型经济增长方式的产生，新产业、新职业、新工种、新技术、新材料、新设备、新工艺等层出不穷，生产劳动的知识、技能和工具也越发丰富。我国劳动力资源总量虽然丰富，但高技能人才严重供不应求，技术工人结构呈典型的金字塔形。为此，政府提出完善职业教育和培训体系、建设新时期产业工人队伍、提高技术工人待遇、实施国家职业教育改革等一系列战略性措施，特别是实施职业技能提升行动、大规模开展职业技能培训，促使技能人才数量迅速增加和存量技能人才职业技能提升，建设一支新时代技能型产业工人队伍。著名企业家、教育家聂圣哲曾呼吁："'中国制造'是世界给予中国的最好礼物，要珍惜这个练兵的机会，决不能轻易丢失。'中国制造'熟能生巧了，就可以过渡到'中国精造'。'中国精造'稳定了，不怕没有'中国创造'。"

新时代青年应立足专业背景，努力学习有关生产劳动的专业理论知识，熟练掌握先进生产劳动技能，全面挖掘、提升劳动能力、潜力，努力成长为知识型、技能型、创新型劳动者，在丰富的生产劳动实践中创造美好生活。

（三）服务性劳动

服务性劳动是指在从事服务生产和经营活动的过程中，劳动者运用特定的设备和工具，直接满足消费者对服务产品的需要的劳动。服务性劳动的特点是，劳动者以其创造的效用直接满足消费者的需要。现代服务性劳动包括以下六种：生产性服务劳动，如运输、维修、仓储、生产通信、咨询等，即主要为第一、第二产业服务的组织和活动；生活消费性服务劳动，如餐饮、旅游、影视、文娱等；经济性服务劳动，如商业、金融业等；社会性服务劳动，如文化教育、医疗卫生、科学研究、技术开发与应用，特别是正在蓬勃兴起的信息、网络服务等；公共服务劳动，如基础设施保障、城市供水、供电、供气等；政府提供的交易性的环保、生态以及有关政府工作等服务性劳动。

对大学生而言，服务性劳动主要涵盖志愿服务劳动、社会公益劳动、创新创业劳动。志愿服务劳动，指在不求回报的情况下，为改善社会环境、促进社会进步而自愿付出个人的时间及精力所做的服务工作，主要包括：扶贫开发、社区建设、环境保护、大型赛会、应急救助、海外服务等。社会公益劳动，指直接服务于志愿服务、公益事业，不取报酬的劳动，其目的在于培养学生为人民服务、为公众谋利益的良好思想品德，推动学生接触社会，深入生活，参加各种社会实践，形成良好社会风尚，其内容包括支农、支教、支医、义诊、义务劳动、义工、春运志愿者、奥运志愿者，参加植树造林、打扫卫生、帮助烈军属和残疾人等。要从学生的实际情况出发，做学生力所能及的劳动，可以学校、班级、小组或团队为单位进行，亦可个人单独进行。创新创业劳动，指创造性的劳动，即通过人的脑力劳动萌发出技术、知识、思维的革新，从而提升劳动效率、产出超值社会财富或成果的劳动，内容包括创新思维劳动、新媒体营销策划劳动、创新劳动实践、创业劳动等。近年来，各大高校积极开展创新创业教育，通过各种创业课程的开设，创业项目和创业竞赛的开展，使学生的创新创业能力显著提升，为广大的大学生提供了一条新的发展道路，为社会培养了一大批自主创新创业人才。

服务性劳动不仅与生产劳动、日常生活劳动共同发挥着引导学生树立正确劳动观念、提升劳动技能的作用，还因其浓厚的服务性、公益性、助人性、教育性等特征，发挥着巨大的思想教育作用，是学校思想政治教育工作的重要形式。大力开展志愿服务、公益劳动和创新创业等服务性劳动，可以提升参与者奉献爱心的情感与能力，让大学生们了解相关从业者之不易，体会服务公众和集体利益的荣誉感和自豪感，培养生活中所必需的基础劳动知识和技能，从而形成科学、正确的劳动观念、情感和态度。

二、主动自觉承担劳动任务

主动劳动，也称自觉劳动，是劳动者理解、认同以及践行劳动的自我觉醒和自觉行动。马克思指出，人的生产劳动与动物活动完全不同，动物所进行的是本能的生产，它们生产的劳动由生理需要直接驱动；而人的劳动生产是自觉进行的，人之所以为人，是因为人能自由自觉地劳动。然而，当前有部分青年学生对劳动的理解和践行，与自觉劳动还有一定的差距。优越的物质环境，家长、老师的"代劳"等，使不愿劳动、不会劳动的现象在青年学生群体中时有发生。身处新时代，青年学生应当树立正确的劳动价值观，积极践行自觉劳动，努力克服劳动过程中的懒惰情绪，让自觉劳动内化于心、外化于行。

真正做到主动劳动，发自内心地崇尚劳动、尊重劳动并承担劳动，是劳动者应当具备的最基本的劳动态度和劳动习惯。

（一）尊重劳动

"人生两件宝，双手和大脑，一切靠劳动，生活才美好。"这是我国著名教育家陶行知对劳动的生动解说。劳动不仅是人类社会文明进步的源泉，还是打开幸福之门的钥匙。劳动的意义在于满足我们生存的物质需要，更重要的是能帮助我们实现自我成就和自我完善。

1. 尊重劳动人民

劳动人民是历史的见证者、参与者和创造者。新时代劳动者是坚持和发展中国特色社会主义的主力军，同时也是劳动精神的继承者和发扬者。我们现在来之不易的幸福生活正是得益于劳动人民的智慧和力量，是人民的劳动推动了经济的发展和社会的进步。因此，新时代大学生要尊重劳动，尊重劳动人民，应深刻认识和体悟劳动人民的伟大，学习劳动人民身上所具有的精神和品质，积极参加劳动实践，在实践中理解幸福生活源于劳动、历史伟业依靠劳动人民创造的道理。

2. 树立劳动平等观

马克思说，商品之所以有价值，是因为其中凝结着"无差别的人类劳动"。在这个意义上，劳动是平等的，不能说一种商品中凝结的人类劳动，比另外一种商品中凝结的人类劳动更"高贵"。人人平等是社会主义倡导的劳动价值观，然而我们不得不承认，在现实生活中仍存在劳动歧视的现象，总有些人戴着"有色眼镜"看待部分职业，尤其是以体力劳动为主的职业。这种对劳动、对特定职业的歧视如得不到纠正，会影响社会的精神风貌,影响社会的和谐发展,也会在很大程度上影响青年学生的择业观。

当前中国经济已经从高速发展阶段进入了高质量发展阶段,供给侧结构性改革深入推进,社会分工日益细化,这就要求我们正确看待每一种职业。社会既是一个整体,又有不同的分工,所有职业都是相互依存的,劳动并无贵贱之分。无论何种形式的劳动,无论劳动者从事何种职业,只要是正当的、合乎道德和法律的,都是光荣的。三百六十行,行行出状元,任何类别的劳动都应当受到尊重,要用平等的心态对待不同的劳动任务。青年学生要树立劳动平等观和职业平等观,尊重每一份劳动,善待每一个工作。只有从心里尊重劳动、尊重自己和他人所从事的职业,才能真正取得成功。

(二)接受劳动

苏联著名教育家苏霍姆林斯基说:"社会的进步性和道德进步,取决于组成这个社会的人们如何对待劳动,把劳动看作什么,仅仅是获取物质福利的手段,还是有充分价值和丰富内容而又有趣的精神生活。"你看待劳动的态度不同,会导致不同的劳动结果。

2017年中央电视台"新春走基层"栏目报道了郑州动车段郑州东动车所一群负责维修高铁卫生间的90后小伙子,他们被同事称为"淘粪男孩"。正是因为有这群不嫌脏不嫌累的"臭男孩",列车上的卫生间故障才能得以及时解决,列车上的公共卫生才得以维护。如果这些男孩儿自己都不接受、不认同自己的劳动付出,那谈何会有出行路上干净舒适的如厕环境? 因此,在劳动中不应挑三拣四、挑肥拣瘦,要认识到每一份工作背后的意义,体会每一次劳动背后的快乐,形成和谐的劳动关系。

劳动过程不会是一帆风顺的,当我们接受劳动任务时,要树立正确的劳动目标,形成积极的劳动态度,不折不扣但量力而为地接受被安排的劳动任务,面对困难不退缩,勇于承担劳动责任,主动养成劳动习惯,在劳动实践中追求高质量的劳动成果。

三、尽心尽力做好劳动任务

习近平总书记强调,要教育引导青少年树立以辛勤劳动为荣、以好逸恶劳为耻的劳动观,热爱劳动,全身心地投入劳动;辛勤劳动,不折不扣地落实劳动。

(一)热爱劳动

中华民族自古以来就是热爱劳动的民族,人民用劳动谱写出新时代的乐章,用奋斗书写社会的进步史。无论是革命时期的南泥湾,还是改革开放中的经济特区,都是一代代劳动者用劳动在中华大地上创造出的一个个发展奇迹。所以,用劳动来创造的美才能使人的情操更为高尚。

热爱劳动,兢兢业业地做好本职工作,是一种优秀的职业品质,是我们应该遵从的劳动价值观。一个人要想脱颖而出,固然需要他的能力突出,更需要他的态度积极。雷锋一生不愧为一个永不生锈的"螺丝钉"。无论在何种岗位,他总是干一行、爱一行、钻一行。在农村,他是优秀拖拉机手、治水模范;在工厂,他是标兵、红旗手、先进工作者;在部队,他是"节约标兵""模范共青团员",多次立功受奖。无论是当公务员还是当军人,无论是从事脑力劳动还是体力劳动,都应该脚踏实地、尽心尽力。优秀的劳动者之所以能够在工作中保持一以贯之的积极状态,正是因为他们能够将自己的热情和信念注入工作中,工作在哪里,就在哪里发光发热,竭尽所能为国家、为社会创造财富。

劳动是一切幸福的源泉。任何幸福都要建立在劳动的基础之上,任何背离劳动的幸福都是不现实和虚渺的。劳动者只有热爱劳动,才能在劳动中充分挖掘自身潜能,体验劳动成果带来的价值,得到社会的尊重,实现自身的自由解放和全面发展。只有对自身劳动和工作有高度认同,才能终身从事所处职业,并做到敬业和乐业,在劳动中体会发自内心的快乐和享受。

(二)辛勤劳动

辛勤劳动是劳动者应有的基本状态,是诚实劳动、创造性劳动的基本前提。辛勤劳动表现为劳动者在劳动中展现出的艰苦奋斗的坚定决心、自强不息的坚毅品格和埋头苦干的奋斗精神,在劳动中体现出的实干、高效、奉献、自觉等劳动态度。这样的劳动态度具有四个层次的精神意蕴:第一,"想干"的理想境界,以更强的使命、更足的干劲、更实的作为,争做新时代的奋斗者、社会主义的实干家;第二,"敢干"的责任担当,以过人的胆识、豪迈的气魄、顽强的毅力,甩开膀子大胆干,撸起袖子加油干;第三,"真干"的实践品质,以务实的作风、敬业的态度、勤勉的姿态,抓铁有痕、踏石留印;第四,"巧干"的本领能力,以灵活的智谋、过硬的素质、卓越的才能,干实事、干成事。

实现中华民族伟大复兴的中国梦,要靠各行各业劳动者的辛勤劳动。我国是一个发展中国家,实现现代化需要依靠辛勤劳动,建设社会主义现代化强国需要依靠辛勤劳动,实现中华民族伟大复兴需要依靠辛勤劳动。为此,我们要坚定不移地发扬勤奋踏实的优秀传统,在辛勤劳动中体现个人价值,在辛勤劳动中创造美好生活,实现自我成长和国家富强。

辛勤劳动也是新时代大学生的立身之本。习近平总书记指出,青年人要在工作中增加才干、练就本领,以真才实学服务人民,以创新创造贡献国家。因此,青年大学生一方面要"勤学",树立终身学习理念,积极学习更多的有益知识,增强自身综合素质,不断提升自我;另一方面要"勤劳",通过劳动磨砺意志、锻炼本领。回溯历史,任何一点进步与成功都是依靠人民的艰苦奋斗、辛勤劳动创造出来的。

四、精益求精完成劳动任务

"天下大事,必作于细。"在完成劳动任务时,我们不仅要求把劳动任务完成,更追求把劳动任务做好做专、做精做细。

(一)专注劳动

爱默生说:"专注、热爱、全心贯注于你所期望的事物上,必有收获。"不要博而泛,要精而专。我们只需找到自己擅长的领域,然后专注于它们并尽力做到最好,一定会达到想要的结果。在这个社会分工越来越细、专业领域越来越精的时代,如果一个人把自己的精力分散开来,那他收获成功的可能性会降低。反之,如果他集中精力专注一件事情,那么他离成功就更进一步了。

包起帆是一名伴随改革开放成长起来的中国工人,他专注一生研究抓斗,研发了新型抓斗及工艺系统,被誉为"抓斗大王"。1968年,年仅17岁的他在上海做码头装卸工,当时的码头作业靠的是肩扛手提,装卸工作险象环生。为了改变工人事故多发的生产环境,实现用抓斗装卸木材的梦想,包起帆不知跑了多少次图书馆、查了多少资料、熬了多少个不眠之夜,刻苦钻研业务。经过3年坚持不懈的努力,他和同事们终于研制成功了木材抓斗,并形成了一套完整的"木材抓斗装卸工艺系统"。这项革新填补了国际港口装卸工具的空白。木材抓斗成功后,包起帆仍坚持哪里生产不安全就解决哪里,将目光瞄准了开发出外倾式齿瓣结构的滑块式单索瓣等抓斗设备。短短几年时间,他就发明了五六十种大大小小的抓斗,实现了装卸工具流程的根本变革,使得港口装卸从人力化转向机械化。他的这些技术革新和发明成果,在我国铁路、电力、环卫、核能等30多个行业的100多家单位得到广泛应用,并出口到全球30多个国家和地区。40多年来,包起帆与同事们共同完成了130多项创新项目,其中3项获得国家发明奖,3项获得国家科技进步奖,19项获得省部级科技进步奖,36项获得日内瓦、巴黎、匹兹堡、布鲁塞尔、纽伦堡等国际发明展览会金奖,授权国家和国际专利50项。

我国正处在从工业大国向工业强国迈进的关键时期,亟须培育严谨认真、专业专注、追求完美的工匠人才。任何时候,独特、精湛、娴熟、高超的技艺,都是一个人或者一个组织的立足之本和创新发展的动力,甚至是核心竞争力。作为劳动者,只有传承和发扬这种精神,在平凡岗位上孜孜以求,追求职业技能的完美和极致,才能使"中国制造"更加精彩,才能助推经济转型和产业升级,使"中国制造"发展为"中国智造",打造中国品牌。

专心致志、锲而不舍,是一种精神,更是一种信念,是新时代青年应该锤炼的关键品格。在劳动工作中,切忌半途而废,眼高手低。只有把有限的生命和精力投入到既定的任务中,坚忍不拔、全力以赴,才有可能达到自己的目标。

(二)精益劳动

精益就是精益求精,是从业者对每件产品、每道工序都凝神聚力、追求极致的职业品质。"精雕细琢"的技艺追求、"没有最好、只有更好"的价值理念、"99%到99.9%,再到99.99%"的品质精神,无一不是精益求精的生动阐释。

朱熹曾说:"言治骨角者,既切之而复磋之;治玉石者,既琢之而复磨之,治之已精,而益求其精也。"切磋琢磨、精益求精的匠功一直是中国古代匠人们的基本技术要领。古人说熟能生巧,正是因为不断精益求精,才能不断自我超越。新时代,精益求精的精神同样重要,需要通过精益劳动带动质量发展与改革创新。

巩鹏是中国航天科工集团第三研究院的一名钳工,高级技师,2017年被评为全国首批"中国质量工匠"。他从1988年开始就天天与板锉、钻头等加工器具"厮守"。他所在的钳工组承担了包括神舟系列、嫦娥系列在内的多型航天产品,以及国防武器装备关键零部件的精密加工、装配工作。很多零部件的加工无法通过自动化机床来生产,必须手工打造、研磨、精制,这些零部件的加工精度直接决定国防武器装备的精准度。以前这样的研磨零件都是委托给外协厂家加工,但成品率低、质量不稳定,成为制约生产的瓶颈。这让巩鹏看不下去了,他开始自己尝试着研磨零件。经过无数次尝试,他发明了"巩式研磨法",不仅达到平面精度12级(细至一根头发丝的千分之三)的要求,而且把产品合格率从50%提高到了100%。30余年的职业生涯中,他用默默坚守和非凡成绩,成为中国航天技能人才的代表,也成为精益求精、追求卓越的劳动典范。

中央电视台推出的《大国工匠》系列节目,让我们了解到了一大批爱岗敬业、勇于创新、精益求精的中国匠人,他们是平凡岗位上为国家和人民做出不平凡贡献的劳动者。2018年"大国工匠年度人物"李云鹤先生,80多岁仍坚守在文物修复保护第一线,他曾修复壁画近4 000平方米,修复塑像500余身,取得多项研究成果,是国内石窟整体异地搬迁复原成功的第一人。电网系统特高压检修工王进,曾成功完成世界首次±660千伏直流输电线路带电作业,带电检修300余次实现"零失误",为国家节省电量1 000万千瓦时。这些劳动者之所以被称为"匠人",不仅是因为他们拥有娴熟的专业技能,更因为他们具有蕴藏在技能背后更深层次的精神内涵、劳动品质、家国情怀和社会责任。

成功者与一般人最大的不同,就是他愿意做好每一件小事。青年们应该明白,"天将降大任于是人也,必先苦其心志,劳其筋骨"。每一件别人不愿意做的小事,如果能愿意多做一点,那么成功率也就会大一点。无论从事何种行业与职业,只要热爱自己的工作,努力勤奋、持之以恒、精益求精,终究都能有所收获,在平凡的岗位上也能做出不平凡的事。

议一议

1. 新时代下的主动劳动体现在哪些方面?
2. 如何理解"在平凡的岗位上也能做出不平凡的事"?

做一做

活动2-1:主动承担家务,学做家常面点
——在北方糖糕的制作中体会劳动的乐趣

一、劳动背景

随着现代经济的发展,全球化程度的加深,大学生的价值观念、生活态度、思维方式和行为习惯等方面发生了重大变化。有的人认为有了科技的进步,可以解放自己,不必亲自进行家务劳动;也有的人认为,家务劳动是父母的任务,自己只要认真对待学业就好。但苏联著名教育家苏霍姆林斯基曾说过:"劳动的欢乐是一种巨大的教育力量,每个孩子在童年时代都应该深深地怀有这种高尚的情感。"这简单明了地阐述了家务劳动对一个人的影响及其重要性。研究发现,主动参与家务的大学生往往更有责任感,并且时常参与家务劳动的大学生动手能力更强,而这两种能力是创业者必须具备的关键能力。同时,在家务劳动的过程中,孩子可以获得解决问题的思考模式和实践方法,这种

思考模式和实践方法将使孩子受用一生。

在北方,糖糕是一款常见的面食小点心,也是从小到大父母常做的美味。通过学做北方糖糕,学生不仅能够锻炼面点制作手艺,也可以体味家务劳动带来的乐趣,体会父母操持家务的辛苦,从而养成自觉承担家务劳动的良好习惯。

二、劳动描述

以面粉、白糖、黑芝麻等为原料,采取油炸熟制技法,制作北方糖糕。劳动中各行动阶段的任务描述如图 2-1 所示。

行动阶段1:信息获取
1. 收集并整理北方糖糕的相关知识;
2. 熟悉制作北方糖糕的原料。

行动阶段2:劳动准备
1. 制订制作北方糖糕的方案;
2. 准备好制作北方糖糕的场地和器具;
3. 购买制作北方糖糕所需的原料。

行动阶段3:劳动实施
1. 调制面团;
2. 馅心调制;
3. 包馅成型;
4. 熟制;
5. 装盘。

行动阶段4:检查与评价
1. 开展评价;
2. 查找存在的问题及原因。

行动阶段5:改善与总结
1. 编写一份详实可行的北方糖糕制作指导书;
2. 完成本次劳动的总结。

图 2-1 劳动任务描述

三、劳动目标

通过北方糖糕的制作,学生能掌握家常面点制作的基本技能,体会传统美食制作的劳动乐趣,增强实践动手能力,并能够将学习与家务劳动密切结合,养成主动劳动的良好习惯。

四、劳动过程

行动阶段 1:信息获取

1. 北方糖糕的相关知识

糖糕是我国北方地区一种非常具有特色的汉族传统小吃,以表皮松脆,内层软乎与白糖馅相得益彰而著名。糖糕以现炸现吃最能体现其外皮酥脆、软糯香甜的特点,刚出锅的糖糕为椭圆形,形状立整、色泽金黄。

2. 制作北方糖糕的原料

请你查阅相关资料,结合任课教师讲解,调研北方糖糕制作需要的物料及价格,完成表 2-1。

表 2-1 物料及价格清单

序号	物料名称	价格/单价	数量	作用
1				
2				
3				
4				
5				
6				
编制		日期		

行动阶段 2:劳动准备

1. 请你根据"行动阶段 1"所收集整理的信息,并参照表 2-1 所列物料,制定制作北方糖糕的方案。

2. 准备好制作北方糖糕的场地和器具。

场地:学院中餐实训室。

器具:陶瓷盆(或不锈钢盆)、砧板、大碟、炉灶、漏勺、筷子、擀面杖等。

3. 购买制作北方糖糕所需的原料。

行动阶段 3:劳动实施

1. 调制面团

(1)锅中倒入 490 克水,开大火把水烧开。

(2)水开之后马上倒入 250 克面粉,锅调小火,用擀面杖快速搅拌,直至没有干面粉,形成粘稠胶状的面团。

(3)面团倒到案板上,用刮板切成小块,并按成薄片晾凉。

(4)取一小碗,放入 20 克面粉,加 50 克水调制成面糊备用。

(5)将冷却后面片揉成面团,分多次参入面糊及 20 克花生油,揉制成光滑的面团,如图 2-2 所示。

(6)揉好的面团放置案板上,包上保鲜膜静置 15 分钟,如图 2-3 所示。

2. 馅心调制

碗中加 50 克熟面粉、150 克白糖、15 克糖桂花、30 克白芝麻、20 克黑芝麻搅拌均匀成馅料,如图 2-4 所示。

3. 包馅成型

(1)案板上抹少许油脂,放上饧好的面团搓成长条,如图 2-5 所示。

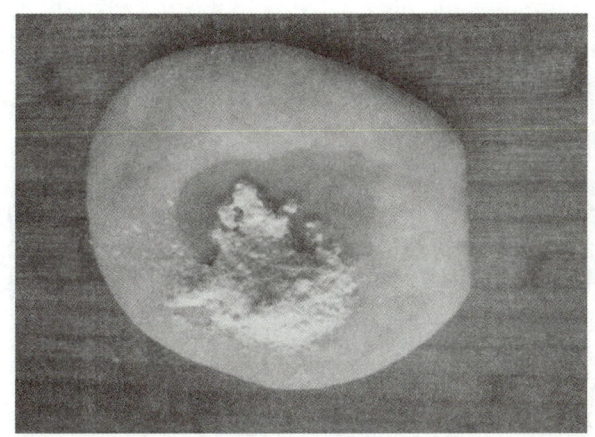

图 2-2 面团调制

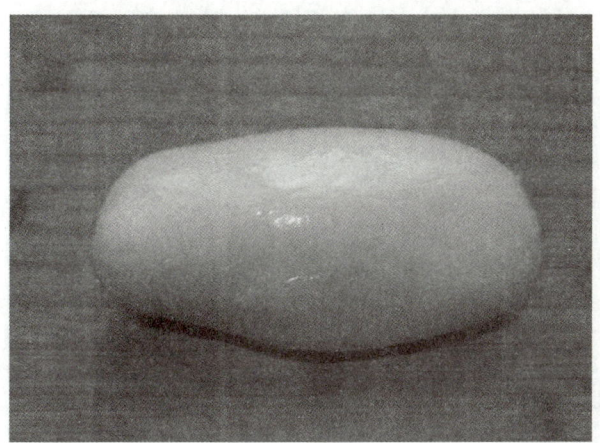

图 2-3 饧制

图 2-4 馅心调制

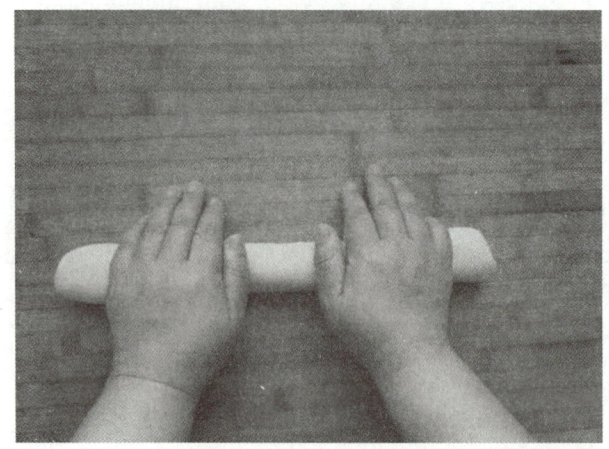

图 2-5　搓条

（2）将长面条用刮板切成大小均匀的面剂，如图 2-6 所示。

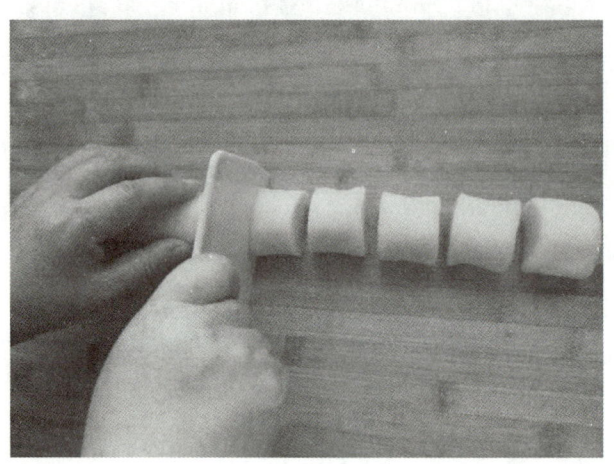

图 2-6　下剂

（3）取一个面剂，用手掌在案板上稍按成饼状，放在左手的手指处，手指自然弯曲，用手指在中间按一下，使饼成窝状，在窝内放入适量馅料，如图 2-7 所示。

（4）然后将面皮四周向上收起，用虎口位置收口，如图 2-8 所示。

（5）包好后把收口一面放到案板上，用手掌根部按成圆形生坯，如图 2-9 所示。

4. 熟制

（1）锅内放入适量油脂，加热至 150 ℃左右时沿锅边放入生坯，如图 2-10 所示。

（2）用漏勺推动油脂，使油脂在锅内转动，带动生坯一起转动，防止粘在锅底。

（3）待生坯浮起，底面炸制金黄后翻动生坯，另一面也炸到颜色金黄后捞出控油，如图 2-11 所示。

5. 装盘，如图 2-12 所示。

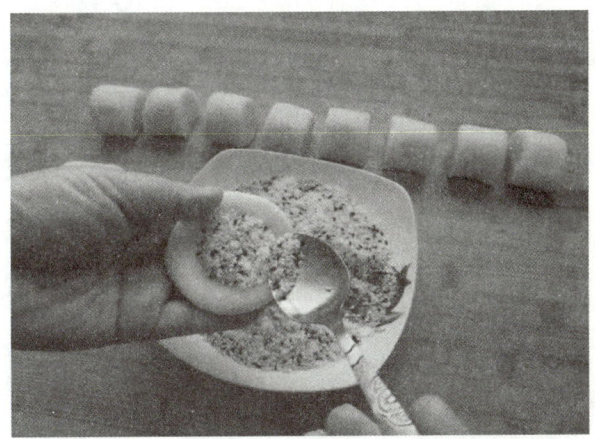

图 2-7　放入馅心

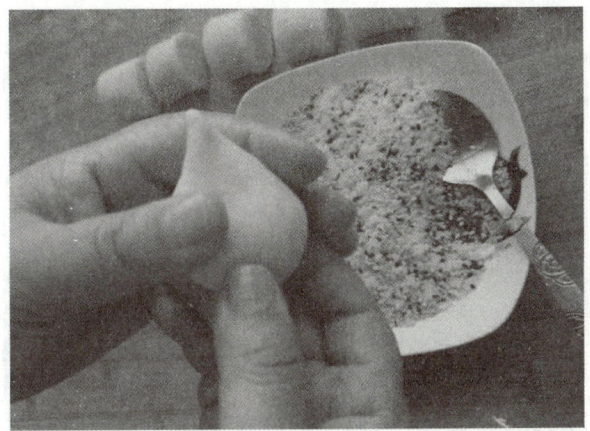

图 2-8　包馅

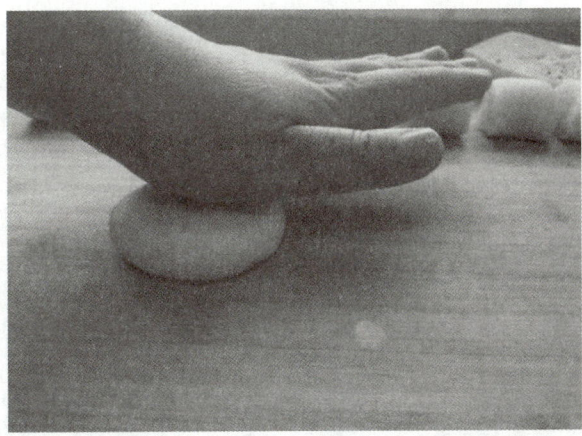

图 2-9　按扁

图 2-10 炸制成熟

图 2-11 捞出控油

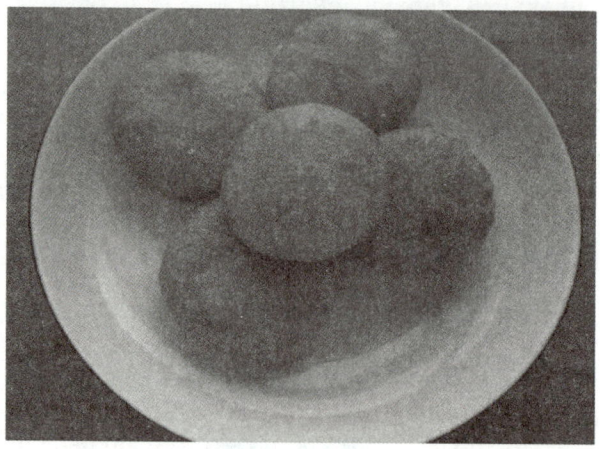

图 2-12 装盘

小贴士：
1. 炸前可用筷子扎进油锅里,筷子四周冒着密集的泡泡说明油温达到了要求。
2. 馅心还可用豆沙、红糖花生碎等。

行动阶段 4：检查与评价

1. 开展评价,对北方糖糕开展教师点评活动,并将评价结果记录在表 2-2 中。

表 2-2　北方糖糕制作评价表

序号	考核要点	配分	考核标准	得分
1	口味与香气	20 分	调味得当,口味适中,主味突出,香气纯正	
2	工艺与火候	20 分	工艺精湛,火候得当,酥、糯、软、脆,质感鲜明	
3	色泽与形态	20 分	色泽均匀,形态优美,配比合理,质地细腻	
4	营养与卫生	20 分	营养合理,食用安全,调剂得当,清洁卫生	
5	劳动感悟	20 分	知识、技能总结到位,劳动感悟深刻	
	合计	100 分		

2. 查找存在的问题及原因。

行动阶段 5：改善与总结

1. 根据教师点评的结果和反馈意见,结合个人实施方案,形成详实的北方糖糕制作指导书,并将该指导书以图文的形式绘制在表 2-3 中。

表 2-3　北方糖糕制作指导书

2. 请你完成一份活动总结,以图文的形式呈现,重点谈一谈你在北方糖糕制作过程中学到了哪些知识和技能。

练一练

查阅相关资料,自己动手做一份油炸菜角或其他油炸面食。

读一读

面点油炸技术秘诀

油炸是面点中应用广泛、适应性较强的一种方法,具有成品香味浓郁、色泽鲜明、造型美观、花样繁多等优点,几乎所有种类的面团制品都可用炸的方法。

油炸的关键在油温和炸制时间的掌握。油温高低和炸制时间长短应根据制品品种、原材料情况、块形大小及厚薄、受热面剂大小等因素而适当把握。油温过高,易使制品不熟或炸不透;油温过低,会使制品色泽浅淡、易碎、口味不良,既达不到质量要求,又耗油、耗时。

一、油温的控制

油温的控制可凭借长期熟练操作的经验来掌握。当温度过高或过低时,都应采取积极措施,使油温降低或升高,以达到炸制品要求的温度。一般温度过高时,可采取控制火源、添加冷油和增加生坯数量来降低油温;温度过低时,可加大火力,减少生坯数量,使温度上升。

二、油炸适当温度

所谓的油炸适当温度是指食物内部达到可食状态而表面刚好达到一定色泽要求的油温。从面点炸制的情况看,油炸油温分为两类。

1. 温油:一般指80～150 ℃的油温,即三至五成油温。温油适于炸制层酥制品,且多用猪油炸制,能够较好地保证制品的色泽、形态,如猪油炸制的百合酥、玉兰酥等洁白如玉,形态色泽逼真。

2. 热油:一般指180 ℃以上的油温,即七成油温。热油制品多用植物油作炸油,制品色泽金黄,口感或酥脆化渣,或外酥内嫩,馅心香甜、鲜美。

无论温油还是热油炸制,具体的油温都应按制品品种需要而定。油温偏高、偏低都会影响成品质量。

三、炸油必须保持清洁

油炸过程中,制品会散落一些碎渣,析出部分糖、蛋白质等,这些物质在高温下发生炭化,既会使油色变深,影响制品色泽,又易吸附在制品表面,影响美观。尤其对花型细致的制品,如凤尾酥玻丝油糕、菊花酥等,若表面吸附杂质,就会影响其花样形成,并使花样破碎。多次使用过的油在高温、空气及杂质的作用下,口味变劣,发烟点下降,颜色由金黄色变成不透明的黑褐色,易起泡,营养价值变低,并有毒性物质产生,再用这样的油炸制食品,不仅色泽口味差,还会影响健康。

因此,炸油要经常清除杂质,多次使用后要更换新油。

(资料来源:食品伙伴网,《农家致富顾问》2018年第17期)

任务 2.2　培育诚实劳动的优良品质

> **案例导入**
>
> ### 全国劳动模范梁泽泉：诚信经营　树行业标杆
>
> "对人以诚信，人不欺我；对事以诚信，事无不成。"正是因为始终将诚信作为企业文化的核心价值观，从商 30 多年的全国劳动模范、江苏省道德模范梁泽泉，将江苏仁禾中衡咨询集团打造成了跻身行业全国百强的集团企业。
>
> "诚信"是立身之本，处世之宝。作为集团党委书记、董事长的梁泽泉，从商以来，坚守"假账坚决不做、不诚信的事坚决不做"的铁律，于 2010 年开行业先河，主动要求被监督，带领企业推行"三三承诺"，即在员工、部门、集团三个层面，推行员工向部门承诺、部门向公司承诺、集团向社会承诺，承诺"执业质量、职业道德、服务态度"的做法，被业界广泛宣传推广。
>
> 梁泽泉说："30 年来，我们全体仁禾中衡人恪守诚信经营，廉洁执业，还建立了廉政账册、廉政账户，设立了微信公众号廉洁举报平台。员工讲诚信，组织讲诚信，企业讲诚信，不忘初心，牢记使命，我们要求所有的党员干部职工言而有信，一诺千金。"
>
> （案例来源：盐城广电全媒体新闻中心，2022 年 5 月 2 日，有删改）

想一想

为什么说"三三承诺"是企业成功的密码？

一、坚守诚实劳动

习近平总书记指出："劳动是财富的源泉，也是幸福的源泉。人世间的美好梦想，只有通过诚实劳动才能实现；发展中的各种难题，只有通过诚实劳动才能破解；生命里的一切辉煌，只有通过诚实劳动才能铸就。"诚实精神是指劳动的态度要诚实、认真、投入，不弄虚作假、投机钻营。

诚实劳动，是指以积极、实干、诚实的态度为他人和社会提供产品、服务，要求劳动者在合理合法的前提下从事劳动。诚实劳动是辛勤劳动的延伸，是创造性劳动的重要前提。诚实劳动要求所有劳动者将全部体力和脑力诚实地付诸劳动实践，既不驰于空想，也不投机取巧，主要体现在三个层面：第一，在劳动过程中，要遵从工作标准、遵循职业要求、遵守法律法规，维护社会公平正义；第二，对劳动中所涉及的他人、团体和组织讲诚信，不弄虚作假；第三，对劳动成果讲诚信，注重质量，杜绝窃取他人劳动成果等。

海尔集团创始人张瑞敏1989年被评为"全国劳动模范"，2018年授予"改革先锋称号"。1984年，他临危受命，接任当时已经资不抵债、濒临倒闭的青岛电冰箱总厂（海尔集团的前身）厂长，开始了他的改革创新之路。1985年，张瑞敏就通过"砸冰箱"事件让大家认识了他。刚开始复苏的冰箱厂接到一位用户的反映：工厂生产的电冰箱有质量问题。于是张瑞敏突击检查了仓库，发现仓库中有缺陷的冰箱还有76台！坚信优质产品能创造强大品牌的他无法接受这样的事实。在研究处理办法时，有些干部提出作为福利处理给本厂员工的意见，有些干部提出低价处理的意见。就在很多员工十分犹豫的时候，张瑞敏却做出了有悖常理的决定：开一个全体员工的现场会，把76台冰箱当众全部砸掉！而且，由生产这些冰箱的员工亲自来砸！听闻此言，许多老工人当场就流泪了。要知道，当时一台冰箱的价格是一名职工近两年的工资，企业连开工资都十分困难，怎么舍得砸东西啊！但张瑞敏明白，如果放行这些产品，就谈不上质量意识和诚信经营了。不能用任何姑息的做法来告诉大家可以生产这种带缺陷的冰箱，否则今天是76台，明天就可以是760台、7 600台……所以必须强制实行。结果，就是这一柄大锤，伴随着阵阵巨响，真正砸醒了海尔人的质量意识。从此，在家电行业，海尔人砸毁76台有缺陷冰箱的故事就传开了，至于那把著名的大锤，已经收入国家历史博物馆中。张瑞敏是海尔品牌的缔造者。他坚持以"人的价值最大化"为宗旨，倡导并推动持续创新的海尔文化，鼓励每个员工都以积极、实干、诚实的态度，在为用户创造价值中实现自身价值，为实现共同发展、共同富裕做出有益探索。他也带领海尔从一个集体所有制小厂发展成为物联网时代引领世界的生态型企业，海尔连续12年蝉联全球家电第一品牌。2020年海尔全球营收超3 000亿元、利税总额超400亿元，旗下海尔智家荣居世界500强。2021年9月17日，张瑞敏和EFMD主席科尼埃尔联合签署首张人单合一管理创新体系国际认证证书，标志着中国企业创造了首个管理模式国际标准，并开创了中国企业从接受国际标准认证到输出国际标准认证的新时代。

劳动者唯有诚实守信、脚踏实地、勤恳劳动，才能收获安于内心、受他人赞誉的劳动成果；只有在劳动中提供周到服务、培养互助美德、完善有序竞争、构建诚信体系、传承好诚实这一优秀基因和宝贵品质，才能让诚实劳动成为一种良好的社会风气。劳动者要牢牢守住诚信做人的底线，践行诚信价值观，把守法诚信作为安身立命之本，始终以诚为先、以诚为重、以诚为美，让诚实劳动成为价值自觉、道德品行和行动操守。国家对突出的诚信缺失问题，既要抓紧建立覆盖全社会的征信系统，又要完善守法诚信褒奖机制和违法失信惩戒机制，使人不敢失信、不能失信；对见利忘义、制假售假的违法行为，要加大执法力度，让败德违法者受到惩治、付出代价。唯有如此，才能厚植诚实劳动的土壤，净化诚实劳动的环境，在全社会形成诚实劳动的良好风尚。

二、遵守劳动规范

我国《新时代公民道德建设实施纲要》中提出了"爱岗敬业、诚实守信、办事公道、热情服务、奉献社会"的职业道德要求。其中"诚实守信"就是要求劳动者在职场中诚实地从事劳动,坚守信用,并将其贯穿于整个劳动过程中。

对于个人而言,法人或自然人都应该在国家相关法律法规的许可范围之内开展各种劳动,并遵守各项劳动规范。无论是体力劳动还是脑力劳动,无论是简单劳动还是复杂劳动,一般来说,有益于人民和社会的都是合法合规劳动。但劳动并不一定都是合法的,如生产假冒伪劣商品的劳动,生产和运送毒品的劳动,欺诈他人的劳动等,都是有害的非法劳动。劳动推动经济发展和社会进步,所以我们要尊重和保护一切合法合规的劳动。每位公民都应该树立法治观念,诚实劳动,遵纪守法,自觉维护社会的长治久安,和谐稳定。作为新时代大学生,我们更应当成为规范劳动的真诚拥护者和坚定践行者,保证劳动的有效开展。

在劳动过程中,我们要注意以下五点:第一,在生产劳动过程中要严格遵守国家相关法律法规,坚决抵制违法违规行为;第二,充分学习并掌握有关劳动的法律法规和职业行为规范,例如生产规范、操作规范、技术规范等,高质量完成劳动任务;第三,在劳动过程中如果遇到非法或违规的劳动行为,应通过合理合法的方式及时提出、制止或向有关部门反映,积极维护合法劳动的良好秩序;第四,当劳动者自身的合法权益受到侵害时,能够拿起法律武器维护自身的合法权益;第五,不可窃取他人的劳动成果,侵犯他人的知识产权,但同时,我们也应注重保护自己的劳动成果不被他人侵犯。

当代大学生应当牢固树立诚实劳动的意识,在思想深处去除不劳而获的错误思想。一方面,大学生对所从事的劳动应具备专业的知识技能,对自我的劳动素质做理性判断并合理定位;另一方面,大学生应立足岗位踏实劳动、求真学问、练真本领,实事求是地对待劳动过程,正确看待劳动成果,树立由诚实劳动实现人生梦想的正确劳动观。

议一议

1. 诚实信用在劳动关系中有哪些体现?
2. 构建社会诚信体系有何现实意义?

做一做

活动 2-2:电商直播带好货,争做助农新主播
——在直播带货中践行诚实劳动

一、劳动背景

2016 年,电商直播开始走进人们的视野。近年来,电商直播与传统电商进一步融合,已经成为了商家运营的重要营销工具及部分非标品的标配线上导购工具。2019 年,直播带货实现了大爆发,直播业态日益丰富,各环节愈发专业化、规范化。如今,直播已经成为当下最热门的行业之一,甚至有些高校专门开设了直播专业,开启了直播人才专

业化培养。"直播经济"作为一种线上新型消费,还催生了互联网营销师、电商主播等新的职业。

但在直播带货"野蛮生长"的同时,一些突出问题也随之而来。一些电商主播在选品时,只对产品好不好卖进行预判,而对产品质量疏于把关,从夸大其词的虚假宣传,到产品质量的货不对板,从售后服务的难以保障,到刷单、售假等各种乱象丛生,都让消费者在购物中难以安心、放心和舒心。诚者,百行之源也。无论形式、技术如何改变,诚信作为商业的价值基石永远不会改变。因此,主播和商家都应该在品控、服务上严格把关,杜绝问题商品进入直播间,遵守直播行业规范,坚持诚实守信原则,筑牢诚信基石,让消费者在安全放心的环境中提升消费体验。

二、劳动描述

请你尝试一次直播带货,通过"电商直播+扶贫助农"新模式,化身新时代"助农主播",组建大学生直播团队,共同模拟完成一场10分钟左右的优质农产品或特色产品的网上直播销售。在直播带货中,请充分利用直播电商全景展示、商品流通、实时互动等特点,为你家乡的好技术、好产品代言,帮助特色农产品"走出去";同时,请你的团队坚持诚信经营,遵守直播行业规范,杜绝直播乱象。劳动中各行动阶段的任务描述如图 2-13 所示。

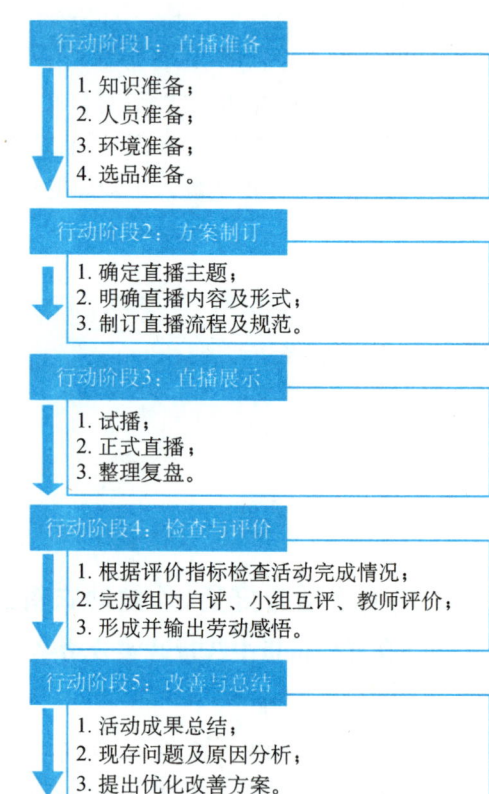

图 2-13 劳动任务描述

三、劳动目标

在直播全流程中,树立诚实劳动观念,强化诚信服务意识,建立直播营销服务规范;同时通过模拟开展助农直播带货活动,鼓励大学生用实际行动参与国家乡村振兴建设,宣传乡村新发展,推广乡村好产品,培养学生热心社会公益事业,争做新时代正能量的传播者和代言人。

四、劳动过程

行动阶段1:直播准备

1. 知识准备

通过浏览相关网站或查阅相关资料,自主学习电商直播所需的相关理论知识。了解新媒体运营发展现状及整体价值;掌握新媒体运行相关基础知识;熟悉直播活动的策划、筹备和实施的运作方式;了解直播带货的话术和技巧等。

2. 人员准备

通常直播团队由运营、主播、助理和场控组成,请结合个人兴趣和专业特长,组建你的直播团队,给每名成员安排合适的岗位,并明确各自的分工及任务。

运营:制定直播策略、制定品类策略、策划直播脚本;

主播:起草直播话术、制定产品演示方案、直播间演绎;

副播/助理:协助主播演绎、替补主播;

场控/中控:商品管理、准备库存、直播间节奏修正。

3. 环境准备

根据直播项目和产品,选取直播场地,做好直播场景布置、直播道具准备等工作。学校有直播电商实训基地的,可以在基地直播间开展,便于感受真实的工作场景;也可以在室外实地取景,营造真实环境。同时,需准备好手机、iPad、电脑、灯光、耳机、话筒、三脚架及美颜灯等直播设备,调试好网络,采用合适的视频制作及网络直播技术,确保直播效果。

4. 选品准备

对你家乡的行业产业、特色产品进行充分调研,结合市场环境及消费需求,确定本次助农直播的产品,全面了解产品的品质、特征及优缺点,沟通商品的价格、数量、优惠内容等,准备好产品的实物、图片、宣传广告视频等。

请结合上述四个方面,根据你直播项目的具体准备情况,填写表2-4。

表2-4 直播准备明细表

序号	直播准备	具体内容
1	知识准备	
2	人员准备	
3	环境准备	
4	选品准备	

行动阶段 2：方案制订

请根据"行动阶段 1"所收集整理的信息及团队成员分工，拟定本场直播活动的策划实施方案，做好时间规划，明确直播的主题、内容、形式及流程，将具体内容填入表 2-5。

表 2-5 直播策划实施方案

序号	策划方向	要点	具体内容
1	直播主题	直播主题	
		直播目的	
2	直播内容	直播文案	
		直播脚本	
		直播话术	
		产品演示	
		其他备选	
3	直播形式	主播展示	
		助播演绎	
		互动体验	
		广告视频	
		服装道具	
		其他备选	
4	直播流程	开篇预热	
		产品销售	
		互动抽奖	
		结束总结	

行动阶段 3：直播展示

1. 试播

（1）请各直播团队提前 20 分钟到岗，按照团队分工，分别进行环境卫生及安全检查、设备检测调试、文本图片视频资料核对等。

（2）主播和助播提前完成出境造型妆发等，充分调动工作状态。

（3）完成试播，检查试播录像，如发现问题及时调整。

2. 正式直播

（1）严格遵守《网络直播营销行为规范》，遵守国家法律法规，坚持正确导向、诚实信用、信息真实、公平竞争原则开展直播活动，直播内容符合社会主义精神文明建设和弘扬中华优秀传统文化的要求。

（2）主播和助播遵守网络直播服务规范，文明用语，注重礼仪，保证直播发布产品和服务信息的真实、科学、合法、准确,不得对商品和服务进行虚假宣传,欺骗、误导消费者。涉及产品、服务标准的,应当确保与相关国家标准、行业团体标准一致,保障消费者的知情权和选择权。

(3)依照直播方案,合理把控时间、控制节奏,完成直播全流程。

3. 整理复盘

(1)直播活动结束后,对设施环境、商品物料、文档资料等及时整理、盘点、收纳和清洁等。

(2)开展设备安全检查,关闭直播设备,检查安全事项;

(3)团队成员一起观看直播回放,对直播目标达成度,主播的脚本、话术、控场问题,产品卖点、销售情况,团队配合情况,突发事件应急情况等进行全面复盘,查漏补缺。

行动阶段4:检查与评价

对照表2-6内容,开展团队自我评价、小组评价和教师评价活动,并将评价结果记录在表2-6中。

表2-6 直播活动评价表

	评价内容	配分	自我评价	小组评价	教师评价
直播评价	直播内容健康,形式丰富,符合国家法律法规要求,无违法违规信息	10分			
	直播流程清晰,服务规范,团队分工明确,通力协作	10分			
	选品有保障,严格履行选品责任,严把直播产品和服务质量关	10分			
	商家发布的产品、服务信息真实、科学、准确,无虚假或者引人误解的商业宣传,不欺骗、误导消费者	10分			
	主播了解与网络直播营销相关的基本知识,掌握一定的专业技能,具备专业素养	10分			
	直播营销数据真实有效,不存在任何形式的流量等数据造假	10分			
	履行消费者权益保护、知识产权保护、网络安全与个人信息保护等方面的义务	10分			
	响应国家脱贫攻坚、乡村振兴等号召,积极开展公益直播、助农直播等	10分			
劳动感悟	知识准备充分,技能运用得当,劳动感悟深刻	20分			
	合 计	100分			
	综合评价得分				

注:①综合评价得分=自我评价(40%)+小组评价(30%)+教师评价(30%)。
②考评满分100分,60~74分为及格,75~84分为良好,85分以上为优秀。

行动阶段 5：改善与总结

网络直播营销作为一种社会化营销方式，对促进消费扩容提质、形成强大国内市场起到了积极作用。请你根据检查与评价表的结果和反馈意见，结合直播项目策划实施方案和团队复盘，完成一份直播活动总结，可以通过图文的形式呈现，重点针对初次模拟直播中出现的问题进行改善，并提出优化方案，将相关内容填入表 2-7。

表 2-7 直播总结及优化方案

活动成果总结：

现存主要问题：

优化改善方案：

 练一练

一场直播的成功取决于直播前的充分准备、直播时的配合展示和直播后的复盘优化。请同学们结合自己的兴趣爱好，选择适合的直播主题，尝试再次直播带货，把优质、特色的产品通过电商直播推广出去，坚守诚实劳动，坚持诚信营销，助力经济发展。

 读一读

《2022 中国短视频＋直播电商领域多元化用工报告》首次发布

2022 年 10 月，由巨量引擎、巨量算数、巨量学携手用友薪福社撰写的《2022 中国短视频+直播电商领域多元化用工报告》在用友集团"Growth•2022社会化用工专题论坛"重磅发布。

近年来,高速发展的短视频+直播电商新业态带来了巨大的人才需求,不仅产生了数量上的巨大缺口,也暴露出目前从业人员在职业能力、素养等方面的不足,而部分企业在短视频+直播电商领域出现了用工模式上的新问题和新需求。

近年来,线上生意经营成为传统企业增长新航道,短视频+直播电商已经逐渐成为企业营销的必选项。据《抖音电商"FACT+"全域经营方法论白皮书2022》数据统计,抖音电商动销商家同比增长了165%,累计卖出超百亿件商品。这一电商生意的背后,是平台和商家、用户之间的联动,也是带动生态多方协同和价值输出,让品牌商种草更精准,让消费者拔草更有意义。用户在平台上从种草到拔草需要一个全链路的营销路径,不仅仅有平台提供的产品、工具、数据来做强有力的支撑,更需要各类服务商、达人主播等生态协同伙伴在短视频创作、活动策划、直播运营等各个环节程为客户提供一套完整的营销解决方案。

根据人社部统计,2020年互联网营销人才需求约1 500万人,未来三年内,产业在短视频+直播领域方面的人才缺口将达到千万量级。数字化不仅对人的技能提出了更高的要求,也在颠覆用工模式,企业经营压力加大与短视频+直播电商业务需求量提高之间的矛盾,导致企业当前传统的用工模式无法匹配用工需求现状,新的用工模式——"多元化用工"应运而生。

多元化用工是指企业根据自身业务模式,应用多种用工方式有机组合,实现最有效的业务和用工配置方式和人力资本价值最大化。应用多元化用工时,企业不仅仅应用劳动雇佣模式,同时基于企业短期内的项目需求,根据用人的波峰波谷来灵活按需应用外部人才。

在短视频+直播服务运营公司中,企业均注重培养复合型人才,且部分短视频+直播电商企业采用了一种及以上的社会化用工模式。越来越多的企业开始根据自身发展的不同阶段以及不同用工需求采取了除原有劳动雇佣模式外的社会化用工、派遣及临时项目合作等多种用工方式,从而帮助企业解决核心业务需求,为企业降本增效并助力企业升级转型。

巨量算数报告发现,社会化用工主要存在于主播、达人、直播运营、商务选品、内容运营等具备专业身份的岗位类型。未来在此领域的社会化用工人员规模将大幅扩大,与企业核心利益相关的高阶型合作者/自然人(如主播、达人、内容运营、商务选品、前后期制作人员等)的灵活从业人数将大幅增加。相对而言,这些具备"超级个体"的合作者,工作内容更加垂直、工作创造的价值更大,对专业性要求更高,与企业的直接对接能力/影响力更强。同时,发展机会、收入的保障、灵活自由度和安全满足感等成为从业者就业的核心需求。

(资料来源:《2022中国短视频+直播电商领域多元化用工报告》)

任务 2.3 培育合作劳动的优良品质

> **案例导入**
>
> **《中国机长》**
>
> 电影《中国机长》是由刘伟强执导的剧情传记灾难片,根据 2018 年 5 月 14 日四川航空 3U8633 航班机组成功处置特情真实事件改编:机组执行航班任务时,在万米高空突遇驾驶舱风挡玻璃爆裂脱落、座舱释压的极端罕见险情,当飞机出现故障时,机组成员凭借着极少仍在工作状态的仪器,艰难地进行手动驾驶。座舱释压发生时,乘务组立即执行释压处置程序,指导旅客使用氧气面罩,并训练有素地喊出:"请大家相信我们,相信我们有信心、有能力带领大家安全落地。"生死关头,驾驶组、乘务组正确处置,航管局、机场配合调度,正是因为多方的团结协作才成功化解了危机,确保了机上全体人员的生命安全,创造了世界民航史上的奇迹。
>
> (案例来源:电影《中国机长》,2019 年 9 月)

想一想

《中国机长》这部电影中的不同人物是如何体现合作精神的?

一、合作劳动的意义

所谓合作劳动,是指劳动者之间的分工合作,相互协助作业。一人难挑千斤担,众人能移万座山。人心齐,泰山移。飞行的大雁多呈"V"字形,它们定时更换领导者,通过变换队形减少飞行的阻力。按这种队形飞行的雁群,与独自飞行的雁只相比,可以多飞 12% 的距离,这就是团队合作的力量。

任何一个优秀的团队都需要协作共进,而不是各自为战。一个团队的潜质不等于每个成员潜质的简单相加,而在于各成员之间的相互协作与配合。随着社会分工的不断精细化,社会中的每一个人都互为主体、客体,劳动促进了人类各个民族或群体之间的关系融合,使不同个体或群体间的关联度不断深化。只有每一位劳动者树立团队意识,在工作岗位上勤恳努力,践行合作劳动,精细分工,互相配合,互补互助,才能取得更好的劳动成绩,为社会提供高质量服务,才能创造出更多的内在价值。同时,劳动者自身的能力和水平会在合作交流中提升,实现共赢。

二、树立合作劳动意识

合作意识是指个体对共同行动及其行为规则的认知与情感,是合作行为产生的一个基本前提和重要基础。善于合作,不仅能从工作中找到乐趣,而且也能从生活中找到乐趣。

曾在一个课堂上,老师要求每位学生都必须在2分钟之内用领到的七巧板拼成一个正方形,游戏的规则是不许讲话,而每个同学领到的七巧板是绝对不可能拼成一个正方形的。在有的同学束手无策时,另一些同学则注意到小组中其他人手上的七巧板可以拿来用,而自己的七巧板可能别人也正需要。于是学生主动合作,都完成了任务。这个游戏让学生明白团结合作才能取得成功,要树立起主动合作的劳动意识。而这种合作劳动意识,需要在人和人的交往过程中,通过共同完成劳动任务,共同承担劳动责任,经历结果或分享成果来实现和培养。

美好生活需要稳定专业的劳动组合,新经济、新业态的发展,对服务能力和服务水平的要求也随之提升。新时代,生产方式不再局限于手工作坊,而是大机器生产;产品不是由一人或一个企业单独完成,而是呈现出产业链、价值链分工的特征。"墨子号"量子科学实验工具的研发成功离不开潘建伟团队的团结协作,"北斗"导航卫星的成功发射离不开孙家栋团队的精诚团结。火箭从蓝图到实物,靠的是一个个焊接点的累积,是众多院士、教授、高工和一位位普通工人的协作坚持。从火箭研制到大国制造,所需要的是相关行业发挥协作共进的团队精神,而不是各自为战。因此,实现中华民族伟大复兴中国梦的伟大工程需要全国各民族勠力同心,团结协作,在分工合作的基础上实现共同进步。

多样化的劳动合作已经带来了超越时空限制的创新与创造。例如,通过气候变化应对合作、"一带一路"倡议等新的劳动组织形式,促成更加合理的组织、交换、共享等机制,将劳动创造的价值扩大,共同提升全球人民的幸福感和获得感。国内通过对口支援等组织方式,将劳动置于更加紧密的人际沟通与合作之中,在更广阔的时空范围内,提高劳动的价值,从而使后发地区获得更多的发展机会,其所产生的效用已经远远超越了扶贫的界定。而全球共同抗击新冠肺炎疫情所做的工作,也是劳动适应现实挑战、努力开创新局面的体现,将推动人类对劳动合作进行更加深入的思考和探索。劳动为人类共同发展开辟更加广阔的空间,而时空的拓展也提升了劳动的全球价值,有助于提高全球公民对于公共产品的共享程度。

三、提升合作劳动能力

团队成员之间的合作体现在团结一心,充分发挥集体的智慧和力量,克服困难,取得成功;体现在科学的分工,八仙过海,各显其能,切实挖掘个人的潜力;体现在互相关心,互相帮助,互相学习,取长补短,共同进步;体现在各抒己见,畅所欲言,在民主、平等的气氛中探讨、研究科学规律;体现在吃苦在前,争挑重担,勇于负责;体现在开展正确的批评与自我批评;等等。

合作劳动能力是指建立在劳动团队的基础之上,发挥团队合作精神、互补互助以达到团队最大工作效率的能力。对于团队成员来说,不仅要有个人能力,更需要具备在不同的位置上各尽所能、与其他成员协调合作的意识与能力。因此,劳动者要积极融入团队,提升自身的团队协作能力,可以从以下三个方面入手。

第一,发挥团队作用,提升团队凝聚力。团队在提高组织的运行效率和竞争力等方面具有重要的作用。团队具有激励作用,一般情况下,有团队的其他成员在场,个体的工作动机就会被激发得更强,工作效率会比单独工作时更高;团队具有内在吸附力,在团队中,成员都会自觉地或比较自觉地朝向组织发展,追求团队目标的实现;团队可以促进自我成长,团队成员之间会自觉不自觉地形成相互影响、交流、互补、促进的氛围,从而不断地提高个体的认知水平,促进自我成长;团队还可以提升自我价值感,团队成员通过协同作战,建立互信,共同努力,攻坚克难取得成功,这有助于提升个人的自我价值认同感。

第二,明确团队分工,提升专业知识技能水平。正所谓术业有专攻,合作劳动要想顺利完成,需要明确每一名团队成员的责权利,科学定位,精准分工,在充分发挥个人优势的基础上形成"1＋1＞2"的团队合力。同时,通过自我学习、借鉴他人的劳动方法和经验或者自己劳动实践等途径,不断丰富自身的知识储备,提升技术技能水平,确保能够高质量完成团队任务分工,提升团队合作效率。

第三,相互尊重,建立互信。美国心理学家乔治·赫华斯根据多年的研究,把"与同事诚信合作"列为成功的九大要素之首。所以,团队成员之间要做到彼此尊重,讲究诚信,平等待人,有礼有节,在尽量保持自我个性的同时尊重他人,也让他人感受到自己的重要性。面对合作劳动时可能出现的问题,要宽以待人,学会宽容和谅解,彼此建立起一种理性信任关系,增加团队的合作默契。

 议一议

1. 大学生的校园学习生活中,是否也需要合作呢?
2. 如何提升合作劳动能力?

 做一做

活动 2-3:智能家居系统设计
——多专业跨学科的团队协同工作

一、劳动背景

随着5G、云计算、大数据、传感、人工智能等技术的交叉融合发展,以智能家居为代表的物联网技术正在不断改变着我们的生活。智能家居系统以住宅为平台,由硬件(智能家电、智能硬件、安防控制设备、家具等)、软件系统、云计算平台构成一个家居生态

圈,包括控制系统、安防系统、娱乐系统、节能系统、家电系统和生态系统等,用户通过控制云平台将数据信息传输给智能家居数据终端,反馈系统自动回应用户行为,实现了智能家居系统与数据和用户的互联互通。

随着现代信息技术高速发展和数字化转型不断推进,市场对技术与业务的复合型人才与团队需求逐步增加。对多专业跨学科的团队成员进行有效的知识技能整合是提高协同创新和团队合作质效的主要途径。

二、劳动描述

随着时代节奏的逐渐加快,空巢老人家庭逐渐增多,同时生活数字化也在不断更新迭代,智能家居的出现为解决空巢老人在生活中的安全、健康、便捷、监控、沟通等方面问题提供了非常好的解决方案。

组建多专业跨学科的团队,对身边老人在家庭安防、监控、家电控制、沟通交流等方面的生活需求进行了解,开展形式多样的市场调研,收集并对比各主流智能家居产品和系统的功能、价格及性能指标等,在原有家居环境的基础上设计无线智能家居系统解决方案,条件允许的情况下可实地搭建,以图文并茂的形式在班级中展示和分享团队的设计成果。劳动活动中各行动阶段的任务描述如图 2-14 所示。

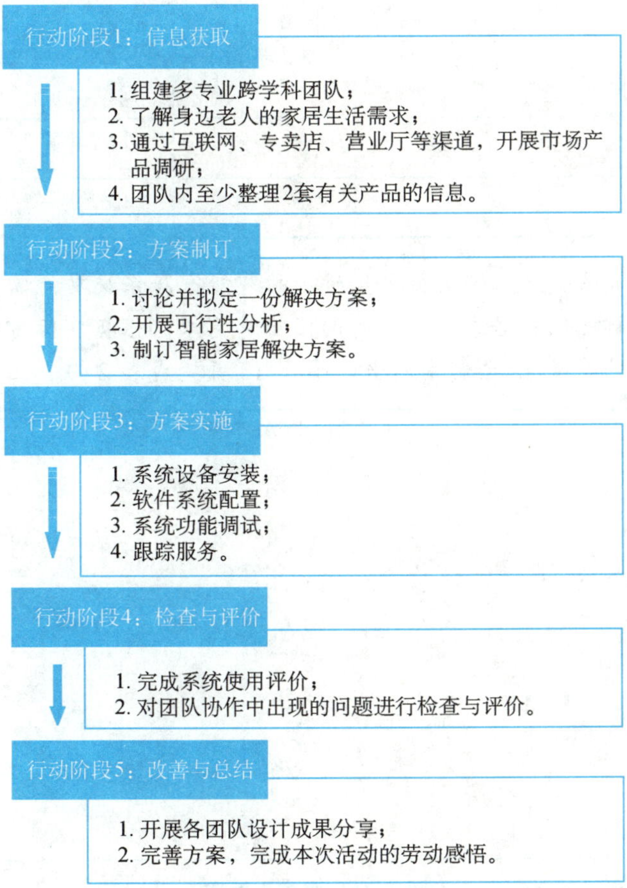

```
行动阶段1:信息获取
  1. 组建多专业跨学科团队;
  2. 了解身边老人的家居生活需求;
  3. 通过互联网、专卖店、营业厅等渠道,开展市场产品调研;
  4. 团队内至少整理2套有关产品的信息。

行动阶段2:方案制订
  1. 讨论并拟定一份解决方案;
  2. 开展可行性分析;
  3. 制订智能家居解决方案。

行动阶段3:方案实施
  1. 系统设备安装;
  2. 软件系统配置;
  3. 系统功能调试;
  4. 跟踪服务。

行动阶段4:检查与评价
  1. 完成系统使用评价;
  2. 对团队协作中出现的问题进行检查与评价。

行动阶段5:改善与总结
  1. 开展各团队设计成果分享;
  2. 完善方案,完成本次活动的劳动感悟。
```

图 2-14 劳动任务描述

三、劳动目标

开展面向空巢老人的智能家居系统设计活动,为你身边的老人营造安全、健康、便捷、智能的助老爱老家居环境。组建多专业跨学科的项目团队,通过协作完成整个系统的需求分析、产品调研、方案编制、安装调试和跟踪服务等工作,践行合作劳动、精细分工、互相配合、互补互助的团队精神。

四、劳动过程

行动阶段1:信息获取

1. 团队组建。请认真研读本次活动给出的劳动任务描述,以及在各行动阶段需要完成的任务要求。按照即将开展的需求分析、产品调研、方案编制、安装调试、跟踪服务等活动环节,对成员知识、技能、素养等职业能力需求进行分析。请组建4～5人的团队,完成任务分工,并填写表2-8。

表2-8 团队能力分析表

序号	成员	所属专业	具备的能力	任务分工	备注
1					
2					
3					
4					
5					

2. 系统功能需求分析。参照表2-9所示的智能家居系统功能需求表,请你实地走访身边的老人,了解他们在居家生活方面的困难和需求。根据实际室内建筑结构、家居布局、现有网络条件等情况,绘制室内平面图2-15并完成表2-9。

手工绘图或CAD制图

图2-15 室内平面图

表 2-9　功能需求表

序号	功能分类	具体需求
1	门窗安防	
2	厨卫监测	
3	视频监控	
4	无线网络	
5	交互系统	
6	其他	

3. 产品调研。通过互联网、专卖店、营业厅等渠道，开展市场产品调研，收集和整理智能家居产品的相关信息。请你至少整理 2 套产品的有关信息，并填写表 2-10。

表 2-10　产品信息表

序号	功能分类	产品名称	型号	价格	数量	接入方式	功能参数
1	门窗安防						
2	厨卫监测						
3	视频监控						
4	无线网络						
5	交互系统						
6	其他						

行动阶段 2：方案制订

1. 请团队开展项目研讨，根据"行动阶段 1"所收集整理的信息，充分考虑人机交互的易用性、安装运行的可靠性、购置维护的经济性等因素，初步拟定一份系统解决方案，该方案内容至少包括需求分析、设计目标、建设内容、计划进度、采购清单五个方面的详细描述。

2. 请向相关产品工程师或专业教师咨询拟定解决方案的可行性，充分听取改进意见，完善本组系统解决方案。请在图 2-16 所示图框中给出系统网络拓扑图。

3. 编制并提交"智能家居系统解决方案书"文档。在编制方案书时请尊重他人的设

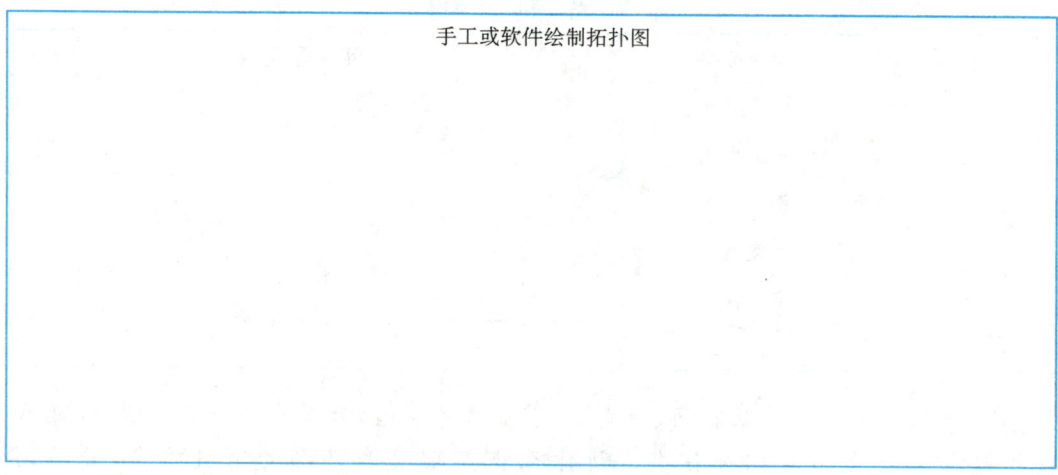

图 2-16　系统网络拓扑图

计成果,做到合理借鉴、突出原创,独立完成本团队的方案。

行动阶段 3:方案实施

1. 设备安装。请各组按照编制方案和系统网络拓扑图进行实地产品安装,安装前请认真阅读配套说明书,安装过程严格按照操作规程和安全注意事项,安装完成后请进行现场清洁整理,并填写表 2-11。

表 2-11　安装记录表

用户姓名			安装日期	
用户地址				
序号	设备名称	安装位置	调试情况	备注
1				
2				
3				
……				
运行状况				
安装人员		调试人员		

注:安装位置、调试和运行情况可辅助拍照记录。

2. 系统配置与调试。请将智能家居系统各终端设备通过无线方式接入网络,并在网关或手机 App 上进行配置,完成功能调试后填写表 2-11。

3. 使用介绍。请你通过讲解、演示、实操、指导的方式,将系统使用方法、注意事项等介绍给老人及其家人,并确保其具备基本操作能力。

4. 跟踪服务。请相关成员在一周内主动与家人及老人联系,回访系统运行和操作使用情况,记录出现的问题。

行动阶段 4:检查与评价

1. 根据回访信息对出现的问题进行原因分析,依据团队成员分工落实到人,及时解决问题。

2. 请参照表 2-12,开展团队协作能力自评,对出现的问题进行分析和改进。

表 2-12 团队协作能力评价表

序号	内容	评价	改进意见
1	成员来自不同专业或学科	□是 □否	
2	成员是否对活动具有统一认知	□是 □否	
3	成员有明确的分工	□是 □否	
4	成员能力与任务要求相匹配	□是 □否	
5	提前计划、预先安排,从不拖延	□是 □否	
6	能够检查工作进度和效果	□是 □否	
7	发挥民主,善于倾听意见	□是 □否	
8	团队研讨能提出问题或给出建议	□是 □否	
9	善于在团队中表达自我意图	□是 □否	
10	给予其他成员技术指导或帮助	□是 □否	
11	是否对自我/成员工作成果满意	□是 □否	

行动阶段 5:改善与总结

1. 请你完成一份劳动活动感悟总结,以图文的形式呈现,重点谈一谈团队在各行动阶段如何开展分工协作。同时在班级内展示并分享团队的设计理念、建设成果、实施效果。

2. 各组结合实施效果、异常问题、评价结果等对方案书进行改进和完善。

练一练

请你结合以上劳动案例,为宿舍设计并搭建一套门窗安防系统。要求具备发声报警和手机 App 远程提示功能。

 读一读

智能家居系统的无线协议

智能家居(smart home)是以住宅为平台,利用综合布线技术、网络通信技术、安全防范技术、自动控制技术、音视频技术将与家居生活有关的设施集成,构建高效的住宅设施与家庭日程事务的管理系统,提升家居安全性、便利性、舒适性、艺术性,并营造环保节能的居住环境。

网关是智能家居的中枢设备。所有智能家居终端,无论是一盏灯,还是一个智能插座,都需要连接到网关,通过网关连接到路由器,再通过路由器接入互联网。目前,几乎所有的智能家居终端设备都使用以下连接协议中的一种接入网络:Zigbee 协议、蓝牙 BLE 协议、蓝牙 Mesh 协议、Wi-Fi 协议。除了 Wi-Fi 协议设备可以直接接入路由器之外(相当于 Wi-Fi 协议终端的网关),其他三种都需要先接入对应的网关,由网关统一管理并统一接入路由器,进而接入互联网。多模网关就是指单个网关设备中包含了支持多种协议的芯片。

1. Wi-Fi 协议

Wi-Fi 无线保真协议,Wi-Fi 是 IEEE802.11 的简称,是一种可支持数据、图像、语音和多媒体的高速率短程无线传输技术,在几百米的范围内可让互联网接入者接收到无线电信号。目前支持 Wi-Fi 协议的路由器,主要还是 Wi-Fi5 和 Wi-Fi6,常工作在 2.4 GHz 和 5 GHz 免执照频段。

2. Zigbee 协议

Zigbee 又称紫峰,是 IEEE802.15.4 协议,蜜蜂(bee)通过飞翔和"嗡嗡"(zig)抖动翅膀来与同伴传递食物种类和位置信息,而 ZigBee 协议的方式特点与其类似,便更名为 Zigbee。Zigbee 主要适用于自动控制和远程控制领域,可以嵌入各种设备,其特点是传播距离近、低功耗、低成本、低数据速率、可自组网、协议简单。

Zigbee 的主要特点:功耗低,对比 Bluetooth 与 Wi-Fi,在相同的电量下(两节五号电池)可支持设备使用六个月至两年左右的时间,而 Bluetooth 只能工作几周,Wi-Fi 仅能工作几小时;成本低,Zigbee 免收专利费,协议占用存储空间小,Zigbee 设备的成本很低,使用 2.4 GHz、868 MHz 及 915 MHz 的免执照频段;掉线率低,Zigbee 采用避免碰撞机制,可自组网的功能让其每个节点模块之间都能建立起联系,接收到的信息可通过每个节点模块间的线路进行传输;组网能力强,Zigbee 建立的每个网络可容纳约 60 000 个节点。

3. 蓝牙 Bluetooth 协议

蓝牙 Bluetooth 协议是由爱立信公司提出并于 1999 年与其他业界领先开发商一同制定的标准。蓝牙技术是一种可使电子设备在 10~100 米的空间范围内建立网络连接并进行数据传输或者语音通话的无线通信技术,广泛应用于手机、平板和个人电脑的智能终端产品。功耗以及成本都介于 Wi-Fi 与 Zigbee 之间,但传输距离更短,连接设备

数量少,是一种点对点、短距离的通讯方式。

4. 蓝牙 Mesh 协议

蓝牙 Mesh 技术采用基于低功耗蓝牙(BLE)技术广播的方式进行信息的发送和接收,将信息从网络当中的某一个节点转发至目的节点。而蓝牙 Mesh 网络中每个蓝牙设备的信息传递到互联网上就需要单独配置蓝牙 Mesh 网关了。

项目三

传承劳动美德

劳动箴言：

　　伟大的成绩和辛勤的劳动是成正比例的，有一分劳动就有一分收获，日积月累，从少到多，奇迹就可以创造出来。

——鲁　迅

知识目标

1. 了解传统劳动美德的主要内容；
2. 掌握劳模精神、劳动精神和工匠精神的内涵。

能力目标

1. 具备践行勤俭节约、吃苦耐劳、爱岗敬业、无私奉献等传统美德的能力；
2. 具备一定的创新能力。

素质目标

1. 树立正确的劳动观念；
2. 养成崇尚劳动、珍惜劳动成果的良好习惯。

任务 3.1　发扬中华民族的优良传统

> **案例导入**
>
> ### 让教育之光照亮贫困山区
>
> 　　时代楷模张桂梅扎根边疆山区教育四十余载,用教育之光阻断贫困代际传递,照亮了无数人的心。
>
> 　　贫困地区办免费高中,这在许多人眼里简直是异想天开。可张桂梅不这么想,为了改变这片贫困的土地,她毅然踏上募捐之路。5年间,她被人放狗咬,被吐口水骂是骗子,一次太累还坐在机关大门口睡着了。张桂梅说,女高不是普通学校,是贫困家庭未来的希望。
>
> 　　张桂梅身患心脏病、肺气肿等23种疾病,多次送往医院抢救才活过来。她行走困难,上下楼梯都是攥紧扶手,一步步地挪。可是每天早上5点,她都准时起床,第一个出现在校园里,每天至少3次巡校、查课……
>
> 　　张桂梅没有子女,也没有财产,至今和学生一起住在女生宿舍里。她的钱都去哪儿了?30万元的"兴滇人才奖"奖金,一次性捐给华坪县丁王民族小学建教学楼;昆明市总工会专门拨给她治病的2万元钱,最终也捐了。张桂梅把全部奖金、捐款和大部分工资累计100万余元,捐献给了山区孩子们和其他需要的人。
>
> 　　"有人说我爱岗敬业,有人说我疯了,有人说我为了荣誉,也有人不理解。一个人浑身有病,为啥还比正常人苦得起?"张桂梅解释说,"我心里始终有一股劲:你豁出命改变她们的命,值!人生老病死都正常,豁出去一点,怕什么?"
>
> 　　(案例来源:徐元锋,《人民日报》2021年2月22日,有删改)

想一想

张桂梅身上体现了中华民族的哪些传统美德?

　　继承和弘扬中华民族优良传统是社会主义现代化建设的客观需要。只有继承和弘扬中华民族优良传统,才能为社会主义现代化建设提供精神动力,充分激发整个民族的潜能。

　　对劳动的肯定和赞美是中华民族优良传统的重要内容。中华儿女自强不息,用劳动创造了幸福生活、创造了灿烂文明。当前,大学生仍需继承和发扬中华民族的优良传统,比如和劳动相关的勤俭节约、吃苦耐劳、爱岗敬业和无私奉献等优良传统。

一、勤俭节约

"历览前贤国与家,成由勤俭败由奢。"中华民族自古以来就有着勤俭节约的传统美德,勤俭节约也是一个永恒的话题。党的二十大报告强调要实施全面节约战略,推进各类资源节约集约利用。我们应当减少浪费,切实将勤俭节约刻入头脑里、落在行动上。

人类发展目前面临的一大难题就是资源短缺,只有推进各类资源集约利用,才能有效缓解发展面临的资源、环境难题,实现可持续发展和高质量发展。我国是一个人口众多、资源相对不足、环境承载能力较弱的发展中国家。改革开放以来,我国在经济领域取得了辉煌的成就,但随着经济的快速发展和人口的不断增加,解决资源不足问题,改善生态环境,实现可持续发展已成了十分紧迫的任务。当前,我国正处于经济高速发展的历史机遇期,但是,我们必须清醒地认识到,相比发达国家,我们的发展还很落后。加快建设节约型社会,是解决我国资源不足的根本途径,这关系到现代化事业的发展进程,也关系到中华民族的生存和长远发展。当代大学生要随时关注我国社会的发展现状,增强自身的时代使命感,养成勤俭节约的品质。

养成勤俭节约的品质,关键在于实践。当今高校开展的社会实践活动为大学生提供了宝贵的实践机会。比如在关爱农村留守儿童的过程中,可以切身感受到留守儿童父母外出打工的艰辛,感受到父母为了自己上大学挣钱的不易,在帮助留守儿童的过程中,可以体会到自身劳动带给他人帮助的快乐,可以体味到奉献、付出的意义;又比如,高校提倡到社会中做义工,大学生在义务为社会做贡献的同时,还能收获劳动的快乐,体味奉献的真谛。大学生通过社会实践,可以逐步学会约束自己的行为,控制自己的欲望,体验到勤劳节俭的益处,在心理上获得幸福感和成就感,从而逐步形成勤俭的行为习惯,培养勤劳节俭、艰苦朴素的良好品德。

二、吃苦耐劳

吃苦耐劳是中华民族的传统美德,是一个人走向成功、成就大业的有效途径。俗话说:"吃得苦中苦,方为人上人。"这句流传千百年的至理名言告诉我们,吃苦耐劳是成功秘诀。那些能吃苦耐劳的人,很少有不成功的。可以肯定地说,意志坚强、不怕困难、百折不挠、开拓进取是一个人优秀的品质,这种品质要经过艰苦锤炼才能形成,任何时候都不会过时。从人才学的角度看,一个人要成就一番事业有所建树,历经磨难、吃苦耐劳是必要的。即使有真才实学,如果不肯吃苦耐劳,也难以保持良好的竞技状态,不仅适应不了激烈的竞争形势,还极容易被困难吓倒,被挫折击垮。

大学生具有良好的吃苦耐劳品质,对其自身的健康成长和社会的向前发展都有重大的意义。当前,大学生吃苦耐劳品质缺失是一个不容忽视的现实。不知从何时开始,怠惰、拖延的"症状"开始在校园里传染开来:公共课不愿上,选修课不想上,专业课坐在教室刷手机;翘课成习惯,活动不参加,整日宅在宿舍;交作业、写论文,不挨到最后一晚不动笔,复制粘贴、东拼西凑、应付了事……对这种状态,网上有一种流行的调侃,称这种"懒到家"的状态为患上了"懒癌"。可悲的是,失去了奋斗的方向、没有了前进的动力,这些学生就像"脱线的风筝",虚度着大好青春。

吃苦耐劳品质是大学生内在意志品质最外在的表现,随着社会的不断向前发展,其社会价值更是越来越凸显。大学生本应是青年中的佼佼者,是勤学上进的代表。患上"懒癌"的大学生如此普遍,社会不可等闲视之,学校不能放任不管,学生更不能自暴自弃。

那么大学生应该如何治疗"懒癌"呢?

首先,要解决思想问题。

许多学生进入大学后,失去了升学和应试的紧迫感,变得有些不知所措。于是就出现了一些"今朝有酒今朝醉"的及时行乐者和"当一天和尚撞一天钟"的得过且过者。当今的社会环境给了年轻人实现梦想的土壤,无论是做创业创新的急先锋,还是在平凡的岗位上默默奋斗,或是扎根山区、服务基层,都是人生的一种选择。有志不在年高,无志空活百年,给自己定个目标,并朝着这个方向前行,自然没有时间犯困犯懒,也不会感到无所事事。同时,与自己的惰性作斗争,少不了咬牙的坚持。如果遇到一点阻碍就畏缩不前、轻言放弃,没有一点"刮骨疗毒"的勇气,那懒惰就无法根除。青年时代,多经历一点摔打、挫折、考验,未必不是一件好事。尤其是在经历了痛苦、难挨的时光后,当你蓦然回首,将会发现每一个曾经奋斗的日子都是如此宝贵。

其次,要坚持体育运动。

培养大学生的意志可以从体育锻炼开始,定时训练,不断增加自己的运动量,非特殊的情况从不缺勤。体育运动的同时可以自我暗示,不断告诉自己保持耐心,不怕困难,增强信心。如果可以坚持每天进行体育锻炼,说明个人的意志力较强,生活作息比较规律,吃苦耐劳的精神自然而然就会培养出来。

再次,要假期参与劳动。

劳动是人类社会生存和发展的基础,大学生在假期参与社会劳动,可以感受劳动人民的不容易,在不断劳动中培养吃苦耐劳的精神。可以让大学生在假期参与家里的家务劳动,比如说每天拖一遍家里的地板,打扫家里的卫生。同时也要树立艰苦奋斗的意识,所谓的艰苦,就是不把钱花在奢侈的地方,可以改善生活,但是不能铺张浪费,把钱完全用于娱乐消费。所谓的奋斗,就是要在学校努力学习,而不是终日将时间花在游戏上、休闲娱乐上,在学校虚度光阴。

最后,要参加各种竞赛。

参加各种大学生竞赛活动,可以在比赛中认识自己的不足,尤其是一些全国性的竞赛,都是相当具有挑战性的,没有坚强的意志力、吃苦耐劳的精神,很难全程参与,在比赛中能取得名次的学生,都是经历了千难万险,克服了各种困难才成功的。经常参与各种竞赛,培养竞争意识,吃苦耐劳的精神就会养成。

三、爱岗敬业

一份职业,一个工作岗位,是一个人赖以生存和发展的基础保障。同时,一个工作岗位的存在,往往也是人类社会存在和发展的需要。所以,爱岗敬业不仅是个人生存和发展的需要,也是社会存在和发展的需要。爱岗敬业指的是忠于职守的事业精神,这是职业道德的基础。爱岗就是热爱自己的工作岗位,热爱本职工作;敬业就是要用一种恭敬严肃的态度对待自己的工作。爱岗和敬业互为前提,相辅相成。爱岗是敬业的基础,敬业是爱岗的具体表现,不爱岗就很难做到敬业,不敬业也很难说是真正的爱岗。

(一)敬业的基本要求

敬业精神的培育有利于大学生成为栋梁之才,能够帮助大学生深刻认识自己,发现自己的不足,认识到社会职场需要何种人才,全面发展自己,提高自己的综合素质。那么应该怎样以行动诠释敬业精神?

敬业,首在爱业。即热爱自己的职业,保持深厚的感情。通常爱业的人都会把工作当作愉快的事情,始终保持充沛的精力和高涨的热情,能够卓有成效地完成各项任务。当然,在职业生活中,由于多方面原因,很多人所做的工作并不是自己喜欢的工作,但是并不能因此而失去虔敬的态度,相反必须立足现实,认真做好本职工作,并且努力在工作中逐步培养自己的兴趣。因此,我们不仅要爱一行、干一行,更要干一行、爱一行。

敬业,要在勤业。即对待本职工作勤勤恳恳,认认真真。韩愈讲过一句名言:"业精于勤而荒于嬉。"这句话虽然是针对治学而言,但是同样适用于职业和事业。一个人不管从事什么工作,都应当勤奋努力,俗话说得好:一分耕耘,一分收获。个体只有辛勤耕耘,才能取得良好收获;反之,如果人们对待工作怠慢、懒散,结果必然一事无成。

敬业,还需精业。即对待本职工作精益求精,臻于完善。精通业务,体现了个人在职业上的价值追求。在科技日新月异、竞争日趋激烈的今天,应当努力求精通、谋创新、出精品。各行各业的"最美"人物,往往都是追求卓越、业务精进的典范。全国劳模、"最美职工"潘从明能从铜镍冶炼的废渣中提取8种以上稀贵金属,只看溶液颜色便能精确判断99.99%的产品纯度。他获得国家科技进步奖的背后,是数十年如一日"找难题、啃难点、攻难关"的呕心沥血。事实证明,在精益求精的道路上,只有坚韧不拔的勇者,才能登上风光无限的顶峰。

(二)践行爱岗敬业的优良传统

爱岗敬业精神是奉献精神,是中华民族的优良传统和宝贵精神财富。人们常说:"今天不爱岗,明天就下岗;今天不敬业,明天就失业。"看似玩笑话,却句句在理。不管是条件好、待遇高、工作轻松的工作,还是环境艰苦、繁重劳累的工作,抑或是工作地点偏僻、工作压力大甚至有一定危险性的职业,我们既然选择了这个职业,就应践行爱岗敬业的优良传统。

践行爱岗敬业的优良传统,可以从对工作勤奋、对公司负责、对自己自信这三方面入手。勤奋、负责、自信是成功的金科玉律,懒惰、敷衍、自卑是成功的最大威胁。

对工作勤奋。这是践行爱岗敬业的基本要求。首先我们要做好本职工作。每个人都有不同的分工,有的人负责比较重要的事情,有的人负责容易被人忽略的琐事。不管我们负责何事,都不能消极怠工。同时,我们要克服自满和怠惰心理,不断学习新知,开阔眼界,努力提高自己的职业技能,而且还要积极学习一些与工作有关的知识和技能。俗话说"技多不压身",说不定在未来的什么时候,一些以前看似无关紧要的知识和技能就能为你的进步和发展助上一臂之力。

对公司负责。对公司负责一是要有责任心,二是要对公司忠诚。责任心不仅要求我们主动承担工作任务,认认真真完成工作任务,还要求我们了解公司文化,维护公司的品牌形象等。现代的忠诚观不完全等同于传统的忠诚观,它更强调专注于本职工作,以公司利益为重。

对自己自信。这对践行爱岗敬业非常重要。我们要相信自己能够把工作做好,把专业做精,也要相信自己和自己的工作对公司是重要的且有意义的。

四、无私奉献

无私奉献的意思是不求回报、没有私心的付出。从"公而忘私,国而忘家"一心为国的高尚品质,到"先天下之忧而忧,后天下之乐而乐"的崇高志向,再到"苟利国家生死以,岂因祸福避趋之"的爱国情操,先贤哲人将奉献精神诠释得淋漓尽致。

我们可以说,奉献精神是中华民族传统美德的最高境界。选择奉献就选择了高尚。有怎样的选择,就有怎样的追求;有怎样的奉献,就有怎样的人生。我国著名核物理学家于敏,青年时期为了国家战略主动调整研究方向,隐姓埋名30年,为研制氢弹作出了卓越贡献,被尊称为"氢弹之父";中国研究与发展杂交水稻的开创者袁隆平,23岁就立志解决水稻如何高产的问题,一生致力于杂交水稻技术的研究、应用与推广,被赞誉为"杂交水稻之父"。实践反复证明,只有那些把小我融入大我、无私奉献自己青春的人,才会在人生路上留下充实、温暖且无悔的回忆。

当代大学生应该传承无私奉献的优良传统,自觉意识到自己的社会责任和历史使命,在校以学知识、长能力为首要目标,以无私奉献的先进个人为榜样,为社会做出实实在在的贡献。

(一) 体验社会实践活动,感受无私奉献精神

社会实践是青年学生获得知识、孕育理想、磨练意志、增长才干、实现自身价值的源泉。《大学》开篇就讲,"大学之道,在明明德,在亲民,在止于至善。"孔子也反复强调,"己欲立而立人,己欲达而达人。"《道德经》指出,"上善若水,水善利万物而不争。"这些至理名言都反映了一个共同的道理:人只有在崇德向善、利益他人的实践中,才能涵养自我人格,放大人生格局,成就社会价值。通过社区服务、生产助困、社会调查等社会实践活动,能够培养任劳任怨、无私奉献的高贵品质,不断增强社会责任感和历史使命感。

(二) 以志愿服务为载体,培育无私奉献精神

志愿服务是指志愿者服务社会公众生产生活和促进社会发展进步的行为。或者说,志愿服务泛指利用自己的时间、技能、资源、善心为邻居、社区、社会提供非营利、无偿、非职业化援助的行为。

志愿服务作为一种实践性很强的培育方式，使高校思想政治教育由理论走向实践、由校园走向社会、由说教走向体验，拓宽思想政治教育的内容、空间和形式，从而成为培育公益精神和实践育人功能的重要载体与平台。大学生志愿服务主要有以下三种形式。

1. 大学生"三下乡"

大学生"三下乡"是指"文化、科技、卫生"下乡，是各高校在暑期开展的意在提高大学生综合素质的社会实践活动。该活动始于1996年，目的在于让参与活动的成员以志愿者的身份深入农村，传播先进文化和科技，体验基层民众生活，调研基层社会现状，以期通过一系列实践活动，提高大学生的社会实践能力和思想认识，同时更多地为基层群众服务。

2. 大学生志愿服务西部计划

大学生志愿服务西部计划从2003年开始实施，按照公开招募、自愿报名、组织选拔、集中派遣的方式，每年招募一定数量的普通高等学校应届毕业生或在读研究生，到西部基层开展为期1～3年的教育、卫生、农技等志愿服务工作。西部计划按照服务内容分为基础教育、服务三农、医疗卫生、基层青年工作、基层社会管理、服务新疆、服务西藏7个专项。

西部计划实施以来，截至2021年，已累计选派41万余名大学生志愿者到中西部开展为期1～3年的志愿服务。

3. 大型赛会志愿服务

大型赛会志愿服务是指针对某一特定的活动或者赛事，志愿者在不求回报的情况下，自愿付出个人的时间及精力所做的服务工作。

随着经济社会的不断发展和改革开放的持续推进，近年我国各地承办的大型赛会日益增多，规格越来越高，志愿服务作为非政府系统的组织行为和服务行动，成为其重要组成部分。大学生的独特优势使其成为志愿者队伍的中坚力量，通过组委会的有序管理、系统组织、统筹协调，大学生志愿者在按标准完成志愿服务的同时，收获了社会参与和志愿服务过程中带来的尊重，实现了个人价值，提升了个人精神品质，这对培育和践行社会主义核心价值观与构建社会主义和谐社会都具有十分重要的意义。

议一议

1. 与劳动相关的中华民族优良传统有哪些？
2. 大学生应该如何培养勤俭节约的好习惯？
3. 敬业的基本要求有哪些？

做一做

活动 3-1：了解餐饮文化，认知餐巾折花
——在餐巾折叠过程中培养爱岗敬业的良好品质

一、劳动背景

餐巾折花是餐饮服务的一项基本技能，也是中国餐饮文化的重要组成部分。其主要工作内容是餐厅服务员将餐巾折成各式花样，插在酒杯或水杯内，或放置在盘碟上，供客人在进餐过程中使用。

无论是在装饰典雅的宴会厅还是在温馨自然的家庭餐桌上，折叠美观的餐巾折花不仅能通过无声的语言对宾主交流思想感情产生良好的效果，而且能起到美化环境、装饰席面和烘托气氛的重要作用。

餐巾折花看似简单，实则不易，它其实是一项技术性较强的工作，每一项流程、每一个环节都有自己特定的标准和要求。我们必须严格按照操作技法，对服务抱有热忱，对细节追求完美，才能很好地完成工作，这对我们形成爱岗敬业的良好品质有着潜移默化的作用。

二、劳动描述

以小组为单位，提前准备好餐巾折叠用品，按照确定好的主题，综合考虑宾客和季节特点，设计不同的餐巾折花造型，并按照折叠要求完成两种花型的折叠任务。在餐巾折叠过程中注意操作卫生，能够根据折叠对象的造型特点进行创新，凸显花型的美观。劳动中各行动阶段的任务描述如图 3-1 所示。

行动阶段 1：信息获取
1. 查阅相关资料，收集并整理相关知识；
2. 了解餐巾折花所需材料的规格与要求。

行动阶段 2：劳动准备
1. 制订餐巾折花的方案；
2. 准备好餐巾折花的场地和器具；
3. 购买餐巾折花所需的材料。

行动阶段 3：劳动实施
1. 寿桃的折叠流程；
2. 石榴花的折叠流程。

行动阶段 4：检查与评价
1. 开展评价；
2. 查找存在的问题及原因。

行动阶段 5：改善与总结
1. 编制一份详实可行的餐巾折花制作指导书；
2. 完成本次劳动的总结。

图 3-1　劳动任务描述

三、劳动目标

餐巾折花是一项费时费力的劳动,因而在餐巾折叠过程中要引导学生体会"细节决定成败、态度决定一切"的重要性,培养学生养成勤学苦练、爱岗敬业的好习惯,帮助学生提升其审美能力和创作、创新意识,使其自觉主动传承中华优秀传统文化。

四、劳动过程

以寿桃、石榴花两种花型的餐巾折花为例,包括信息收集、劳动准备、劳动实施、检查与评价以及改善与总结五个环节。

行动阶段 1:信息获取

1. 餐巾折花的相关知识

餐巾,又称口布、茶巾、席巾等。从颜色上划分,餐巾有白色和彩色两大类,彩色又分为暖色调和冷色调两种。从质地上划分,餐巾有纯棉制品、维萨制品、化纤制品和棉麻制品等。根据宴会主题和环境需要将餐巾折叠成不同花型,既可装饰美化环境,又能利用无声的语言给人以美好的祝愿和祝福,因此餐巾折花是餐饮行业从业人员的必备技能,同时也是博大精深的中国餐饮文化的重要组成部分。

2. 餐巾折花的所用材料

(1) 请你查阅相关资料,了解不同宾客在色彩和花型方面的特殊爱好和生活忌讳。

(2) 请你熟悉餐巾折花的方法、步骤及要求,并填写表3-1。

表 3-1 物料及价格清单

序号	物料名称	规格/参数	数量	作用
1				
2				
3				
4				
5				
6				
编制者			日期	

行动阶段 2:劳动准备

1. 请你根据"行动阶段 1"所收集整理的信息,并参照表 3-1 所列物料,制定餐巾折花的方案。

2. 准备好餐巾折花的折叠场地和器具。

场地:餐饮服务实训室、整洁干净的客厅均可;

器具:平整光滑干净的桌面或大餐盘、干净消过毒的杯子、筷子和餐碟等。

3. 购买餐巾折花所需的餐巾布。

行动阶段 3:劳动实施

下面为餐巾折花的基本技法和寿桃、石榴花两种花型的折叠方法和流程。

注意事项：讲究卫生，操作前要洗手消毒；在干净的托盘或餐盘中操作；操作时不允许用嘴咬；放花入杯时，要注意卫生，手指不允许接触杯口，杯身不允许留下指纹；一次成型，减少折痕，快速熟练；造型简单，美观大方，使用方便；注意整理与放置，保持花型。

1. 寿桃的折叠流程

(1) 将餐巾折叠成小正方形，如图3-2所示。

(2) 翻上两个巾角和巾心重叠，如图3-3所示。

图3-2 寿桃折叠步骤一

图3-3 寿桃折叠步骤二

(3) 反翻上两个巾角和巾心重叠，如图3-4所示。

(4) 打七折，如图3-5所示。

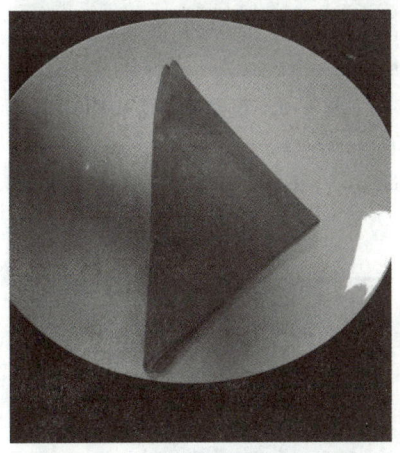
图3-4 寿桃折叠步骤三

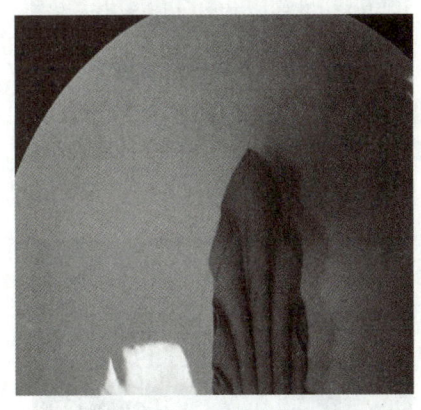
图3-5 寿桃折叠步骤四

(5) 拉开四个巾角呈叶子形状，如图3-6所示。

(6) 将巾心整理成寿桃造型，如图3-7所示。

(7) 插入杯中整理成寿桃造型，如图3-8所示。

图 3-6　寿桃折叠步骤五

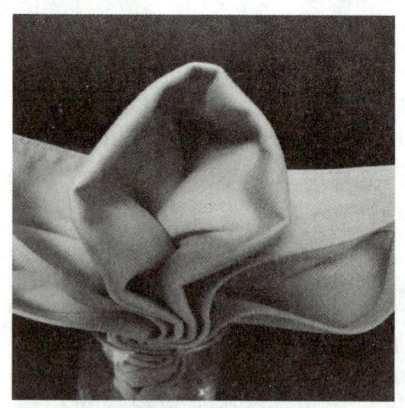

图 3-7　寿桃折叠步骤六

2. 石榴花的折叠流程

(1) 将餐巾一边折叠至对面巾边,两边距离 1 厘米,如图 3-9 所示。

图 3-8　寿桃折叠步骤七

图 3-9　石榴花折叠步骤一

(2) 将餐巾双层处折叠至餐巾的下巾边,两边距离 1 厘米,如图 3-10 所示。

(3) 打十折,如图 3-11 所示。

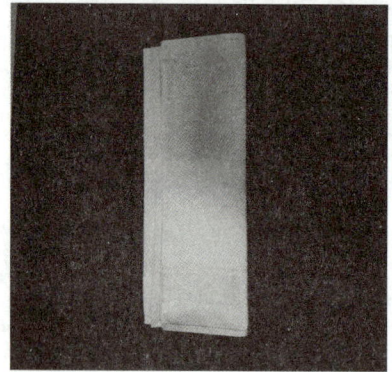

图 3-10　石榴花折叠步骤二

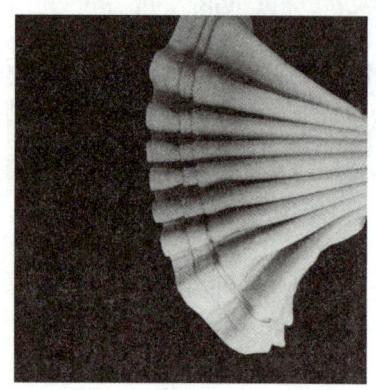

图 3-11　石榴花折叠步骤三

(4)穿筷子,如图 3-12 所示。
(5)插入杯中整理成石榴花造型,如图 3-13 所示。

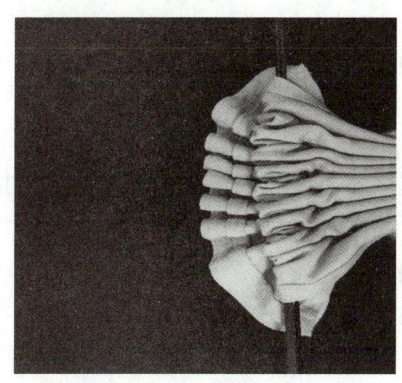

图 3-12　石榴花折叠步骤四

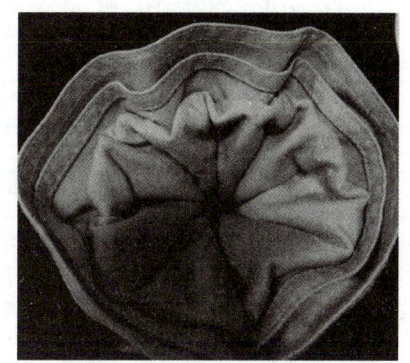

图 3-13　石榴花折叠步骤五

行动阶段 4:检查与评价

1. 对照餐巾折花的折叠工艺流程和品质要求,开展学生作品检查与评价,填写表 3-2。

表 3-2　餐巾折花基本技法训练评价表

被考核人					
组　　别					
考评地点					
考核内容	餐巾折花				
项目名称	考核内容	配分	自我评价	小组评价	教师评价
仪容仪表	表情自然、面带微笑、服装整洁、妆容合适,手部清洁,不留长指甲,不涂有色指甲油	5 分			
	操作过程中无不良举止,注意手法折叠卫生,不用口叼、下巴夹等	5 分			
折花作品（一）	作品名称:寿桃				
	折叠时一次成功	10 分			
	花型正反面准确	5 分			
	造型挺括、美观	10 分			
	插摆准确、合理	5 分			
	折花名称准确、适宜	5 分			
折花作品（二）	作品名称:石榴花				
	折叠时一次成功	10 分			
	花型正反面准确	5 分			
	造型挺括、美观	10 分			
	插摆准确、合理	5 分			
	折花名称准确、适宜	5 分			

(续表)

项目名称	考核内容	配分	自我评价	小组评价	教师评价
劳动感悟	知识、技能总结到位	5分			
	问题分析深刻,解决方案明晰	5分			
	劳动感悟深刻	10分			
合 计		100分			
综合评价得分					

注:① 综合评价得分＝自我评价(40%)＋小组评价(30%)＋教师评价(30%)。
② 考评满分100分,60～74分为及格,75～84分为良好,85分以上为优秀。

2. 查找存在的问题及原因。

行动阶段5:改善与总结

1. 根据教师评价的结果和反馈意见,结合个人实施方案,形成详实的餐巾折花折叠指导书,并将该指导书以图文的形式绘制在表3-3中。

表3-3 石榴花的餐巾折花制作指导书

2. 请你完成一份活动总结,以图文的形式呈现,重点谈一谈你在折叠餐巾折花过程中学到了哪些知识和技能。

练一练

查阅相关资料,自己动手折叠适用于婚庆喜宴的餐巾折花2种。

读一读

如何选择与运用餐巾折花

同学们,当你看到一块方巾转眼之间变成一朵玫瑰或者一只欲飞的小鸟时,是否顿刻之间便产生了极大兴趣呢?那就一起来认识餐巾折花吧,一起走进餐巾折花的世界,掌握餐巾折花的相关知识。

一、餐巾的起源

餐巾,又称口布、茶巾、席巾等。餐巾折花是宴会中必不可少的装饰。如今餐巾折花早已进入到寻常的百姓家庭生活中,无论是在星级酒店、餐饮酒楼还是在温馨的家庭里,均可看到精致、美观的餐巾折花,这也说明除了餐巾的清洁卫生作用外,餐巾折花独具魅力的装饰价值正在日益得到认可。

二、餐巾折花的分类

(一)按餐巾折花的不同装置物分

餐巾折花按不同的装置物划分可分为杯花、盘花和环花三大类。

1. 杯花。中餐常选用的花型。即将折好的各种餐巾折花插在酒杯或水杯内,最后造型在杯中完成,从杯子中取出即散开,常用于中餐宴会(图3-14)。

2. 盘花。造型完整,成型后可放于盘中或其他盛器内,不会自行散开,也可直接放在餐桌台布上,常常用于西餐台面的摆设(图3-15)。因其折叠容易、折用方便等特点,如今很多中餐的自助餐厅也经常折叠盘花来装饰美化餐台。

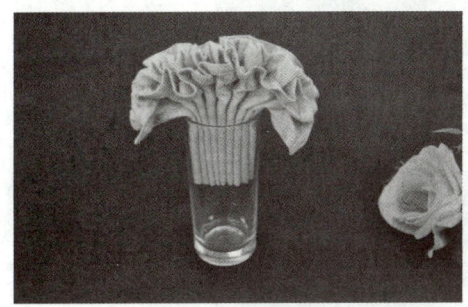

图3-14　杯花1

图3-15　盘花1

3. 环花。将餐巾平整卷好或折叠成造型,套在餐巾环内。餐巾环也称为餐巾扣,有瓷制、银制、象牙、塑料、骨制的等,也可用色彩鲜艳的丝带或丝穗代替,将餐巾卷成造型,中间系成蝴蝶结状,然后配以鲜花(图3-16)。餐巾环花通常放置在装饰盘或餐盘上,特点是简洁、卫生和雅致。

图3-16　环花

（二）按餐巾折花的造型分

餐巾折花按不同的造型可分为植物类、动物类和实物类三种。

1. 植物类。基本上可分为花草类和蔬菜类。花草类有梅花、荷花、水仙、鸡冠花、桃花等；蔬菜类有春笋、姜芽、玉米等。

2. 动物类。常见的有孔雀、鸽子、大鹏、仙鹤等飞禽造型，长颈鹿、大象等走兽造型（图 3-17），还有蝴蝶、蜻蜓等昆虫造型及金鱼、对虾等（图 3-18）。动物的造型有的取其整体，有的取其特征，形态生动，活泼可爱。

图 3-17　杯花 2

图 3-18　盘花 2

3. 实物类。又称静物类，此类花型是模仿实物的形态折叠而成的花型，常见的有花篮、折扇、僧帽、帆船等（图 3-19）。

三、餐巾折花的选择与运用

餐巾花的选择一般需要考虑宴会的性质、宴会的规模、冷盘的名称、举办的季节、来宾的宗教信仰和风俗习惯、宾主座位的安排、台面的摆设需要等因素，选用与之相协调适应的花型，以取得最佳效果。

图 3-19　一帆风顺

（一）根据宴会性质选择花型

根据不同性质的酒席和宴会，选择与之相适应的花型，可以起到锦上添花的作用。如婚宴上可选用鸳鸯戏水、呢喃细语、双鸟归巢、心心相印等花型，不但能体现宴会主题，烘托宴会气氛，同时也表达了酒店对客人的祝福之意。

（二）根据宴会规模选择花型

在承办大型宴会时，每桌可选用一种花型，使整个台面的布置显得既整齐划一，又美观大方。如果是单桌或两三桌的小型宴会，则在同一桌上选用不同的花型，或用两三种花型相互搭配，形成既多样又协调的布局，这样可以使宴会丰富多彩，不显得单调。

（三）根据花色冷盘选择花型

中式宴席常常是冷盘先上桌，客人再入席。因此，选择花型时可适当考虑菜单内容。如冷拼是蝴蝶，可以选用各种花卉花型的餐巾折花，形成"花丛彩蝶"的台面；如冷拼是凤凰，则可选择各种鸟类花型，配在一起即成"百鸟朝凤"的台面等。

（四）根据季节选择花型

台面的花型可反映出季节的特色。如春天采用迎春花、玫瑰花等多种花卉点缀餐台，形成满园春色的气氛；夏天选用荷花、玉米等花型；秋天选用菊花、秋叶等花型；冬天选用梅花、冬笋、天竹等花型，使台面富有时令感。

（五）根据客人身份、宗教信仰、风俗习惯和爱好选择花型

摆台时，应根据不同国家和地区客人的不同宗教信仰、习惯、爱好等有针对地选择花型。如日本客人喜爱樱花、菊花而忌讳荷花；信仰佛教的客人宜选用植物和实物的造型；信仰伊斯兰教的客人忌讳选用猪等动物类造型；美国人喜爱山茶花，法国人喜爱百合花，英国人喜爱蔷薇花等。服务人员和管理人员要对不同地区、不同民族的客人的宗教信仰、风俗习惯和爱好等有所了解，保证在选择餐巾折花和提供用餐服务时不触犯客人的生活忌讳，并尽量保证满足客人的特殊爱好。

（资料来源：孔英丽，《餐饮服务技能（第一版）》，科学出版社，2021年）

任务 3.2 践行时代精神

> **案例导入**
>
> **艾爱国：做事情做到极致，做工人就要做到最好**
>
> 新时期该如何当好工人，争做工匠？
>
> 在"七一勋章"获得者、大国工匠、湖南钢铁集团湘潭钢铁有限公司焊接顾问艾爱国看来，当好工人、争做工匠，就要执着专注，始终如一；当好工人、争做工匠，就要勤于钻研，掌握技术；当好工人、争做工匠，就要勇于拼搏，舍得吃苦；当好工人、争做工匠，就要乐于奉献，德技双馨。
>
> "职业生涯中，曾经遇到了很多'拦路虎'。"艾爱国介绍，20 世纪 80 年代，国家组织全国钢厂开展"贯流式"新型高炉紫铜风口攻关。他和同事们尝试了多种方案都未成功，但他们没有气馁，连续奋战三个月，终于啃下了这块"硬骨头"。
>
> 这些年，艾爱国和团队为国内企业攻克了 400 多项焊接技术难题，改进焊接工艺 100 多项，获得过国家科技进步二等奖等多项荣誉。
>
> 谈及荣誉，艾爱国表示，之所以能在焊工岗位上有所作为，一方面是始终不改"做事情做到极致，做工人就要做到最好"的初心与信念，更重要的是时代给了自己展示技艺的舞台。
>
> "我将在自己热爱的焊工岗位，为党和国家发挥余热，再立新功。也将以大国工匠的责任与担当，做好工匠精神传承和技能帮带工作，和所有大国工匠一道，以实际行动引领广大职工特别是青年职工走技能成才、技能报国之路。"艾爱国说。
>
> （案例来源：刘玉先、潘锦、李丹、徐士洁，红网 2022 年 9 月 2 日，有删改）

想一想

新时期应当如何当好工人，争做工匠？

劳模精神、劳动精神、工匠精神是以爱国主义为核心的民族精神和以改革创新为核心的时代精神的生动体现。大学生作为时代新人，应该主动承担起实现国家繁荣、民族复兴、社会发展、人民幸福的重大历史责任，必须深刻理解并践行劳模精神、劳动精神、工匠精神。

一、劳模精神

劳模指的是劳动模范，是我国工人阶级和人民群众的优秀代表，是国家的精英、社会的脊梁、群体的楷模。劳模精神是劳模在平凡岗位上做出不平凡业绩所坚守的基本信念、价值追求、人生境界及其展现出的整体精神风貌。尽管不同时期的劳模精神具有不同的内容和特点，但劳模引领社会大众投身社会主义事业建设的导向作用始终不变。劳模精神始终是推动社会前行的精神力量。

（一）什么是劳模精神

劳模精神是指爱岗敬业、争创一流、艰苦奋斗、勇于创新、淡泊名利、甘于奉献的劳动模范的精神。劳模精神是民族精神的重要组成部分，是中国人民宝贵的精神财富，全体公民要在全社会大力弘扬伟大的劳模精神。

（二）劳模精神的内涵

1. 爱岗敬业

爱岗敬业是指从业人员在特定的社会形态中，尽职尽责、一丝不苟地履行自己所从事的社会事务，以及在职业生活中表现出来的兢兢业业、埋头苦干、任劳任怨的强烈事业心和忘我精神。爱岗敬业是对各行各业工作人员的基本要求，是为人民服务和集体主义精神的具体体现，是职业道德基本规范的核心和基础。

2. 争创一流

争创一流是一种积极进取的精神，它形成并发展于中国共产党革命时期，广大共产党员以一往无前的革命进取精神创造并巩固了红色政权，带领中华民族实现了民族独立与解放，建成了社会主义国家，创造了人类历史上的伟大创举，催生了争创一流的革命精神。

3. 艰苦奋斗

艰苦奋斗精神是中华民族的优良传统，它是一种不怕艰难困苦、奋发图强，为了国家和人民的利益甘于奉献自我的顽强精神。艰苦奋斗是当代中国劳模精神的本色，是一种实践精神，集中体现了马克思主义的实践品格和价值取向。

1950年春，王进喜成为新中国第一代钻井工人。1960年2月，东北松辽石油大会战打响。素有"玉门闯将"之称的王进喜，带领1205钻井队到达萨尔图车站，下车后，他一不问吃，二不问住，先问钻机到了没有，井位在哪里。面对极端恶劣的环境，他带领全队工人缔造了5天零4小时打一口深井的神话。一天，突然出现井喷，当时没有压井用的重晶粉，王进喜当即决定用水泥代替。成袋的水泥倒入泥浆池搅拌不开，王进喜就甩掉拐杖，大喊一声"跳"，便跃进齐腰深的泥浆池中，戴祝文、丁国堂等七八个人也跟着跳了进去。几人奋战了3个多小时，终于制服了井喷，王进喜累得起不来了。房东赵大娘心疼地说："王队长，你可真是铁人啊！""铁人"的名字就是这样传开的。"铁人"王进喜为发展祖国的石油事业日夜操劳，终致身心交瘁，英年早逝，年仅47岁。王进喜不仅是工人阶级的先锋战士、共产党人的楷模，更是一个顶天立地、光前裕后的民族英雄。

4. 勇于创新

创新决定未来。纵观人类发展历史，创新始终是推动一个国家、一个民族向前发展的重要力量，是一个国家繁荣昌盛的不竭动力。回顾中国五千年发展历史，创新是中华民族最为深沉的民族禀赋，深刻影响了中国发展的脚步。曾经，中国古代创造了以四大发明为主要代表的科技成果,造福了人民,也造福了世界。但近代的中国,由于种种原因屡次与世界科技革命失之交臂,付出了极为惨重的历史代价。现在,我们迎来了世界新一轮科技革命,中国要强盛、要复兴,就一定要大力发展科学技术,努力成为世界主要科学中心和创新高地。

5. 淡泊名利

淡泊名利是中国自古以来文人志士的精神境界的集中体现,也是为人处世的一种健康的心态。古人云:"君子不患位之不尊,而患德之不崇;不耻禄之不移,而耻智之不博。"意思是说,一个品德高尚的人对道德和知识的崇尚应当超过对名利的追逐。像钱学森、钱伟长、钱三强、邓稼先等一大批默默无闻的科学家,他们从不计较个人得失,而是潜心科研、忠诚报国,用实际行动诠释了什么是正确的名利观。

2015年,中国科学家屠呦呦获得了诺贝尔生理学或医学奖,在荣耀时刻的背后是她毕生辛勤的工作和默默无闻的坚守。瞄准一个目标、淡泊名利、不骄不躁,在她身上得到了集中体现。获得诺贝尔奖后,屠呦呦火了,记者也纷纷慕名而来,不过,屠呦呦拒绝了绝大多数的采访,她更愿意在实验室里工作。她不仅是科研工作者的榜样,更是当代中国青年人的榜样。

6. 甘于奉献

甘于奉献是当代中国劳模精神的底色,是集体主义原则和社会主义道德的体现。奉献是一种不求回报的给予、一种高尚的情操,也是一种无私的精神。

甘于奉献体现在共产党员的一言一行中。谷文昌1950年随解放军南下至福建省东山岛,任东山县县长、县委书记。东山岛东南部原有3.5万多亩荒沙滩,狂风起时飞沙侵袭村庄,吞噬田园。谷文昌立下誓言:"如不治服风沙,就让风沙把我埋掉。"他带领干部群众筑堤拦沙、挑土压沙、植草固沙、种树防沙,在194千米的海岸线筑起了"绿色长城",实现粮食亩产过千斤,群众称他为"谷满仓"。无论任何岗位、任何境遇,谷文昌都牢记自己是党的人,时刻不忘对党应尽的义务和责任,始终为群众谋利造福。就像木麻黄深深扎根于大地,心中有党,忠于使命,甘于奉献,正是谷文昌做事的底气、不变的信仰。

(三)培育劳模精神的途径

劳模精神是激励当代社会主义劳动者干事创业的精神之"钙"。崇尚劳动、尊重劳模,让劳模精神在全社会蔚然成风,让各行各业的劳动者都学劳模、颂劳模、做劳模,不仅是弘扬劳动精神的需要,也是弘扬社会主义核心价值观的需要。职业教育肩负着为国家培养高素质技术技能人才的重任,更要将培育劳模精神贯穿人才培养始终,引导大学生将劳模精神内化于心,外化于行。

1. 学习劳模事迹

涵养劳模精神首先要走近劳模、认识劳模,学习劳模先进事迹。让学生与劳动模范"零距离"接触,感受劳模精神,引导青少年崇敬劳模、学习劳模、崇尚劳动、热爱劳动。劳动模范的先进事迹充分说明了事业是实干出来的,任何心存坐享其成、好逸恶劳思想和做法的人都不可能干出一番事业。随着社会思潮的多元化和科学技术的进步,有较强的社会影响力、有创新意识、行业顶尖的人才更应成为学生学习的榜样,了解劳模、学习劳模的精神很有必要。

2. 弘扬劳模精神

劳模精神是充满干劲、闯劲、韧劲、钻劲的精神,是当下中国社会宝贵的精神财富。我们要大力弘扬劳模精神,在全社会形成尊重劳模、学习劳模的良好风尚。因此,学校、社会和家庭必须形成合力,通过新闻媒体、学校教育和家教家风建设,引导青年自觉走近劳模生活、学习劳模事迹,立足于平凡的岗位,把手头的事做好、做细、做到极致,以切实行为践行和弘扬劳模精神。

3. 争做劳动模范

天下难事必作于易,天下大事必作于细。大学生在日常学习、生活和实践中,要以劳模对标自身,涵养劳模精神,争做劳动模范。

爱岗敬业,争创一流。青年大学生要树立正确的就业观和择业观,将国家、集体和人民的利益放在首位,利用自己的专业所长和聪明才智,力所能及地为社会、为他人多做贡献。

二、劳动精神

(一) 什么是劳动精神

劳动精神指的是广大劳动人民在劳动过程中秉持的劳动观念、价值理念以及展现出来的劳动态度和精神风貌。劳动精神是民族精神和时代精神的生动体现,是国家繁荣、民族强盛、人民幸福的强大精神动力,具有深厚的历史积淀和丰富的思想内涵。

(二) 劳动精神的内涵

崇尚劳动、热爱劳动、辛勤劳动、诚实劳动的劳动精神,是从千千万万劳动群众身上提炼和升华出来的精神气质,是劳动者劳动意识、劳动理念、劳动态度、劳动习惯的集中体现。

1. 崇尚劳动

崇尚劳动是对劳动的价值认同。劳动创造了人类生存所必需的全部物质条件和精神条件,是人类存在和社会发展的前提。人们从劳动过程中获得快乐,凭借劳动果实赢得尊重。人类之所以发展、社会之所以进步,就是因为对劳动精神的科学认知和矢志传承。

中国人民自古以来就崇尚劳动,从采集、渔猎到农耕种植,华夏先民在漫长的农耕时代所开展的农业劳动,无不体现着人们对劳动美、奋斗美的追求。随着社会的发展和进步,传统的农耕方式已经淡出了人们的视野。但是,无论是在传统的农耕年代,还是在机械化大生产时期,劳动的崇高地位始终没有改变。

2. 热爱劳动

热爱劳动是对劳动的情感认同。情感是态度的核心成分。热爱劳动是在崇尚劳动的基础上,对劳动行为的一种内在选择和情感表达,比崇尚劳动又上升了一个新的层次,即对劳动的态度由自在阶段达到自为阶段,表现为对劳动发自内心的热爱和行为上的习惯。

现如今有些年轻大学生不认同劳动的价值,认为劳动是被动的,只是人们满足生活需要的一种手段,认为随着科学技术的进步和人工智能的发展,人类最终不需要劳动就可以实现发展进步,这种观点是极端错误的。热爱劳动是一种美德,劳动创造了人,促进了人类的道德认识、道德感情、道德信念和道德意志的形成与发展,并指导人类的道德行为和实践。

热爱劳动,一方面要从小事情做起。俄国教育家乌申斯基说过:"教育不但应当培养学生对劳动的尊敬和热爱,它还必须培养学生劳动的习惯。"家庭教育是子女教育的重要部分,而家务劳动是最好的教育时机。家务劳动是子女未来独立生活的前提。因此,大学生应该通过家务劳动,逐渐培养关爱家人的能力和创造幸福生活的能力。

热爱劳动,另一方面体现在热爱自己的本职工作。在现代社会,职业不仅是养家糊口的手段,更是实现个人人生价值和社会价值的重要途径,是联系个人与社会的桥梁。只有热爱自己所从事的职业,你才能全身心地投入到工作当中去,才能干出一番事业。否则只能是碌碌无为,平庸一生。

3. 辛勤劳动

辛勤劳动是对劳动的实践认同。劳动在本质上是实践的,包括人改造自然的生产实践、变革社会关系的社会实践和探索世界规律的科学实验活动,这些实践必须通过辛勤劳动去实现,需要劳动者勤奋敬业、埋头苦干、勤勤恳恳地为他人和社会提供产品和服务。

无论时代如何发展,广大劳动者只要踏实劳动、勤勉劳动,就能够创造出幸福美好的生活,做出不平凡的业绩。千千万万奋斗在各行各业的劳动者辛勤耕耘、拼搏奉献,在实现中华民族伟大复兴中国梦的征程上创造了一个又一个令世界瞩目的"中国奇迹"。

青年大学生必须秉持辛勤劳动的态度,在干事创业中焕发青春光彩。大学生要始终坚持向劳动人民学习的观点,与人民群众打成一片,不断增强劳动意识,积累职业技能,增加劳动经验,坚持发展从劳动中来,成果从劳动中取,在劳动中健全自己的人格、砥砺自己的品格。

4. 诚实劳动

诚实劳动是对劳动的道德认同。这是劳动者在客观世界劳动过程中的一种境界,既是对待劳动的道德准则,也是行为规范,在劳动过程中恪尽职守、遵规守纪,内诚于心、外信于人,言行一致、诚实守信,达到内在道德修养与外在行为准则的统一。

诚实劳动是社会和谐的基础,在社会发展和经济建设中,劳动者应认真履行诚实劳动的道德理念,把对社会的义务和责任诚实无私地落实到劳动中去,这是实现社会和谐稳定的重要基础。诚实劳动作为劳动道德的基本要求,对人们的行为具有规范和调节作用,它要求社会各阶层的劳动者以诚信为基础,合理有序地展开竞争。

（三）培育劳动精神的途径

劳动精神是对马克思主义劳动观和中国化马克思主义劳动观的继承和创新，用劳动精神培育新时代青年不仅是青年人才综合素质培养的内在要求，更是民族复兴的时代要求。

1. 端正劳动态度

端正劳动态度首先从转变劳动观念做起。心理学家马斯洛曾经说过："人类最美丽的命运、最美妙的运气，就是从事自己喜爱的事情并获得报酬。"因此，社会上很多人认为自己工作热情不高，劳动态度消极是因为自己运气不佳，不能从事自己心爱的工作，但是又无法做出改变。尤其是在当今青年群体中，这种心态尤为常见，究其原因是没有转变自身的劳动观念。

2. 锤炼劳动意志

当代的大学生成长在改革开放以来我国经济迅速发展的时期，且多为独生子女，过着衣来伸手、饭来张口的生活，劳动意识和动手能力较差。劳动教育缺失已成为普遍现象。大学生要认识到劳动是人们生活的需要，参加劳动，既能增强自身的独立生活能力，也有利于自身全面发展。要从力所能及的家务劳动开始，积极参加公益活动、军训活动、社会实践等，以磨练自己的意志，锻炼自身的独立能力，强化自强、自信、自立的意识。

3. 投身劳动实践

积极开展日常劳动实践，利用强化日常生活及学习管理等手段，从小事做起，从基础劳动做起，形成"劳动最光荣"的观念。

当代中国青年是与新时代同向同行、共同前进的一代，生逢盛世，肩负重任。新时代为每个人提供了无比广阔的人生舞台，呼唤人们增强劳动意识，激发劳动情感，锤炼劳动意志，培养劳动能力，发扬优良传统，承担历史使命。

三、工匠精神

我国自古以来就有尊崇工匠精神的优良传统，此传统千百年来深刻影响了我国社会的各个领域。工匠们在实践的过程中对技术和产品不断进行创新，中国的陶瓷、丝绸、青铜器、漆器等无不凝结着工匠们一丝不苟、精益求精的精神与品质。新时代培育和弘扬工匠精神，对中国从"制造大国"迈向"制造强国"，实现中国从富起来到强起来具有重要意义。

（一）什么是工匠精神

工匠精神是劳动精神在新时代的高度升华，也是劳动精神的重要组成部分，它是一种职业精神，是职业道德、职业能力、职业品质的体现，是从业者的一种职业价值取向和行为表现。工匠精神可以概括为"执着专注，精益求精，一丝不苟，追求卓越"。大力弘扬工匠精神，对建设一支重知识、善技能、创新型的产业大军具有重大意义。

工匠精神包括高超的技艺和精湛的技能，严谨细致、专注负责的工作态度，精雕细琢、精益求精的工作理念,以及对职业的认同感、责任感。但是,这只是对工匠精神一般意义上的理解,还缺乏对新时代中国工匠精神特殊性的研究。实际上,新时代的中国工匠精神,除了具有一般意义上工匠精神的内涵,还具有自身的特殊性:它既是对中国传统工匠精神的继承和发扬,又是对外国工匠精神的学习和借鉴;既是为适应我国社会主义现代化强国建设需要而产生的,又是劳动精神在新时代的一种新的表现形式,它与劳模精神、劳动精神构成一个完整的体系,成为激励广大人民实现中华民族伟大复兴中国梦的强大精神力量。

(二) 工匠精神的内涵

1. 执着专注

执着是工匠们独特的精神状态与品质,是指长久地,甚至用一生来从事自己所认定的事业,无怨无悔,永不言弃;专注,就是把精力全部凝聚到自己认定的目标上,一心一意走好自己的路,不达目的誓不罢休。这种品质既体现为一种锲而不舍的精神追求,又体现为一种淡泊宁静的心境,并外化为他们的行为方式和性格特征,能够最大限度地使人专注于眼前的工作,激发人的潜能。

执着专注是大国工匠们的突出品质。"如切如磋,如琢如磨",践行工匠精神就必须秉持持续专注的态度,不断学习实践,不断创新创造。

2. 精益求精

精益求精是指追求好上加好永无止境,是工匠精神的核心内涵。19 世纪德国天才卡尔·威特说,做事情力图做到精益求精就是一种美德,对精益求精的追逐是永无止境的,其中沉淀着时光与耐力。优秀的工人都具有精品意识,坚持把一件事情做到极致。他们在打造自己的作品时,有一种完美主义的"偏执",为此不惜花费无限的时间和精力。

龙小平,二重(德阳)重型装备有限公司铸锻公司机加厂高级技师,人称"龙一刀",其刀工堪称一绝。龙小平对刀具的使用极其敏感,在车削直径很小的双头梯形内螺纹时,即使闭上眼睛,仅凭声音他就能准确判断出刀具的走动位置。手有"金刚钻",敢揽瓷器活。为国产大飞机 C919 提供装备部件的 8 万吨模锻压机,其横梁与底座之间拉杆长度为 22 米,长度直径比达 1∶40。有句话叫"车工怕车杆,刨工怕刨板"。要车好这长达 22 米的细长杆,其难度可想而知。龙小平恪守视产品为亲人的职业操守,在创新的时代主旋律中,以产品"零缺陷"的优质率诠释着工匠精神,默默践行着"从制造大国向质量强国转变"的伟大中国梦。

3. 一丝不苟

一丝不苟是指办事认真,连最细微的地方也不马虎的态度。优秀的工人每一次打造产品都会认真对待,决不会因为"手熟"就粗心大意,愈认真愈熟练,愈熟练也愈认真。

管延安是中交一航局第二工程有限公司总技师。在"超级工程"港珠澳大桥建设中,管延安针对世界上最大的外海抛石整平船"津平 1 号"90 米桩腿维修保养难题,提出了自主研发润滑油加油装置的思路,成功研制出"桩腿齿轮喷淋加油润滑装置"。该成果涵盖多项改进技术,制造成本不足 3 万元,比引进德国设备节省资金 240 余万元。他对自己的要求近乎苛刻,安装前反复练习,安装中高度专注,安装后再三检查,做到手中拧过的60万颗螺丝零失误,以高精度、零误差、零缝隙的质量标准确保了世界首条外海沉管隧道的成功建设,被业界及媒体誉为"中国深海钳工第一人",并成为中央电视台首批宣传的八名"大国工匠"之一。

4. 追求卓越

追求卓越就是要积极进取、超越自我、千锤百炼、追求极致,不断提高自己的职业素养。追求卓越是工匠的职业价值信仰。工匠们一生追求卓越,是为了在行业保持顶尖水平。无论是在传统农耕社会,还是现代工业化时代,扎实的专业知识、精湛的专业技艺都是工匠安身立命之根本,不断超越自我、勇攀行业顶峰是匠人的毕生追求。

郑朝阳,中国航天科工六院三五九厂钳工。航天六院作为军品加工单位,对关键零件的工艺要求误差不能高于0.02毫米。当精度超标时,就要反复测量、调试,直至符合标准为止。从23岁进入航天六院以来,郑朝阳用30多年打磨自己的"毫厘之功","做到99分还不够,要做到101分",由他经手的每个零件都能达到"零误差"。"我现在已经干了30多年了,一直还在生产一线上,把小事干好了就是干大事,把平凡的事干好了,你的一生也就不平凡了。"这些年来,郑朝阳坚守航天一线,不断创新方法,改造工艺装备,改进的100多项革新技术极大地提高了生产效率,他把工匠精神镌刻在了每一件产品当中。

(三) 培育工匠精神的途径

新时代应大力培育和弘扬工匠精神,汲取尊重工匠、崇尚劳动的精神营养,在全社会大力倡导珍视工匠、尊重劳动的价值观念,提高工匠的社会地位。

1. 树立严谨的匠心

当今社会工作生活节奏加快,消费主义、快时尚等大行其道,再加上技术更新迭代快,导致人们过于追求速度和效率,产生了敷衍了事、急功近利、焦虑不安、浮躁气盛等不良心态,缺少了追求极致和臻于完美的执着和专注,严重影响了工匠精神的培养。因此,培育和弘扬新时代工匠精神,要汲取精益求精的匠心精神,大力倡导"慢工出细活""十年磨一剑"的工作态度和职业品格,沉得下心、耐得住性子,不为功名所累、不为困难所惧,做到精雕细琢、追求完美,实现产品从量到质的提升。

守正创新。守正,是指完整地继承人类所创造和积累的文明成果,准确地理解历代大师的精辟见解和笃实结论,向先贤前辈和身边的能人精英学习。创新,就是敢于挑战权威,善于探索新知,正确看待失败,不断超越自我。

戒骄戒躁。守得住平常心,耐得住寂寞,不骄不躁,坚韧不拔,锲而不舍,是成就匠心的必备条件。若能一生怀揣匠心,不断克服粗心、躁心、灰心,少些浮躁、多些纯粹;少些投机取巧,多些脚踏实地;少些急功近利,多些高瞻远瞩,就一定可以形成完美的匠心理念。

专业专注。一个人只有将全副身心倾注在自己热爱的事业上,才能有所收获。我们在学习的过程中要善于找到自己擅长的领域,然后专注于此,才能达到自己想要的结果。尤其是在社会分工日益细化的今天,专业领域越来越精细化、专门化,人的精力是有限的,如果分散在各个领域,是很难取得成功的。

2. 培育高尚的匠德

匠德是将匠心精神内化于心、外化于行的一种稳定的职业品德。匠德也是劳动者个人道德品质结构中的一部分。匠德是匠心和匠技的有机统一,在不同行业,匠德也有不同的表现。例如,医生的"医德"在于医术高超、治病救人;教师的"师德"在于诲人不倦,率先垂范;技术工人的"匠德"在于技术精湛、精益求精……因此,在追求梦想、打造匠心的道路上,要以德立身,严格遵守社会道德规范和行为准则,不断培养与之相适应的优良道德观念、情操和品质。

与人为善,营造良好的匠德氛围。所谓匠者,首先应该是一个善者。所谓善者,一定是心地善良、品质醇厚、常存善念、多行善事的人,无论是在工作上,还是在生活中,我们都要常怀善心,宽以待人,多做成人之美的事。

严于律己,磨炼自身匠德情操。时刻严格约束自己,是一种高尚素养与修为。"吾日三省吾身""君子求诸己,小人求诸人""律己则寡过,绳人则寡合"……古往今来,严于律己、以高标准要求自我,是无数仁人志士的追求。作为社会中个体的人,我们必须做到明大德、守公德、严私德,将修德作为一种习惯,化成一种境界。

3. 磨炼高超的匠技

就工匠个体而言,其往往具有专注、坚守、耐心、创新以及不断突破自我的精神特质。培养大国工匠,职业教育责无旁贷。作为职教大学生,我们更要以匠人的情怀、执着、坚守和责任,立足自身专业,潜心钻研专业技能,磨炼高超匠技,培养工匠精神。

首先,要培育职业素养。坚持以文化人、以文育人。在继承和弘扬中华优秀传统文化的过程中,传承鲁班、蔡伦等中华能工巧匠"术到极致、几近于道"的匠人精神和哲学态度。大学生要自觉深入学习劳动教育课程,弘扬劳动光荣、技能宝贵、创造伟大的时代风尚,做到立足岗位、执着专注、精益求精,开展创新性劳动。

其次,要锤炼过硬技能。技术技能是大国工匠的立足之本,离开技能,工匠精神就是无源之水、无本之木。大学生要积极参加各级各类职业技能大赛,坚定走技能成才之路的决心和信心。

最后,要完善产品追溯和质量监督的工匠制度。针对粗制滥造、假冒伪劣产品时常出现的问题,要建立健全严控质量的工匠制度体系,不断改进质量监督管理制度,完善对产品质量、性能、安全等方面的硬性规范,形成一种督促生产高质量产品的促进机制。

议一议

1. 劳模精神的内涵是什么?
2. 培育劳动精神的途径有哪些?
3. 立足自身所学专业,谈谈如何践行工匠精神?

 做一做

活动 3-2：做闪光的金子，品奋斗的甘甜
——在锉削中体悟工匠精神的内涵

一、劳动背景

在智能制造的时代背景影响下，智能制造和机器人取代了很多工种和工作，但是钳工作为机械制造中不可或缺的一种技术工种，仍然占据重要的地位且发挥着巨大的作用，大部分产品和设备在装配、维修以及检验的过程中均需要使用钳工工序完成。即使智能技术不断发展，钳工依旧是不可轻视的一种工种，尤其是钳工体现的吃苦耐劳的优良品质，一丝不苟、精益求精的工匠精神，强烈的质量意识和高超的工艺能力依然为这个时代所推崇。

二、劳动描述

锉削是钳工的一项基本技能。给定一块长方体毛坯，请你按照给定的工艺和精度要求锉削平面，劳动中各行动阶段的任务描述如图 3-20 所示。

```
行动阶段1：信息获取
  1. 收集并整理钳工相关知识；
  2. 了解锉削所需物料的种类和价格；
  3. 收集锉削应用领域及发展中存在的问题。

行动阶段2：方案制订
  1. 分析工件图；
  2. 准备相关设备、工量具和材料；
  3. 制订锉削工艺流程。

行动阶段3：方案实施
  1. 检查劳保用品；
  2. 对来料全面检查，了解加工余量；
  3. 根据工艺要求进行锉削加工。

行动阶段4：检查与评价
  1. 根据评分标准进行评价；
  2. 进行现场6S管理检查；
  3. 收集各组问题并进行分析改进。

行动阶段5：改善与总结
  1. 制订一份详实可行的锉削工艺流程图；
  2. 完成本次锉削的劳动总结。
```

图 3-20　劳动任务描述

三、劳动目标

以锉削磨练学生的意志，培养学生吃苦耐劳的优良品质，一丝不苟、精益求精的工

作态度,强烈的质量意识和高超的工艺能力,发扬工匠精神。

四、劳动过程

行动阶段1:信息获取

1. 钳工知识整理

钳工是以手工操作为主的切削加工的方法,具有劳动强度大、工作环境差、效率进度低缓等特点,但同时又因为它有加工灵活、精度高、投资小三项优点,是机械制造中不可或缺的一种技术工种。通过开展锉削,学生可以在一丝不苟、精益求精的劳动中逐步培养工匠精神。

(1)请你查阅相关资料,整理钳工的相关知识,并将其安全规程整理在表3-4中。

表3-4 钳工安全操作规程

(2)请你和你的小组成员一起,熟悉锉刀的种类、安装及操作方法、正确使用及保养方法,锉削的步骤、方法及检查,并将内容整理在表3-5中。

表3-5 锉削的基本知识和方法

项目	要点	具体内容
锉刀	种类	
	安装	
	操作方法	
	正确使用方法	
	保养方法	
锉削	步骤	
	方法	
	检查	

2. 钳工应用的主要领域及发展面临的主要问题

根据资料收集、小组讨论、与指导老师或者劳模访谈等方式,收集和整理钳工应用的主要领域及发展面临的主要问题。

(1) 钳工应用的主要领域:_____
_____。

(2) 钳工发展面临的主要问题:_____
_____。

行动阶段 2:方案制订

1. 分析工件图。

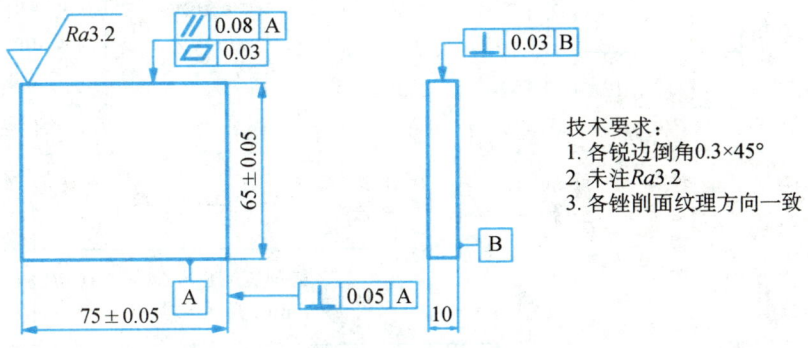

图 3-21　锉削长方体工件图

2. 请你根据"行动阶段 1"所收集整理的信息,并结合工件图确定本次劳动需要的设备、工量具和材料,填写表 3-6。

表 3-6　设备、工量具及材料单

类型	种类	作用
设备	台虎钳	
	钳台	
工量具	游标卡尺	
	千分尺	
	钢板尺	
	锉刀	
	90°角尺	
	砂纸	
	高度尺	
材料	毛坯料	

3. 根据教师指导,确定加工步骤,制作工艺卡(表3-7)。

表3-7 钳工锉配件工艺卡

加工单位	钳工锉配件	产品型号		零件号		零件名称		件数	第1页
	实训产品					锉削长方体		01	共1页
零件加工路线								零件规格	
车间	工序							材料	
库房	下料							重量	
								毛坯料尺寸	
								80 mm×70 mm ×10 mm	
								零件技术要求	

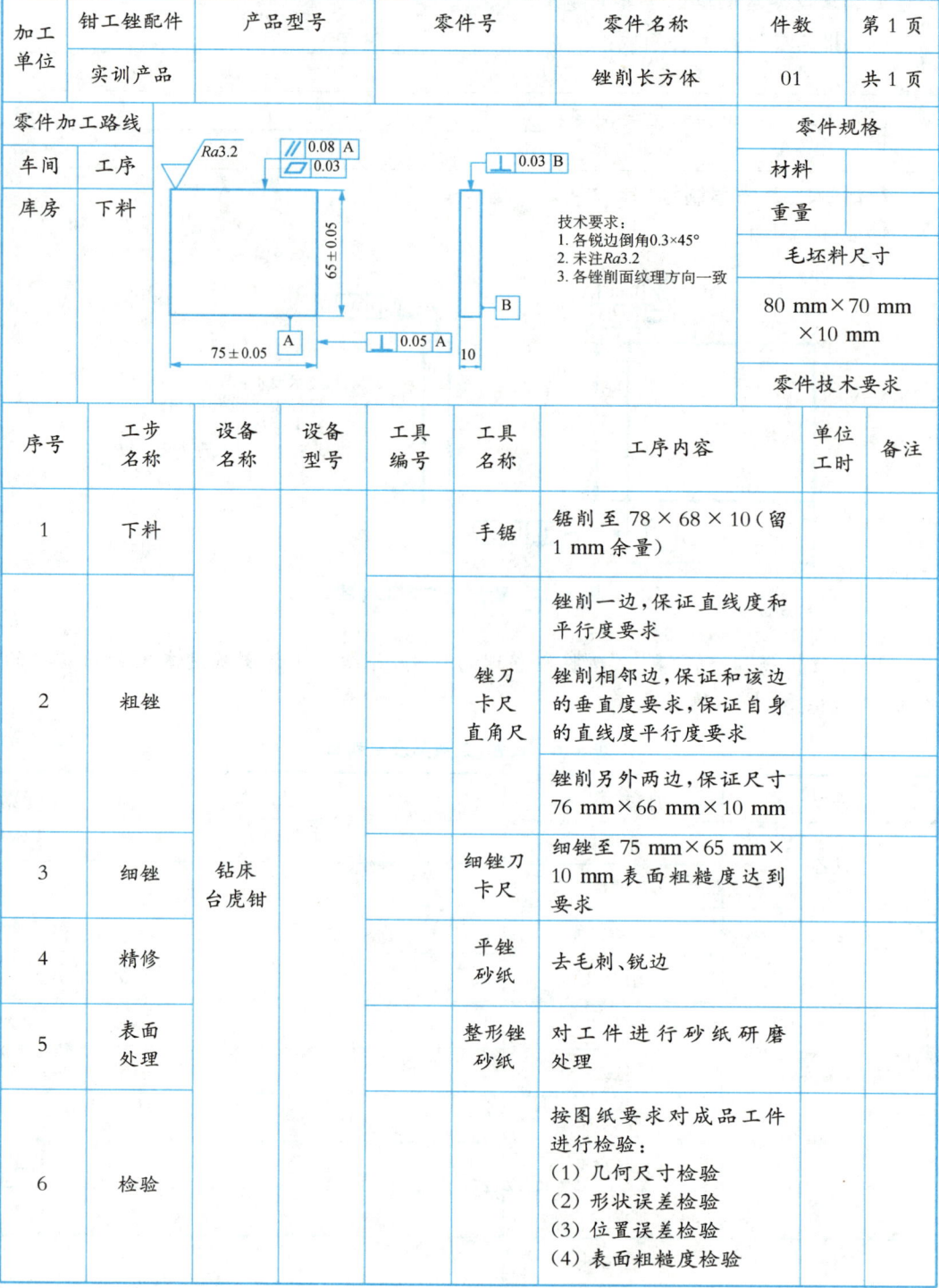

技术要求:
1. 各锐边倒角0.3×45°
2. 未注Ra3.2
3. 各锉削面纹理方向一致

序号	工步名称	设备名称	设备型号	工具编号	工具名称	工序内容	单位工时	备注
1	下料				手锯	锯削至78×68×10(留1 mm余量)		
2	粗锉				锉刀卡尺直角尺	锉削一边,保证直线度和平行度要求		
						锉削相邻边,保证和该边的垂直度要求,保证自身的直线度平行度要求		
						锉削另外两边,保证尺寸76 mm×66 mm×10 mm		
3	细锉	钻床台虎钳			细锉刀卡尺	细锉至75 mm×65 mm×10 mm 表面粗糙度达到要求		
4	精修				平锉砂纸	去毛刺、锐边		
5	表面处理				整形锉砂纸	对工件进行砂纸研磨处理		
6	检验					按图纸要求对成品工件进行检验: (1) 几何尺寸检验 (2) 形状误差检验 (3) 位置误差检验 (4) 表面粗糙度检验		

4. 请按照本组制定的锉削实施方案,在小组内进行人员分工,并填写表 3-8 小组成员分工表。

表 3-8　小组成员分工表

序号	组员姓名	任务分配	任务完成自评	任务完成小组长评价
1				
2				
3				
4				
5				
6				

行动阶段 3:方案实施

1. 请你和你的小组成员一起,进行锉削前的安全检查,重点检查劳保用品穿戴是否妥当,清理工作场地,检查设备和工具,对来料全面检查,了解加工余量。

2. 请小组成员根据锉削工艺卡完成工件锉削。

行动阶段 4:检查与评价

1. 依据评分标准(表 3-9)对工件进行评分。

表 3-9　锉削长方体评分标准

工件号		座号		姓名		实测结果	得分
项目	质量检测内容			配分	评分标准		
锉削长方体	(75±0.05)mm			10 分	超差不得分		
	(65±0.05)mm			10 分	超差不得分		
	▱ 0.03 (4 处)			20 分	超差不得分		
	⊥ 0.03 B (4 处)			20 分	超差不得分		
	Ra3.2(4 处)			10 分	超差不得分		
	∥ 0.08 A			10 分	超差不得分		
	⊥ 0.05 A			10 分	超差不得分		
	锉削姿势正确			10 分	目测		
	合计			100 分			

2. 结合现场 6S 管理,对锉削劳动开展自我评价、小组评价和教师评价活动,并将评价结果记录在表 3-10 中。

表 3-10　锉削长方体劳动评价表

序号	检查项	检查内容	自我评价	小组评价	教师评价
1	锉削工件质量（30分）	精度符合要求（20分）			
		锉削姿势正确（10分）			
2	信息收集（10分）	信息收集详细、完整（5分）			
		问题总结到位（5分）			
3	物料准备（10分）	设备检查无误（5分）			
		工量具齐备（5分）			
4	成员协作（10分）	小组成员分工明确（5分）			
		小组成员谈论热烈，互相尊重，效率高（5分）			
5	6S落实（20分）	设施环境整洁，工作台面整洁（4分）			
		设备仪器擦拭干净，工具摆放整齐（4分）			
		物料辅材分类整理、妥善存放（4分）			
		安全卫生严格落实（4分）			
		劳保用品佩戴完整，按时上下课（4分）			
6	劳动感（20分）	知识、技能总结到位（5分）			
		问题分析深刻，解决方案明晰（5分）			
		劳动感悟深刻（10分）			
合计		100分			
综合评价得分					

注：① 综合评价得分 = 自我评价（40%）+ 小组评价（30%）+ 教师评价（30%）。
② 考评满分 100分，60～74 分为及格，75～84 分为良好，85 分以上为优秀。

行动阶段 5：改善与总结

1. 根据组内互评、小组互评及教师点评的结果和反馈意见，对工件进行修正完善，直至复检达标。并根据师生反馈意见，制作一份详实可行的锉削操作工艺流程图。

2. 请你完成一份活动总结，以图文的形式呈现，重点谈一谈你在锉削过程中如何体认爱岗敬业、争创一流、艰苦奋斗、勇于创新、淡泊名利、甘于奉献的劳模精神和坚守执着、精益求精、专业专注、追求极致、一丝不苟、自律自省的工匠精神。教师根据学生劳动总结进行评价，并将评价结果填写在表 3-10 教师评价栏目下。

练一练

钳工是机械制造中不可或缺的工种，主要包括了錾削、锉削、锯切、划线、钻削、铰削、攻丝和套丝（见螺纹加工）、刮削、研磨、矫正、弯曲和铆接等作业。同学们可以在教师的指导下继续练习錾削、锯切、划线、钻削、铰削等实训项目。

读一读

"90后"钳工：做闪光的"金子"，品奋斗的"甘甜"
——记"全国五一劳动奖章"获得者、吉化建修公司东部检维修一车间钳工一班班长曹宽

1992年出生的曹宽在青春路上留下了一串奋斗的脚印：在吉林石化建修公司转型升级的关键时期，他攻克了丙烯冷媒压缩机组安装难关，每年为下游增加乙烯量13万吨；他提出"大型设备温差拆解法"等5项工作法，发明了"设备内部监测取出器"等多套专用工具，解决设备疑难问题70多项，改造关键零部件8个，创效500余万元；荣获了"全国五一劳动奖章""全国技术能手"荣誉称号、中石油第十届"十大杰出青年"等多项殊荣。他说："'金'和'甘'合起来就是我们钳工的'钳'字，这个字也是我的座右铭——做闪光的金子，品奋斗的甘甜。"

在读大专时，曹宽在全国职业院校技能大赛中获得二等奖。2013年年底，即将毕业的曹宽凭借这份荣誉被吉化择优录用。一进入吉化，曹宽就被分到了建修公司东部检维修一车间钳工一班，当时的班长是全国劳模李永翔。半年的培训实习结束后，曹宽又成了李永翔的徒弟，成为他人眼中令人羡慕的年轻人。但曹宽自己就觉得没那么幸运。工作环境中不是油就是灰，老师傅的工作服上全是补丁。化工设备普遍较大，机械零件轻的也有40来斤，不能用起重吊装的零件就得用手搬。很多时候还要迎着风雨在室外施工。艰苦的环境让刚走出校门的曹宽有点泄气。此时，一件事让曹宽重新认识了自己的工作。曹宽跟着师父李永翔检修机组，发现问题后，李永翔一下就跳到了汽轮机底部。"师父拿着螺丝刀和手电筒，在狭小又闷热的空间中挨个排查每根管线的焊接情况。里面飘满了保温棉，沾到人身上特别痒。他一个多小时后才爬出来，脸上除了牙全是黑的。"曹宽说，从那天起，他没再想别的，只想着也要成为师父那样的好工人。

很快，钳工一班又接到一个大活儿。工友们每天从早7点干到晚8点，在室外作业，面对风沙。在施工的40多天里，曹宽紧紧跟着师父，还随身携带个小本，记录关键步骤。曹宽经常一蹲就是五六个小时，每项操作都会多干几遍；工作不忙时，《石油机械》《化工机械安装与修理》《钳工技术大全》等专业书籍是他不离手的宝贝。6年里，他阅读过的专业书籍约有60本；要是下班早，他就留在操作台上练基本功。用曹宽身边朋友的话说，他的努力换来了"开挂"的人生。钳工的加工精度一般要控制在0.06毫米以内，曹宽能控制在0.01毫米以内，粗细相当于一根头发的七分之一。在2015年举办的第七届全国石油与化工行业职业技能竞赛中，曹宽和来自全国的66名钳工高手对决，夺得了第一名。比赛结束后，曹宽拿着奖牌向师父报喜，可把李永翔乐坏了。"拜师时，曹宽说不会给我丢脸，果然没食言。"李永翔说，"我提醒曹宽不要光拿比赛的奖牌，更要拿为吉化作贡献的奖牌。这句话也被他记到了心里。"2016年，吉化启动转型升级重大项目，年产15万吨的中部乙烯装置急需检修。曹宽在48小时内，在变形的零部件

上连续锉了上万刀,做到刀刀精准。部件安装就位以后,设备一次开车成功,每年为下游增加乙烯量13万吨,累计盈利20亿元,为吉化3年盈利100亿元奠定了基础。

  拆装泵是钳工的经常性工作之一,拆卸的时候容易挤到手指,安装的时候要是偏一点,中间的零件大盖垫儿就容易报废。曹宽惋惜地说:"我自己就安坏过好几个,后来一问1个就要几千块钱。"曹宽有些心疼,一心想着解决这个问题。2018年,他发明了"模块化水平回装工具车",保证大盖垫儿不损坏,还能节省30分钟的时间成本。在"中国石油天然气集团有限公司首届一线创新成果交流推介活动"中,这项成果受到业内关注。后来,还有企业利用它辅助其他管道的焊接工作。曹宽说:"原来工人也能做这么多有价值的事。"

  2018年年底,曹宽被任命为东部检维修一车间钳工一班班长,接了师父的班儿,成了该车间12个班组中最年轻的班长,带领着该车间最年轻的班组,用自己的勤奋和创新精神感染和带动着工友们。副班长康滨说:"在班组重新组建的一年里,曹宽不仅带领大家完成了几次大修任务,还创新实行了午餐总结会,规范了零部件摆放规则和工作经验总结记录制度。"年终岁尾,曹宽心里又有了新的梦想,他要努力把班组带出活力,带着自己的工友干出花样,让工友们都做闪光的金子、品奋斗的甘甜。

(资料来源:任爽,《光明日报》2019年12月2日第2版,有删改)

项目四

增强劳动能力

> **劳动箴言：**
> 知识就是力量，但更重要的是运用知识的技能。
> ——培 根

知识目标
1. 掌握劳动知识的内涵；
2. 掌握劳动能力的内涵。

能力目标
1. 具备自我管理能力；
2. 具备时间管理能力；
3. 具备职业生涯规划能力。

素质目标
1. 树立正确的劳动价值观；
2. 培养大学生良好的劳动素养。

任务 4.1　掌握劳动知识

案例导入

压力太大导致心理问题　职业紧张该如何化解？

职业紧张也被称为职业应激，是指在某种职业环境下，客观需求与个人适应能力失衡所致的心理问题。

重庆市的一项调查显示，国内汽车制造企业 54.89% 的工人存在中度以上紧张反应；供电企业职工高度职业紧张检出率为 52.9%，劳动密集型企业女工职业紧张检出率为 19.4% 至 28.6%；互联网企业 34% 的员工有职业紧张；医护人员的职业紧张检出率接近 50%。

"整个人每天就像一张被拉满的弓，弓弦随时可能绷断。"90 后程序员小刘道出了很多劳动者的心声，"心理压力太大了，老板比你更努力，优秀的新人一茬又一茬，怎么能不拼命？但越是紧张，脑子就越迟钝，简直是恶性循环。"

心理咨询师郭伯堂表示，长期处于职业紧张的状态下，会使人的记忆力减退、情绪变得不稳定，无法专注于学习和工作。长期过度紧张，若不能及时排遣，容易出现轻微的抑郁和焦虑症状，后果可能很严重。

如何找到适合自己的减压方式呢？从职场人自身角度来说，一方面，与领导保持良好沟通，合理安排工作；另一方面，要改善生活方式，保证充足睡眠和均衡饮食，强化社会支援网络，遇到困扰及时向家人、朋友倾诉。如果压力长期持续，而且症状严重、自我放松无效，务必就医或向专业机构求助。此外，大家可以从个体性格特征出发，寻找到适合自己的减压方式，比如抽空跑跑步、做做操、到郊外踏青露营等。

（案例来源：李丽云、衣晓峰、郭瑞芳，《科技日报》2022 年 11 月 4 日第 8 版，有删改）

想一想

我们应该如何培养过硬的心理素质？

每个劳动者都应该具备一定的劳动知识。在日常生活中，我们即使面对简单的劳动任务，也需要一定的劳动常识。以安全用电为例，使用热水壶、电饭煲等电器时不要用湿手触摸电器；安装灯泡时，要先关断电源；电器使用完毕后应及时拔掉电源插头等。现代社会，在智能化的大背景下，物联网、云计算、计算机视觉等新兴技术的出现，使劳动呈现出复杂化、数字化等特点，劳动形式和劳动工具也变得五花八门。这些技术在极大地推动生产力发展的同时，也改变了劳动的种类和形式，深深地烙下了时代的印记。

劳动者如果不具备一些与劳动相关的知识和技能,则可能会陷入"心有余而力不足"的困境。

劳动知识主要包括劳动伦理、劳动保护、劳动法律、劳动就业、劳动心理健康等内容。其中劳动伦理、劳动保护和劳动法律另在相关部分详细介绍,在此就劳动就业和劳动心理健康进行阐述。

一、劳动就业

(一)认识就业

1. 就业的含义

就业是指具有劳动能力的人,运用生产资料从事合法的社会活动,并获得相应的劳动报酬或经营收入的经济活动。根据这一定义,一个人如果同时满足以下三个基本条件,就可以认为实现了就业:一是在法定劳动年龄内,并且具有劳动能力;二是所从事的是某种合法的经济活动,以提供满足社会需要的商品或服务为目的;三是从事这种社会劳动可以获得相应的收入。

2. 就业的意义

就业是民生之本,也是社会经济发展的基础与前提。实现社会的充分就业,提高人力资源的运营效率,是实现就业与社会经济良性互动的必然选择。从经济学的角度来看,就业的本质是指生产资料与人结合后的生产劳动。就目的而言,从个人的角度来看,就业是每一个劳动者生存的经济基础和基本保障,也是其融入社会、共享发展成果的基本条件;从用人单位的角度来看,则是找到合适的人才,以推动本单位的生存发展;从政府的角度来看,是实现个人和用人单位双方需求的共同满足,进而促进社会经济的健康发展。

(二)我国现行的大学生就业制度

1. 劳动合同制度

劳动合同制度是指专门规范劳动合同的制度。劳动合同与每一个劳动者息息相关,是每一个走上工作岗位的人与用人单位发生劳动关系时都必须签署的协议。劳动合同的内容包括劳动者与用人单位经过平等协商后达成的关于权利和义务事项的条款。

劳动合同法律制度,是通过平等自愿、协商一致的原则,确立劳动者与用人单位之间稳定和谐劳动关系的制度,是通过劳动合同明确双方权利和义务,保护双方合法权益的制度。劳动合同制度的法律依据是自1995年1月1日起施行的《中华人民共和国劳动法》(2018年12月29日第二次修正)和自2008年1月1日起施行的《中华人民共和国劳动合同法》(2012年12月28日修正)。劳动合同制度的建立,可以从源头上规范企业用工行为,还可以保护劳动者和用人单位双方的合法权益,调整双方的劳动关系,加强企业管理,提高劳动者的生产积极性,促进经济发展和社会进步。

2. 人事代理制度

人事代理制度是指在社会主义市场经济条件下,经组织人事部门批准或授权指定的人才服务机构,受单位和个人委托,运用社会服务的方式和现代化手段,按相关的法律和政策规定,为无主管单位、不具备人事管理权限的非国有企、事业单位以及自费出国人员等提供人事档案保管或有关人事方面的代理服务工作的一种制度。简单地说,就是把"单位人"变成"社会人",而一些具体的人事管理工作,如档案管理、技术工龄、评定职称、社会保险等则由人才服务机构(人才交流中心)代管。人事代理制度是社会化与专业化管理在人事制度改革中的体现,有利于落实用人自主权,促进人才使用权与所有权的分离,使专业技术与管理人员和单位以人事档案为核心的依附关系从政策上分离开来,保证了人才资源的社会化和选择职业的自由性,对保障毕业生和用人单位的合法权益、提高流动人员的素质有着重要作用。

3. 就业准入制度

(1) 就业准入制度的概念

就业准入制度是根据《中华人民共和国劳动法》和《中华人民共和国职业教育法》的有关规定,从事技术复杂、通用性广、涉及国家财产、人民生命安全和消费者利益的职业(工种)的劳动者,必须经过培训并取得职业资格证书后,方可就业上岗的制度。

(2) 职业资格证书及其级别

职业资格证书是表明劳动者具有从事某一职业所必备的学识和技能的证明。它是劳动者求职、任职的资格凭证,是用人单位招聘、录用劳动者的重要依据,也是境外就业、对外劳务合作人员办理技能水平公证的有效证件。职业资格证书是选择相关工种就业的通行证,有了它则具备了就业的条件,没有它则不能就业。我国职业资格证书目前分为五个等级:初级(五级)、中级(四级)、高级(三级)、技师(二级)和高级技师(一级)。

(3) 职业资格证书的获取

个人可自主申请参加职业技能鉴定。申报职业技能鉴定,首先要根据所申报职业的资格条件,确定自己申报鉴定的等级。如果需要培训,应到经政府有关部门批准的培训机构参加培训。经鉴定合格者,由人力资源社会保障部门核发相应的职业资格证书。

国家职业技能鉴定分为理论知识考试和操作技能考核两部分。理论知识考试一般采取笔试,操作技能考核可采取工作现场操作、模拟现场操作、问题答辩等方式进行。这些内容是依据国家职业(技能)标准、职业技能鉴定规范(即考试大纲)和相应教材来确定的,并通过编制试卷来进行鉴定考核。

(三) 大学生应树立正确的就业观

1. 树立高尚的职业理想

大学毕业生是国家宝贵的人才资源,是社会主义经济建设的生力军。因此,大学生无论在求学还是在求职的过程中,都应该自觉确立为祖国奉献和为人民服务的志向,把自己的需要和国家、社会的需要结合起来,把社会的进步、国家的发展与个人的前途命运有机结合起来,在服务社会、奉献祖国的过程中,实现自己的人生价值。因此,大学生就业的价值取向不能仅限于个人的利益,而应是个人价值与社会、国家需要的统一。

2. 树立勇于面对竞争的观念

大学生就业实行的是在国家政策指导下自主择业的方式。就业制度改革的一个重要特点,就是把社会主义市场经济的重要原则,即竞争引入毕业生的就业之中,建立公平的人才竞争环境。物竞天择、适者生存,永远是市场竞争的现实,毕业生应当摆脱被动依赖、消极等待的状况,敢于竞争,树立"爱拼才会赢"的信念,做好多方面的竞争准备。

3. 树立先就业后择业再立业的观念

大学毕业生要打破一步到位、从一而终的就业观,要树立先就业、后择业、再立业的观念,走一条面对现实、降低起点、先融入社会再寻求发展的道路。在目前严峻的就业形势下,毕业生就业时只要有合适的单位接收,就应该先就业,首先融入社会,脚踏实地锻炼自己。工作一段时间后,如果单位不适合自己发展,可以重新选择职业,有了工作经历,各方面的经验和能力肯定会有所提高,时机和条件到来时,完全可以大显身手。

4. 树立到基层、农村去的观念

在大城市、大机关提供的就业机会日趋饱和的情况下,全国的几十万行政村,加上基层社区及其他基层单位所提供的就业岗位,为毕业生提供了更多的就业机会,为毕业生施展才华、实现理想创造了条件。当代大学生应积极响应国家和社会的召唤,到基层去、到西部去、到生产第一线去,到祖国和人民最需要的地方接受锻炼、接受挑战。

二、劳动心理健康

劳动者在生产劳动过程中,因为生产环境、条件、方式以及人际关系等不同,心理状态和心理活动有许多复杂的变化,这不仅影响工作,也影响健康。因此,提高劳动者的心理素养,激发劳动热情,保证身心健康,最大限度地提高劳动效率是全社会都需要关注的问题。

(一)心理健康的基本含义

心理健康的基本含义是指心理的各个方面及活动过程处于一种良好或正常的状态。心理健康的理想状态是保持性格完美、智力正常、认知正确、情感适当、意志合理、态度积极、行为恰当、适应良好的状态。

(二)影响劳动者心理健康的主要因素

1. 职业压力

职业压力是指劳动者在职业生涯中遇到令个体紧张、感受到威胁的刺激情境或事件,由此而产生持续性紧张的情绪、状态。现代企业为取得和保持竞争优势,对员工的要求越来越高,员工常常面临着巨大的工作负荷、同事间的激烈竞争、紧张的工作气氛乃至非人性化的工作环境、高危险性的工作岗位,以及对时间分配不合理的无措、对知识飞速更新的惶恐、对信息爆炸的应接不暇、对社会快速变迁的不适应。这些都是职业压力的来源。

2. 人际关系

在用人单位内,有些劳动者往往由于无法处理好与客户、上下级和同事的人际关系,或者由于遭到打击报复,或者不善于在工作和生活中建立起良好的人际关系网络而产生心理焦虑。表现为恐惧、无助;对人冷漠麻木、冷嘲热讽、缺乏同情心;不信任他人、动辄责备迁怒、反应过度;与他人刻意保持距离;等等。

3. 工作倦怠

工作倦怠又称职业枯竭,表现为心理疲劳、情绪冷漠、玩世不恭、丧失成就感和工作动力。原因主要在于劳动者个人感到职业生涯前景黯淡,工作单调重复,缺乏创造性;或对组织文化、发展理念、工作环境、管理机制及个人待遇不认同。出差太多、工作枯燥例行化、工作量过大、工作责任不明确、工作缺乏自主性、不能参与决策、分配机制不合理、奖惩失当、升迁机会少、管理者方法偏颇等因素最容易导致劳动者工作倦怠。

(三)劳动者保持自身心理健康的路径

1. 要正确处理好人际关系

人与人之间总存在一定的人际关系。良好的人际关系使人心情舒畅,体会到安全感,有助于工作、学习和身体健康;不良的人际关系,特别是长期持续的不良的人际关系,将会导致其心情苦闷、烦恼,降低工作学习的效率,甚至降低机体的抵抗力。现代社会竞争激烈,无论是求学、就职、婚姻或其他社会活动,人人都面临竞争,但竞争并不意味着分裂和你死我活的斗争,许多事业要求大家合作共济,需要一些人做出谦让和牺牲,总之要有豁达大度的心态。

2. 正确对待工作和生活的压力

人在生活、学习与工作中都存在着一定的压力,一定的压力能激励人奋发,能调动人的智力因素与非智力因素,使人的高级神经活动协调地工作。但压力过大,会使人的大脑高级神经长期处于紧张状态,在一定的条件下还会导致高级神经系统活动的失调。所以,要注意期望值不能定得太高,要量力而行。凡事要想得开也要放得开,可适当进行旅游、娱乐等方面的活动作为调节。

3. 不断克服心理障碍

人的心理障碍有多种,其中对心理健康影响较大的主要是忧郁、愤怒、恐惧和多疑。忧郁会使人的工作欲望与创造欲望降低,使人的生理功能与心理功能水平下降,甚至产生厌世情绪;愤怒包含轻微不满、生气、愠怒、忿然、激愤、大怒和暴怒,大怒、暴怒或持续愤怒状态,不但会使人的心理功能降低,思维功能减弱,而且对身体健康影响也很大;恐惧会使人智力效应下降,心跳加快,血压升高,呼吸短促,不但严重影响工作和学习、生活的正常进行,还会导致某些疾病的发生;而多疑的人往往活得很累,心理上常处于不安全和痛苦的状态,常常怀疑领导不信任自己,怀疑同事议论自己、排斥自己,怀疑自己的能力,甚至怀疑自己患了某种严重疾病而排解不开,长此以往就会形成严重的心理负担。克服上述这些心理障碍,一方面,必须树立正确的世界观、人生观和价值观,乐观地看待世界,看待发生在自己周围的人和事,学会全面地、冷静地、科学地分析问题。另一方面,要多交朋友,多与知心朋友谈谈心。友谊带来的温暖是强大的心理力量。如能做到乐善好施、助人为乐,对心理的调适将会有更大的帮助。

1. 大学生应该树立什么样的就业观?
2. 如何保持心理健康?

活动 4-1:知识改变世界　技能提高效率
——在工业机器人码垛编程与操作中认识知识的力量

一、劳动背景

在劳动实践中,我们不可避免地需要用到一些劳动常识与专业知识,越是复杂或困难的劳动,越需要我们具备丰富的劳动知识。码垛作为工业的支柱,是工业生产中一项重要的加工技能。人工码垛劳动强度大,高温、粉尘等导致码垛车间环境条件差,码垛质量无法保证。机器人码垛的出现增加了高温、粉尘等恶劣环境下工人作业的安全性,提升了工厂工作效率,同时因为它们被程序设定了精确、重复的动作,可确保码垛更加整齐规范,因而,机器人码垛搭配企业流水线正成为生产的新常态。掌握工业机器人码垛编程知识,可以帮助我们轻松应对码垛劳动,也能够帮助学生科学认识"科学技术是第一生产力",提升劳动能力。

二、劳动描述

使用 ABB IRB120 机器人在传送单元上抓取工件,将其搬运到样件摆放平台上并码两层。劳动中各行动阶段的任务描述如图 4-1 所示。

三、劳动目标

通过工业机器人码垛编程练习,使学生了解工业机器人在现代制造业中的重要作用,理解《中国制造2025》行动纲领以及我国提出的"制造业强国战略",不断树立专业自信和学科自信,深刻认识"科学技术就是第一生产力"。

四、劳动过程

行动阶段 1:信息获取

1. 机器人码垛知识整理

机器人码垛广泛应用于化工、建材、饮料、食品各行业生产线物料的堆放等。

(1) 请你查阅相关资料,整理机器人码垛编程需要的运动指令和常用逻辑控制指令等相关理论知识,并将其整理在表 4-1 中。

```
行动阶段1：信息获取
  1. 收集并整理机器人码垛编程相关的运动指令和
     常用逻辑控制指令；
  2. 了解机器人码垛编程所需要的设备；
  3. 了解机器人码垛的应用领域、发展趋势。

行动阶段2：方案制订
  1. 任务规划；
  2. 码垛任务说明；
  3. 配置I/O信号。

行动阶段3：建立程序
  1. 程序编写；
  2. 程序调试；
  3. 自动运动。

行动阶段4：检查与评价
  1. 依据评分标准开展组内自评、互评和教师评价；
  2. 进行现场的6S管理检查；
  3. 收集各组的问题并进行分析改正。

行动阶段5：改善与总结
  1. 调整完善机器人码垛编程指令；
  2. 完成本次机器人码垛编程的劳动总结。
```

图 4-1　劳动任务描述

表 4-1　机器人码垛运动指令和常用逻辑控制指令

（2）请你和你的小组成员一起，熟悉码垛机器人编程操作所需要的设备，并将内容整理在表4-2中。

表 4-2 机器人码垛编程操作设备

设备名称	功能描述
机器人本体	
控制系统	
示教器	
真空吸盘	
样件摆放平台	
传送单元	

2. 机器人码垛应用的主要领域及发展趋势

根据资料收集、小组讨论、与指导教师交流或者劳模访谈等方式,收集和整理码垛机器人应用的主要领域及发展前景。

(1) 机器人码垛应用的主要领域:＿＿＿＿＿＿＿＿＿＿＿＿＿＿＿＿＿＿＿＿＿

＿＿＿＿＿＿＿＿＿＿＿＿＿＿＿＿＿＿＿＿＿＿＿＿＿＿＿＿＿＿＿＿＿＿＿＿。

(2) 机器人码垛的发展前景:＿＿＿＿＿＿＿＿＿＿＿＿＿＿＿＿＿＿＿＿＿＿＿

＿＿＿＿＿＿＿＿＿＿＿＿＿＿＿＿＿＿＿＿＿＿＿＿＿＿＿＿＿＿＿＿＿＿＿＿。

行动阶段 2:方案制订

1. 任务规划。机器人码垛的动作可以分解为检测传送带信息、抓取工件、判断放置位置、放置工件等一系列子任务,如图 4-2 所示。

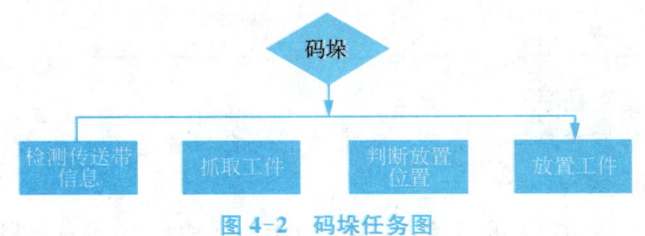

图 4-2 码垛任务图

2. 码垛任务说明。采用在线示教的方式编写码垛的作业程序,最终码垛结果为圆柱块码两层。本次活动码垛两个圆柱块,每个圆柱块规划 6 个程序点,每个程序点的用途见表 4-3。

表 4-3 程序点规划表

程序点	说明	程序点	说明
程序点 1	原点	程序点 4	抓取安全位置点
程序点 2	抓取位置正上方	程序点 5	放置位置正上方点
程序点 3	抓取位置点	程序点 6	放置位置点

3. 配置 I/O 地址,并填写表 4-4。

表 4-4 I/O 地址

名称	信号类型	单元分配	地址	I/O 信号注释

4. 请按照本组制定的方案,在小组内进行人员分工,并填写表 4-5 小组成员分工表。

表 4-5 小组成员分工表

序号	组员姓名	任务分配	任务完成自评	任务完成小组长评价
1				
2				
3				
4				
5				
6				

行动阶段 3:建立程序

1. 指导教师编写程序并对机器人所有涉及的目标点进行示教;学生以小组为单位按照指导教师示教进行编程。

2. 将机器人的运动模式切换至手动模式,手动调试程序,确认机器人的运行轨迹和动作是否正确,如有异常需对程序修改后继续调试,直至无误。

3. 手动调试无误后,将机器人的运行模式切换至自动模式,系统上电后运行程序,完成机器人码垛。

行动阶段 4:检查与评价

1. 依据评分标准(表 4-6)对各小组编程进行评分。

表 4-6 机器人码垛编程评分标准

考核点	配分	自我评价	小组评价	教师评价
P1 设置机器人安全待机位置	5 分			
P10 设置机器人取料位置	5 分			
P12 机器人放料位置	5 分			

(续表)

考核点	配分	自我评价	小组评价	教师评价
运行速度控制在 30%～45%	10 分			
合理正确配置机器人输入/输出信号	10 分			
SET、RESET、WAITTIME 等指令的运行	10 分			
子程序模块化设计	10 分			
电脑编程设计与自动模式运行能力	10 分			
沟通合作协调能力	10 分			
整体联调运行能力	25 分			
合　计	100 分			
综合评价得分				

注:① 综合评价得分 = 自我评价(40%) + 小组评价(30%) + 教师评价(30%)。
　　② 考评满分 100 分,60～74 分为及格,75～84 分为良好,85 分以上为优秀。

2. 根据现场 6S 管理,综合评价本次机器人码垛编程劳动填写表 5-7。

表 4-7　机器人码垛编程劳动评价表

序号	检查项	检查内容	自我评价	小组评价	教师评价
1	码垛编程（30 分）	机器人按照编程指令正常运行(20 分)			
		整体联调(10 分)			
2	信息收集（20 分）	指令信息收集详细、完整(10 分)			
		设备信息收集完整(10 分)			
3	成员协作（10 分）	小组成员分工明确(5 分)			
		小组成员谈论热烈,互相尊重,效率高(5 分)			
4	6S 落实（20 分）	设施环境整洁,工作台面整洁(4 分)			
		设备仪器擦拭干净,工具摆放整齐(4 分)			
		物料辅材分类整理、妥善存放(4 分)			
		安全卫生严格落实(4 分)			
		劳保用品佩戴完整,按时上下课(4 分)			
5	劳动感悟（20 分）	知识、技能总结到位(5 分)			
		问题分析深刻,解决方案明晰(5 分)			
		劳动感悟深刻(10 分)			
	合计	100 分			
	综合评价得分				

注:① 综合评价得分 = 自我评价(40%) + 小组评价(30%) + 教师评价(30%)。
　　② 考评满分 100 分,60～74 分为及格,75～84 分为良好,85 分以上为优秀。

行动阶段 5:改善与总结

1. 根据自我评价、小组评价及教师评价的结果和反馈意见,进行程序调整,直至机器人完全按照任务规划运行。

2. 请你完成一份活动总结,以图文的形式呈现,重点谈一谈你在机器人码垛编程的过程中如何体认知识转化为生产力。教师根据学生劳动总结进行评价,并将评价结果填写在表 4-7 教师评价栏目下。

练一练

工业机器人在机床上下料、焊接、搬运装卸、涂装等工作领域有广阔的应用市场,请同学们加强练习,学会不同场景下工业机器人的编程。

读一读

机器人的刚需时代正在来临

2021 世界机器人大会上,500 多款不同种类的机器人大展身手,做手术、拧瓶盖、消毒巡检……完成一项又一项精细工作。聂海胜、刘伯明、汤洪波 3 位航天员也从太空发来祝福:"机器人技术正在深刻改变着人类的生产和生活方式,中国空间站机械臂也助力我们完成了两次出舱任务。"正如工业和信息化部副部长辛国斌在大会开幕式致辞时所说:"从浩瀚太空到万里深海,从工厂车间到田间地头,从国之重器到百姓生活,我们正步入与机器人和谐共荣的缤纷多彩新世界。"

机器人正在改变人类的生产生活方式。2020 年 12 月实现全球首次月面无人多点多次选择性采样,并获取 1.5 千克月壤样品的月球采样机械臂,攻克了月面无人自主采样与样品抓取转移、大负载高精度轻量化设计、复杂光照背景高精度视觉测量、地月大延时协同控制技术等空间机器人技术领域难题,具备铲、挖、浅钻、吸纳等多形式采样能力,是我国首个实际工程应用、具有完全自主知识产权的空间智能机械臂;耐超低温的巡防机器人、防爆侦察机器人、主从控制液压机械臂、吸排水机器人、消防灭火侦察机器人等正在保护人类生命安全,代替人类执行危险任务是机器人的重要用途。

服务机器人发展迅速。机器人产业发展逐渐从制造业向医疗、健康、教育、安全等生活领域转移,"中国制造 2025"重点推动了机器人转型制造、新一代人工智能的研发与应用。来自集萃智造的 CA 系列六轴协作机器人可以实现一手拿咖啡杯,一手进行颇具技术含量的拉花。京东物流的最新一代六关节机械臂可以精准判断抓取上万种品类的产品,大幅提高了拣选效率和准确率,以保证商品可以准确、快速地送到人们手中。新冠肺炎疫情让"无接触服务"成为刚需,云迹机器人已经入驻 1 万多家酒店,运行里程超过 350 万公里。医药制造是当前机器人的典型应用。特别是在新冠肺炎疫情中,机器人在防疫工作、疫苗生产中发挥了不可替代的作用。便携式咽拭子采样机器人、自动核酸提取工作站等医疗机器人快速投入连续性防疫检测任务,积极应对突发性公共卫生事件,降低基层防疫人员工作压力。各类机器人均展示了精密、智能的机器人新发展,机器人的刚需时代正在来临。

(资料来源:曹越,《光明日报》2021 年 9 月 13 日第 1 版,有删改)

任务 4.2　提升劳动能力

> **案例导入**
>
> ### 吕义聪：车间走出"大国工匠"
>
> 他从一名普通装调工人做起，逐渐成长为吉利汽车路桥公司总工程师，如今已是吉利汽车集团浙江福林国润汽车零部件有限公司总经理助理；他先后取得了60多项创新成果，其中包含多项国家专利；他获得过全国五一劳动奖章、全国劳动模范、全国技术能手等许多荣誉。
>
> 他就是吕义聪，一个把平凡做到极致的工匠。
>
> 由于家庭变故，吕义聪在高二那年被迫放弃考大学的梦想，从老家安徽滁州出发，投奔远嫁台州的姑姑。他在一家汽车修理厂当学徒，经过两年的积累，入职吉利集团。因为深知自己没有技术优势，吕义聪付出了比其他同事多几倍的努力。他不厌其烦地请教师傅，与同事比拼技能，把故障车拆散，把怀疑件换个遍。他买了专业书，把线路图纸、整车电气原理图贴满床头。勤能补拙，长时间的拆装维修，吕义聪不仅收获了丰富的汽车理论知识和操作经验，还能单凭耳朵就准确辨别40多种故障声音。
>
> 吕义聪先后获得全国汽车装调工大赛一等奖、全国汽车装调工操作技术能手等荣誉，也成为吉利青年榜样，在集团团委的"分享90"和"吉利大讲堂"等活动中，多次为青年技工分享自己的成长故事。很多新来的工人告诉他，就是看到他的经历，才决定要来吉利。
>
> "这里就是支撑我梦想落地的地方，也让我逐步成长。"吕义聪说，他希望自己的成长经历能帮助更多人，让中国自主生产的品牌汽车享誉全世界。
>
> （案例来源：谷尚辉，《台州日报》2021年7月1日第4版，有删改）

想一想

从打工者到工程师，吕义聪是如何使他的劳动能力不断精进的？

劳动能力是完成劳动任务或达到劳动目标的必备条件，它不仅直接影响劳动者劳动的效率，还是劳动者顺利完成劳动任务的重要内在因素。因此，劳动者需要具备一定的劳动能力。

一、劳动能力的含义

劳动能力是人们从事劳动的生理和心理条件。具体内容主要有四个部分。

（一）体力

体力即人的身体素质。包括人体在活动中所表现出来的力量、速度、耐力、灵敏、柔韧等机能。

（二）智力

智力即人认识客观事物并运用知识解决问题的能力。包括观察力、记忆力、思维力、想象力以及实践能力、组织能力和管理能力等。

（三）知识

知识即人头脑中储存的信息。包括一般知识、专业理论知识和操作知识等。

（四）技能

技能又称技术，即人从事操作的技巧能力。职业技能通常可分为三种，分别是知识技能、可迁移技能、自我管理技能。

劳动能力是这四个方面的综合反映。要提高劳动者的劳动能力需要三个条件：一是加强体力锻炼和智力训练；二是教育和培训；三是参加劳动实践。

二、大学生劳动能力的构成

（一）专业能力

专业能力是指具备从事劳动所需要的技能与其相应的知识，包括单项的技能与知识、综合的技能与知识。专业能力是基础生存能力，它是劳动者胜任职业工作、赖以生存的核心本领。对专业能力的要求是合理的知能结构，强调专业的应用性、针对性。

（二）方法能力

方法能力是指从事劳动所需要的工作方法和学习方法等方面的能力，包括制订工作计划的步骤、解决实际问题的思路、独立学习新技术的方法、评估工作结果的方式等。方法能力是基本发展能力，它是劳动者在职业生涯中不断获取新的技能与知识、掌握新的方法的重要手段。对方法能力的要求是科学的思维模式，强调方法的合理性、逻辑性和创新性。

（三）社会能力

社会能力是指从事劳动活动所需要的社会行为能力。社会能力强调的是对社会的适应性，主要包括人际交往、公共关系、职业道德、环境意识，例如与同龄人相处的能力、在小组工作中的合作能力、批评与自我批评的能力以及认真、细心、诚实、可靠等品质。社会能力既是基本生存能力，又是基本发展能力。

情商是重要的社会能力。情商，指情绪智力，是人类认识、控制和调节自身情感的能力，简言之，就是感触、感动、感悟的能力。心理学经过研究证明：与智商相比，情商对人的一生具有更强大的塑造作用，对于现代人来说，是至关重要的宝贵能量。情商包括以下五个方面的内容：一是认识自己，成为生活的主宰；二是能妥善管理自己的情绪，即能调控自己；三是自我激励，走出生命的低潮，重新出发；四是认知他人的情绪，这是与他人的正常交往，实现顺利沟通的基础；五是人际关系的管理，即领导和管理能力。

（四）自我发展能力

自我发展能力是充分利用环境的有利条件，提升自身素质的能力。它包括了解自我、评价自我、设计自我、终身学习的能力，了解环境、适应环境、利用环境、改造环境的能力。自我发展能力是一种可持续发展的能力。大学生的自我发展能力对于个体良好适应大学生活、清晰规划学习和就业、合理定位职业方向、激发兴趣爱好和保持良好品性具有重要意义。

三、大学生劳动能力的培育

如今，知识更新换代快，劳动工具和手段越来越智能化，要保持持久的竞争力，我们需要培养一些伴随终身的劳动能力。对大学生而言，培养自我管理能力、提升时间管理能力、科学进行职业生涯设计尤其重要。

（一）培养自我管理能力

1. 自我管理能力的含义

《教育大辞典》对自我管理的定义是："自我管理是指人自己管理自己的能力，包括支配、调整自己的生活的能力，树立人的长远目标和短期目标，进行自我激励的能力。"简单来说，自我管理就是自律，自我管理能力就是进行自我控制的能力。

一般来说，大学生自我管理主要有以下特点。首先，自我管理的主客体是统一的，其将自身心理、行为以及知识等作为管理对象。其次，自我管理和学校管理是统一的。二者互相补充，共同致力于对学生的管理。再次，大学生自我管理能够自主选择内容，无论是心理、行为等微观层面还是自我与外界、精神与物质之间的调节都具有自主性。最后，自我管理具有隐蔽性和主动性，充分体现了自我主观能动性。

2. 大学生自我管理能力的重要性

对大学生的自我管理能力进行培养与提升，能够让大学生变得更加自律，用正确的思想和行为去面对大学生活以及未来工作中的事务。

（1）大学生自我管理的现实要求

结束紧张的高中生活，大学生迈向一个全新的人生阶段，无论是学习还是生活，大学都完全不同于高中。这样的转变对于很多学生来说，并不能马上适应，容易出现不够自律的情况。例如，有的大学生在宿舍熄灯后，喜欢玩手机到深夜，不珍惜睡眠时间，养成了晚睡晚起的坏习惯；有的大学生起床晚，来不及吃早餐就去上课，饮食不规律；有的大学生第一次自主支配自己的金钱，没有合理的规划；有的大学生经常光顾网吧、KTV等娱乐场所，无节制地沉迷其中；有的大学生过着"宅生活"，在没有课程、没有活动安排的时候，喜欢在宿舍上网，而不去锻炼身体。这些都是自我管理不足的表现，必须引起大学生、各个高校和教育管理部门的高度关注。

(2) 大学生成长成才的内在要求

自我管理能力是未来人生、事业发展的基础,是整体素质与综合能力的重要体现。大学生要想在激烈的社会竞争中脱颖而出,不仅需要丰富的专业知识,还需要较强的自我管理能力,这是他们发挥主观能动性、实现人生目标的关键所在。大学生只有具有较强的自我约束力、自我管理能力,才能独立地处理自己的学习、工作和生活,很好地融入集体和社会之中,赢得他人的尊重和信赖,友善地与人合作共事,更快更好地提高自我、发展自我。

(3) 现代社会对大学生的客观要求

大学生是国家的未来,民族复兴的希望,是社会的宝贵财富,将担负振兴中华的历史重任和社会使命。大学生普遍具有较高的文化素质,社会对他们的期望也很高,他们的一言一行都是人们关注的焦点。自勉、自强、自立、自律,时刻充实自我,随时准备着为社会主义现代化建设事业奉献自己,是当代大学生义不容辞的责任。因而,当代大学生要加强自身建设,自律、踏实、自觉做好每一件事。从这一意义上说,大学生的自我管理能力的培养,不仅关系到自身的职业生涯发展,而且关系到国家的可持续发展、中华民族的未来。

3. 大学生培养自我管理能力的途径

我们认识到了自我管理能力的重要性之后,就应当及时、积极地培养和提高自我管理能力,这样我们才能更好地发挥自己的长处,取得更高的成就。

(1) 正确认识自己

《道德经》里讲:"知人者智,自知者明。"这告诉我们:真正聪明的人,既要善于认识他人,又要能正确地认识自己。正确认识自己,是有效地进行自我管理的基础。因为正确认识自己能够发现自己的优缺点,知道自己能做什么、该怎么做,从而科学地规划自己的发展目标。只有正确认识自己,才能正确地面对自身、环境和社会,才能根据自己的特点,打造出自己满意、社会需要的核心竞争力,也才能成为一个自立、自强、自觉的人。

(2) 保持身心健康

要培养自我管理能力,我们就需要保持身心健康,养成良好的习惯。第一,要保持积极乐观的态度,无论是学习还是工作,我们都要以乐观的态度面对困难和挑战,相信自己一定能解决所有问题,一切事情都会朝好的方面发展;第二,要养成良好的饮食习惯,健康科学的饮食习惯能改变一个人的生活态度,积极阳光的生活方式有利于我们的日常学习与生活;第三,要多参与学校社团的各种活动,丰富自己的课余生活,这样能有效缓解压力,安抚自身情绪;第四,应制订详细的运动计划,并认真按照计划坚持锻炼,通过长期锻炼,我们不仅可以拥有健康的体魄,还能很好地磨练自己的意志。

(3) 做好情绪管理

情绪如四季般自然地发生,一旦情绪产生波动时,个人会表现出愉快、气愤、悲伤、焦虑或失望等。假如负面情绪经常出现而且持续不断,就会对个人产生负面的影响,如影响身心健康、人际关系或日常生活等。培养自我管理能力,我们应该做情绪的主人,不能让不良情绪影响自己。下面介绍情绪管理的三个小技巧。

① 转移注意力。就是把注意力从引起不良情绪反应的刺激情境,转移到其他事物上去或从事其他活动的自我调节方法。例如,当自己苦闷、烦恼时,不要再去想使自己感到苦闷的事,尽量避免烦恼的刺激,有意识地听听音乐、看看电视、翻翻画册、读读小说等,转移注意力。这就可把消极情绪转换为积极情绪,淡化乃至忘却烦闷。

② 运动缓解法。运动是最好的情绪缓解方法之一。当人们沮丧或愤怒时,生理上会出现一些异常现象,这些都可以通过各种运动,如跑步、打球、打拳等恢复原状。生理得到恢复,情绪也就自然正常。

③ 音乐缓解法。音乐具有强烈的情绪感染力,因此也是缓解情绪的有效方法之一。当我们心情不佳时,听上一曲自己最喜欢的音乐,沮丧的情绪就会烟消云散。因此,不妨准备一些自己最喜欢的歌曲放在手机里面,心情不好时就放上几曲,以此来调整自己的情绪。

(4) 拒绝拖延行为

培养自我管理能力,我们应该拒绝"拖延症"。今天的事情就要在今天完成,要马上行动,不能拖延到明天。拖延的事情会成为我们明天的负担,没完没了地延续。

(5) 明确职责顺序

培养自我管理能力,我们要明确界定现阶段哪些职责是最重要的,把自己的时间、精力集中在最关键的任务上,避免分散注意力。在进入下一项任务之前,先完整地完成上一项任务,这样才能有效地管理自己的时间和精力。

(6) 进行自我激励

进行自我激励是培养自我管理能力较为常见的有效手段。个人的动力往往来自对成功的渴望,进行自我激励,可以让工作更有效率。

归根结底,人最大的对手是自己,自己成为什么样的人,最根本的原因在于自身。我们需要为自己负责,知道自己想做什么,从而知道怎么做,这样才能管理好自己。

(二) 提升时间管理能力

时间是一种重要的资源,具有公平性、不可再生性、不可逆转性、不可增减性、不可替代性和不可蓄积性,但我们可以对其进行有效的管理与使用。

1. 时间管理的定义

时间管理是为了提高时间的利用率和有效性,而对时间进行合理的计划和控制、有效安排与运用的管理过程,它是以高效完成预定目标和避免浪费时间为目的的自我管理活动。时间管理的有效性与个人的生活质量密切相关,直接影响一个人的工作、学习、生活效率。作为即将步入社会进入职场的大学生,对时间如何管理直接影响其学业成绩、大学生活质量,甚至会影响个人人生目标与社会价值的实现。

2. 时间管理的原则

(1) 目标明确原则

时间管理的目的在于让大学生在较短的时间内实现尽量多的目标,因此,大学生需要设定明确的目标，罗列任务清单。在此过程中，大学生要适当分解目标，使目标具体并切实可行。例如，将年度目标分解为季度目标，再将季度目标一层层分解为每周及每天的目标等，这样能帮助大学生根据具体目标投入时间，在规定的时间做规定的事。

(2) 积极能动原则

积极的主观信念对个体有激励作用。个体越相信自己的能力，越具有自己能取得某个特定成就的信念，其思维、行动等越会受到积极影响，这在时间管理上同样适用。因此，大学生要主动选择并确立自己的人生理想，将精力投入其中；同时选择积极的生活方式，这样才能更好地进行自我管理。

(3) 计划控制原则

许多难题都是由未经认真思考的行动引起的。在制订有效计划的过程中每多花费1小时，在实施计划中就可能多节省3小时，并得到更好的结果。而想要计划更加高效、完善，就需要大学生学会根据目标确定优先顺序，统筹安排活动并合理分配时间。例如，安排不受干扰的时间做最重要的事，或做到做重要事情时排除各种干扰，这样会让计划的实施更加高效、顺利。

(4) 实践发展原则

时间管理的实践发展原则是指大学生要根据自己角色的变化，根据时代、社会、环境、科技的发展，不断学习新的时间管理方法，并加以运用和不断完善。

3. 大学生时间管理的对策

(1) 强化时间管理意识

树立正确的时间价值观是强化时间管理意识的前提。时间价值观是指个体对待时间的态度和观念，对人的行为具有导向作用。时间是一种特殊资源，任何时候强调"时间就是生命""时间就是金钱""时间就是效率"都不为过。大学阶段是人生中求知欲最强、精力最充沛、思维最开阔的黄金时期，大学生必须珍惜时间、学会驾驭时间，这对以后的学习和工作都有很大的好处。

(2) 提高自身执行能力

很多大学生时间管理效果不好的重要原因之一是计划执行能力不够强。相关文献调查结果显示，近八成的大学生在计划执行的过程中很容易受他人的影响而无法合理安排自己的时间。大学生在平时学习生活中应该注重培养一些好的习惯，如做事不拖延，做到今日事今日毕，做事有计划并且高效率地完成既定计划等。

(3) 提高个人时间效率

大学生应自觉灵活运用时间管理技能，制订适合自己的计划，并注重计划实施过程中的自我监督和自我检查。大学生可以根据个人习惯和生活节律，把最难办的事情放在自己精力旺盛、思维活跃的时间去做，而把一般性的任务放在精力一般的时间去做，做到有张有弛，劳逸结合。

(三) 科学进行职业生涯规划

在今天这个人才竞争的时代，职业生涯规划开始成为就业争夺战中的另一重要利器。对于每一个人而言，职业生命都是有限的，如果不进行有效地规划，势必会造成时间和精力的浪费。作为当代的大学生,若是一脸茫然踏入这个竞争激烈的社会,怎能使自己占有一席之地？因此,大学生只有及早进行职业生涯规划,才会有目标、方向和动力。

1. 职业生涯规划的含义

职业生涯规划最早起源于 1908 年的美国。有"职业指导之父"之称的弗兰克·帕森斯针对大量年轻人失业的情况,成立了世界上第一个职业咨询机构——波士顿地方就业局,首次提出了"职业咨询"的概念。从此,职业指导开始系统化。到 20 世纪五六十年代,舒伯等人提出"生涯"的概念,于是生涯规划不再局限于职业指导。

职业生涯规划,就是对职业生涯乃至人生进行持续的、系统的计划的过程,它包括职业定位、目标设定、通道设计三部分内容。

著名职业生涯规划专家罗双平用公式总结出职业生涯规划的三大要素:职业生涯规划＝知己＋知彼＋抉择。其中,知己是对自身条件的充分认识和全面了解;知彼是对欲从事的职业环境、相关组织等信息的有效掌握;抉择是在知己知彼的基础上,确定符合实际、能发挥自己专长、有浓厚兴趣并与环境相适应的职业目标。

2. 个人职业生涯规划的步骤

职业生涯规划是个人对自己一生发展总体计划和总轮廓的勾画,具有粗略性、目标性、长期性和全局性的特点,它为人一生的职业发展指明了路径和方向。个人职业生涯规划包括下面八个步骤。

（1）确定志向

志向是一个人为之奋斗的最终目标,是成功的前提。立志是人生的起跑点,反映着一个人的理想、胸怀、情趣和价值观,对一个人的成就有决定性的影响。

（2）自我评估

自我评估是指对自己作出全面分析,主要包括对个人的要求、能力、兴趣、性格、气质、受教育水平、职业性向和职业锚等的分析评估,以确定什么样的职业比较适合自己和自己具备哪些能力。

（3）职业生涯机会评估

职业生涯机会评估主要是评估各种环境对自己职业发展的影响。环境分析因素包括组织内部因素和社会环境因素。通过对组织和社会环境的分析评估,确定自己是否适应组织或社会环境的变化以及怎样来调整自己的意识以适应组织和社会的需要。

（4）职业的选择

职业选择的正确与否,直接关系到人生事业的成功与失败。在职业选择中应注意职业锚、性格、兴趣和特长等与职业的匹配度。

（5）职业生涯目标的确定

职业生涯目标的确定包括人生目标、长期目标、中期目标和短期目标的确定。一般情况下,个人要根据自己的专业兴趣和价值观以及社会发展趋势去确定自己的人生目标和长期目标,然后再把人生目标和长期目标分解成为中期目标和短期目标。

（6）职业生涯路线的选择

在确定了职业和职业发展目标后,就面临职业生涯路线的选择。每个人由于职业发展路线不同,对于职业发展的要求也不同。职业生涯路线的选择通常要考虑往哪条路发展,能往哪条路发展和哪条路可以发展三个问题,对这三个问题进行综合分析后,才能确定自己的最佳职业生涯路线。

(7) 制订行动方案

在确定了职业生涯目标和职业生涯路线后,行动便成为关键的环节。这里的行动是指落实目标的具体措施,包括训练教育工作、轮岗等方面的措施。这些计划要特别具体,以便于定时检查。

(8) 评估和反馈

在人生的不同发展阶段,由于社会环境的巨大变化和许多不确定因素的存在,原来制定的职业生涯目标和规划可能与现实存在偏差,这时,需要对职业生涯目标和规划进行评估和做出适当的调整,以便更好地符合自身的发展和社会的需要。评估和反馈是个人不断认识自己的过程,也是不断认识社会的过程,是使职业生涯规划更加有效的手段。

个人只有正确地认识自己、客观分析环境科学地规划、选择适合自己的专业和职业发展道路,才能使自己的事业不断地取得成功。

议一议

1. 大学生培养自我管理能力的途径有哪些?
2. 大学生如何提升时间管理能力?
3. 大学生如何进行职业生涯规划?

做一做

活动 4-2:巧手扎锦绣,靛蓝染春秋
——在扎染中体会自我管理带来的成长

一、劳动背景

每个人在职业生涯的道路上并非一帆风顺,总会有磕磕绊绊,总会走些弯路。但是,只要你清楚自己的目标,找到正确的方向,并根据自身实际情况不断努力奋斗,最终总会到达成功的彼岸。正如中国传统技艺扎染,虽然布匹质地、染料品质、扎花方式等都会导致最终的扎染图案大相径庭,但只要提前给出了设计图,在接下来的布匹选择、染料配方、扎花方式等的选择上就有了目标和方向,通过不断的调整,最终总能呈现出想要的图案。通过扎染学习,学生除了可以学习扎染的技巧之外,还可以体悟朝着既定目标奋斗的自我管理带来的成长乐趣。

二、劳动描述

以小组为单位,根据给定材料完成一件"狗脚花"花型的扎染作品。劳动中各行动阶段的任务描述如图 4-3 所示。

行动阶段 1：信息获取
1. 收集并整理扎染相关知识；
2. 了解扎染所需物料的种类、价格；
3. 收集扎染主要应用领域及制约其发展的瓶颈问题。

行动阶段 2：方案制订
1. 制订小组扎染方案；
2. 完成小组内人员的分工；
3. 制订详细的扎染实施计划。

行动阶段 3：扎染制作
1. 依据计划进行扎染前准备；
2. 按照设计方案进行扎花和浸染；
3. 对扎染成品进行晾制和熨烫。

行动阶段 4：检查与评价
1. 将扎染成品与设计方案进行对比，检查扎染成效；
2. 分组开展评价并进行问题查找；
3. 进行现场的6S管理检查；
4. 收集各组的问题并进行原因分析。

行动阶段 5：改善与总结
1. 编制一份详实可行的扎染制作指导书；
2. 完成本次扎染的劳动总结。

图 4-3 劳动任务描述

三、劳动目标

学习扎染的技巧，并体悟朝着既定目标奋斗的自我管理带来的成长乐趣。

四、劳动过程

行动阶段 1：信息获取

1. 扎染知识整理

扎染是中国传统的手工染色技术之一，分为扎结和染色两部分，通过纱、线、绳等工具，对织物进行扎、缝、缚、缀、夹等多种扎结方式的组合后进行染色。"狗脚花"又称尖六瓣，是最常见的一种扎结形式。其扎法如图 4-4 所示。

①三角形正反折　　　②尖角向前折　　　③锁两针，将线拉紧

图 4-4 "狗脚花"扎法

请你查阅相关资料结合任课教师讲解,调查整理扎染所需要的物料及价格,完成表4-8。

表4-8 物料及价格清单

序号	物料名称	价格/单价	数量	作用
1				
2				
……				
小组			日期	

2. 扎染应用的主要领域及发展面临的瓶颈

根据资料收集、小组讨论、与指导教师交流或者扎染专家访谈等方式,收集和整理扎染主要应用领域、当前发展存在的主要问题。

(1)扎染应用领域:_____
_____。

(2)扎染技艺推广和发展面临的主要问题:_____
_____。

行动阶段2:方案制订

1. 请你根据"行动阶段1"所收集整理的信息,并参照表4-8所列物料,拟定本组"狗脚花"花型的扎染实施方案(表4-9)。

表4-9 扎染实施方案表

项目	实施要点	管理对象	实施措施
扎花	扎花方式	布料选择	
		缝扎工具	
		扎花设计	
		绑扎方式	
浸染	浸染方式	染前处理	
		染料选择	
		浸染方式	
		浸染次数	
晾熨	晾熨方式	浮色去除	
		晾晒方式	
		熨烫方式	

2. 请向任课教师汇报本组拟定的方案,充分听取改进意见,制订本组扎染实施方案。

3. 请按照本组制订的扎染实施方案,在小组内进行人员分工,并填写表4-10小组成员分工表。

表 4-10　小组成员分工表

序号	组员姓名	任务分配	任务完成自评	任务完成小组长评价
1				
2				
3				
4				
5				
6				

行动阶段3：扎染制作

1. 染前准备

（1）请各组提前一星期进行信息收集、物料准备和人员分工。

（2）根据扎染实施方案，总结整理收集到的扎染知识，从收集到的信息中找到当前扎染发展的瓶颈。

（3）准备扎染所需要的白布、染料、针线、染料桶、清洗盆、熨斗等器具。

2. 扎染实施

（1）小组讨论，设定扎染图案，与任课老师进行沟通，确定扎花方案。

（2）根据预期效果，确定染料配方、浸染方式、浸染次数。

（3）实施扎染。

（4）完成后用清水清洗褪去浮色，选择合适的晾晒和熨烫方法。

（5）对各小组进行现场6S管理检查，并将检查结果填写在表4-11中。

表 4-11　6S管理检查表

序号	检查项	检查内容	检查结果		情况说明
1	设施环境	通道顺畅无堆积物	□符合	□不符合	
		地面无纸屑、废料、油污、积尘等	□符合	□不符合	
		桌椅、储物柜、文件资料、清洁工具摆放整齐	□符合	□不符合	
		工作台面清理整齐干净	□符合	□不符合	
		标识牌、文化栏等合理摆放，无脏污	□符合	□不符合	
		门窗墙壁清洁无死角	□符合	□不符合	
2	设备仪器	擦拭干净并按时点检与保养	□符合	□不符合	
		配套工装治具附件等整洁无损	□符合	□不符合	
		分类摆放，取用便捷	□符合	□不符合	
		配套说明书、指导手册保存齐全	□符合	□不符合	
		线缆走线规范，无私拉乱扯现象	□符合	□不符合	

(续表)

序号	检查项	检查内容	检查结果		情况说明
3	物料辅材	领用归还记录详实	□符合	□不符合	
		分类整理,合理摆放收纳	□符合	□不符合	
		节俭省用,成本控制	□符合	□不符合	
		及时清点、清扫,不留遗物	□符合	□不符合	
		安全存放收纳	□符合	□不符合	
4	安全卫生	落实疾控防疫、卫生防护措施	□符合	□不符合	
		做好各项操作前个人保护措施	□符合	□不符合	
		严格操作规范、安全无事故	□符合	□不符合	
		消防、门窗等安防设施齐全正常	□符合	□不符合	
		室内水电气暖等辅助设施正常	□符合	□不符合	
		开展安全教育	□符合	□不符合	
5	劳动素养	文明着装、仪容仪表端正	□符合	□不符合	
		不闲谈、不怠慢、工作认真专心	□符合	□不符合	
		形成6S管理制度,责任到人	□符合	□不符合	
		有效时间控制,提高学习效率	□符合	□不符合	
		自觉开展6S管理活动	□符合	□不符合	

行动阶段4：检查与评价

对扎染劳动开展自我评价、小组评价和教师评价活动,并将评价结果记录在表4-12中。

表4-12 扎染制作评价表

序号	检查项	检查内容	自我评价	小组评价	教师评价
1	作品评价(40分)	作品图案美观、新颖(20分)			
		作品图案与设计图案一致度高(10分)			
		严格按照操作流程制作(10分)			
2	信息收集(10分)	信息收集详细、完整(5分)			
		问题总结到位(5分)			
3	物料准备(10分)	白布、染料、清洗辅料准备充分(5分)			
		针线、染料桶、清洗盆等器具准备齐全(5分)			
4	成员协作(10分)	小组成员分工明确(5分)			
		小组成员谈论热烈,互相尊重,效率高(5分)			

(续表)

序号	检查项	检查内容	自我评价	小组评价	教师评价
5	6S 落实（10分）	设施环境整洁，工作台面整洁(2分)			
		设备仪器擦拭干净，工具摆放整齐(2分)			
		物料辅材分类整理、妥善存放(2分)			
		安全卫生严格落实(2分)			
		着装整洁，按时上下课(2分)			
6	劳动感悟（20分）	知识、技能总结到位(5分)			
		瓶颈问题分析深刻，解决方案明晰(5分)			
		劳动感悟深刻(10分)			
合计		100 分			
综合评价得分					

注：① 综合评价得分＝自我评价(40%)＋小组评价(30%)＋教师评价(30%)。
② 考评满分 100 分，60～74 分为及格，75～84 分为良好，85 分以上为优秀。

行动阶段 5：改善与总结

1. 根据自我评价、小组评价及教师评价的结果和反馈意见，结合各组扎染实施方案，改善并形成详实的扎染制作指导书，并将该指导书以图文的形式绘制在表 4-13 中。

表 4-13 "狗脚花"扎染制作指导书

2. 请你完成一份活动总结，以图文的形式呈现，重点谈一谈你在扎染制作过程中应用到了哪些知识和技能，并进行总结、发现和创新，对于信息收集阶段提出的制约扎染发展的瓶颈问题如何突破。教师根据学生劳动总结进行评价，并将评价结果填写在表 4-12 的教师评价栏目下。

练一练

扎染的花型还有菊花、蝴蝶花、双蝴蝶花等，同学们在学会制作狗脚花花型之后，要不断总结，反复练习，不断提升劳动能力和创造力，逐步掌握其他花型扎染技法，创造出更加丰富的扎染作品。

读一读

巧手扎锦绣，靛蓝染春秋

一、扎染的起源与发展

（一）扎染的起源

扎染有着悠久的历史，起源于黄河流域。据记载，扎染"秦汉始有之"，已有数千年历史。到了东晋，扎结防染的绞缬绸已经大批生产，扎染作品已经成熟，当时绞缬产品中有简单的小簇花样，如蝴蝶、蜡梅、海棠等，也有整幅图案花样，如白色小圆点的"鱼子缬"，圆点稍大的"玛瑙缬"，紫地白花斑酷似梅花鹿的"鹿胎缬"等（图 4-5）。到南北朝时，扎染产品被广泛用于汉族妇女的衣着。唐代是我国古代文化鼎盛时期，绞缬的纺织品甚为流行，"青碧缬衣裙"成为唐代时尚的基本式样。北宋时，绞缬产品在中原和北方地区流行甚广。

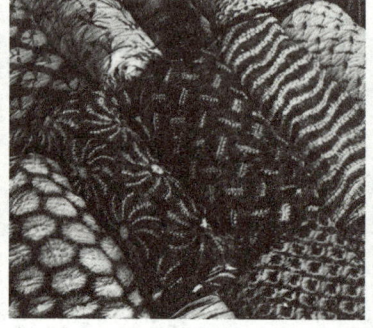

图 4-5 形式多样的扎染图案

（二）扎染的发展

扎染中各种捆扎技法的使用与多种染色技术结合，染成的图案纹样多变，具有令人惊叹的艺术魅力。唐代扎染发展到鼎盛时期,贵族穿绞缬的服饰成为时尚。到北宋时期,因扎染制作复杂,耗费大量人工,朝廷曾一度明令禁止,从而导致扎染工艺没落消失,仅在西南边陲的少数民族中还保留了这一古老的技艺。除中国外,印度、日本、柬埔寨、泰国、印度尼西亚、马来西亚等国也有扎染手工艺。20世纪70年代,扎染成为流行的手工艺,广泛应用于服装、领带、壁挂等。在同一织物上运用多次扎结、多次染色的工艺,可使传统的扎染工艺由单色发展为多种色彩的效果。

二、扎染的工艺流程

扎染工艺分为扎结和染色两部分。它是通过纱、线、绳等工具,对织物进行扎、缝、缚、缀、夹等多种扎结方式的组合后进行染色。其工艺特点是用线在被印染的织物打绞成结后,再进行印染,然后把打绞成结的线拆除。它有一百多种变化技法,各有特色。如其中的"卷上绞",晕色丰富,变化自然,趣味无穷。更使人惊奇的是扎结每种花,即使有成千上万朵,染出后却不会有相同的出现。这种独特的艺术效果,是机械印染工艺难以达到的。

扎染的工艺流程包括染前处理、捆扎染色和染后处理三个步骤。

(一)染前处理

织物上常带有浆料、助剂及一定成分的天然杂质,为保证扎染制作过程中染色均匀,需对织物进行染前处理。

退浆:目的是除去浆料,常用碱液、氧化剂或淀粉酶等药剂加水沸煮。用量:药剂为布重的3%,水为布重的30倍左右。

精炼:目的是除去纤维上的天然杂质及残留浆料,常用烧碱加水沸煮。用量:烧碱为布重的3%,水为布重的30倍左右。

漂白:目的是除去色素及残留杂质,常用次氯酸钠或氧化氢加水沸煮。用量:漂白剂为布重的3%,水为布重的30倍左右。另外,丝绸的染前处理是用皂液加碳酸钠加水煮精炼。

熨平待用:用熨斗将漂洗过的布熨平以备描绘图案及捆扎用。

(二)捆扎染色

将已设计好的图案纹样用画粉在布上做记号或用绘稿液描上,然后捆扎或缝结布料。完成后浸入水中湿透,取出稍晾,待不滴水后放入已备好的染液中或浸染或煮染一定时间,然后用清水冲洗、晾干。

(三)染后处理

晾后的捆扎物可在不完全干透时解开扎结处,并用熨斗趁潮湿熨平整,完成。

三、扎染技法

扎染一般以棉白布或棉麻混纺白布为原料,主要染料来自蓼蓝、板蓝根、艾蒿等天然植物的蓝靛溶液,尤其是板蓝根。扎染的制作方法别具一格,旧籍生动地描述了古人制作扎染的工艺过程:"撷撮采线结之,而后染色。即染,则解其结,凡结处皆原色,余则入染矣,其色斑斓。"扎染的主要步骤有画刷图案、绞扎、浸泡、染布、蒸煮、晒干、拆线、漂洗、碾布等,其中主要有扎花、浸染两道工序,技术关键是绞扎手法和染色技艺。染缸、染棒、晒架、石碾等是扎染的主要工具。

（一）扎花

扎花，原名扎疙瘩，即在布料选好后，按花纹图案要求，在布料上分别使用撮皱、折叠、翻卷、挤揪等方法，使之成为一定形状，然后用针线一针一针地缝合或缠扎，将其扎紧，让布料变成一串串"疙瘩"。

扎染用的布料过去完全采用白族自家手工织得较粗的白棉土布，现在土布已较少，主要用工业机织生白布、包装布等布料，吸水性强，质地柔软。先由民间美术设计人员根据民间传统和市场的需要，加上自己一定的创作，画出各式各样的图案，由印工用刺了洞的蜡纸在生白布上印下设计好的图案，再由妇女将布领去，用细致的手工按图案缝上，再送到扎染厂或各家染坊。扎花是以缝为主、缝扎结合的手工扎花方法，具有表现范围广泛、刻画细腻、变幻无穷的特点。

（二）浸染

浸染，即将扎好疙瘩的布料先用清水浸泡一下，再放入染缸里，或浸泡冷染，或温煮热染，经一定时间后捞出晾干，然后再将布料放入染缸浸染。如此反复浸染，每浸一次色深一层，即"青出于蓝"。缝了线的部分，因染料浸染不到，自然成了好看的花纹图案，又因为人们在缝扎时针脚不一、染料浸染的程度不一，带有一定的随意性，染出的成品很少一模一样，其艺术意味也就多了一些。

浸染到一定的程度后，最后捞出放入清水，将多余的染料漂除，晾干后拆去缬结，将"疙瘩"挑开，熨平整，被线扎缠缝合的部分未受色，呈现出空心状的白布色，便是"花"；其余部分成深蓝色，即是"地"，便出现蓝底白花的图案花纹来，至此，一块漂亮的扎染布就完成了。"花"和"地"之间往往还呈现出一定的过渡性渐变的效果，多冰裂纹，混然天成，生动活泼，克服了画面、图案的呆板，使得花色更显丰富自然。浸染采用手工反复浸染的工艺，形成以花形为中心变幻玄妙的多层次晕纹，凝重素雅，古朴雅致。

扎染取材广泛，常以当地的山川风物作为创作素材，其图案或苍山彩云，或洱海浪花，或塔荫蝶影，或神话传说，或民族风情，或花鸟鱼虫，妙趣天成，千姿百态。在浸染过程中，由于花纹的边界受到蓝靛溶液的浸润，图案产生自然晕纹，青里带翠，凝重素雅，薄如烟雾，轻若蝉翅，似梦似幻，若隐若现，韵味别致，有一种回归自然的拙趣。

项目五

提升劳动素养

> **劳动箴言：**
>
> 　　我觉得人生求乐的方法，最好莫过于尊重劳动。一切乐境，都可由劳动得来；一切苦境，都可由劳动解脱。
>
> ——李大钊

知识目标

1. 掌握职业道德的内涵和规范；
2. 掌握劳动安全的内涵、规定和处置方法；
3. 了解劳动安全的相关法律法规；
4. 理解新时代劳动新特征，掌握尊重劳动的意义和途径。

能力目标

1. 于细微处见品德，增强践行职业道德的能力；
2. 在劳动过程中遵章守则、履职尽责，具备"科学处置、规避自救"的安全防护能力；
3. 具备自觉践行勤俭节俭、珍惜劳动成果、保护知识产权的能力。

素质目标

1. 养成爱岗敬业、诚实守信、办事公道、热情服务、奉献社会的职业道德；
2. 树立"生命至上、安全第一"的劳动安全意识和养成"处变不惊、从容冷静"的劳动心理素质；
3. 培育"尊重劳动、尊重知识、尊重人才、尊重创造"的劳动素养。

任务 5.1　提高职业道德修养

> **案例导入**
>
> **虽"胸有凌云志",却能"待以平常心"**
> ——记第八届全国道德模范杨孟飞院士
>
> 　　作为我国深空探测领域的领军人才之一,杨孟飞有着鲜明的科学家性格,既低调务实,又敢为人先。他三十余年如一日辛勤耕耘在航天沃土上,为航天强国建设作出了重大贡献。
>
> 　　杨孟飞从小就有一股韧劲,要么不做,要做就尽全力做到最好。嫦娥五号是我国迄今为止复杂度最高、技术跨度最大的航天系统工程,要首次实现我国地外天体采样与封装、月面起飞、携带样品高速再入返回地球等一系列壮举,研制难度可想而知。为了突破这些首创性技术,杨孟飞经常通宵达旦,不断提出完善方案,解决可能存在的瑕疵。他对每个环节的质量都要求极高,"技术要吃透、产品要见底、过程要受控",是他经常挂在嘴边的一句话。
>
> 　　工作中,杨孟飞更是身先士卒,无私奉献。他经常半夜下了飞机就直奔研制现场,跟科研人员一起开展技术研讨,或者查看项目进展情况,第二天又继续忙碌。嫦娥五号飞控任务长达 20 余天,他与普通设计师一样在飞控岗位上紧张地忙碌着,每天只睡三四个小时。特别是在月面采样封装阶段,他 40 多个小时没有合眼,与团队并肩作战。
>
> 　　2020 年 12 月 17 日,嫦娥五号探测器在内蒙古四子王旗成功着陆,标志着我国首次地外天体采样返回任务圆满成功,这是在人类探月历史上,中国人书写的又一创举,也是人类时隔 44 年再次从月球带回月壤。
>
> 　　征途漫漫,惟有奋斗。杨孟飞始终凭借"以身许国,何事不可为"的勇毅担当、"敢为天下先"的创造豪情,推动我国在星际探测新征程上走得更稳更远。
>
> (案例来源:庞丹、薛飞,《中国航天报》2021 年 11 月 17 日第 3 版,有删改)

想一想

结合案例并查阅相关资料,思考杨孟飞身上体现了哪些优秀职业道德?

一、职业道德规范

职业道德的概念有广义和狭义之分。广义的职业道德是指从业人员在职业活动中应该遵循的行为准则,涵盖了从业人员与服务对象、职业与职工、职业与职业之间的关系。狭义的职业道德是指在一定职业活动中应遵循的、体现一定职业特征的、调整一定职业关系的职业行为准则和规范。不同的职业人员在特定的职业活动中形成了特殊的职业关系,包括职业主体与职业服务对象之间的关系、职业团体之间的关系、同一职业团体内部人与人之间的关系,以及职业劳动者、职业团体与国家之间的关系。

《新时代公民道德建设实施纲要》中指出要"推动践行以爱岗敬业、诚实守信、办事公道、热情服务、奉献社会为主要内容的职业道德,鼓励人们在工作中做一个好建设者"。职业道德是社会道德体系的重要组成部分,是道德准则、情操与品质的总和,是社会行为标准和要求。

(1) 爱岗敬业。爱岗敬业是社会主义职业道德最基本、最起码、最普通的要求。爱岗敬业作为最基本的职业道德规范,是对人们工作态度的一种普遍要求。爱岗就是热爱自己的工作岗位,热爱本职工作;敬业就是要用一种恭敬严肃的态度对待自己的工作。

(2) 诚实守信。诚实守信是做人的基本准则,也是社会道德和职业道德的一个基本规范。诚实就是表里如一,说老实话,办老实事,做老实人。守信就是信守诺言,讲信誉,重信用,忠实履行自己承担的义务。诚实守信是各行各业的行为准则,也是做人做事的基本准则,是社会主义最基本的道德规范之一。

(3) 办事公道。办事公道是指对于人和事的一种态度,也是千百年来人们所称道的职业道德。它要求从业人员廉洁公正,不仅自己清正廉洁,办事公正,不以权谋私,还要秉公执法,做到出于公心,主持公道,不偏不倚,既不唯上、不唯权,又不唯情、不唯利。

(4) 热情服务。热情服务就是为人民群众服务,它是贯穿于社会共同的职业道德之中的基本精神,是社会全体从业者通过互相服务,促进社会发展、实现共同幸福。在服务过程中要做到热心、耐心、虚心、真心,坚持人民至上,一切从群众的利益出发,为群众排忧解难,为群众出谋划策,提高服务质量。

(5) 奉献社会。奉献社会就是积极自觉地为社会做贡献,这是社会主义职业道德的本质特征。奉献社会自始至终体现在爱岗敬业、诚实守信、办事公道和热情服务的各种要求之中。奉献社会并不意味着不要个人的正当利益,不要个人的幸福。恰恰相反,一个自觉奉献社会的人,他才真正找到了个人幸福的支撑点。奉献和个人利益是辩证统一的。

职业道德是社会道德体系的重要组成部分,但又具有其职业特点:

(1) 职业性。职业道德的内容与职业实践活动紧密相连,反映着特定职业活动对从业人员行为的道德要求。在特定的职业范围内,每一种职业道德都有规范本行业从业人员职业行为的特殊作用。

(2) 实践性。只有在职业实践过程中,才能体现出职业道德的水准。职业道德的作用是调整职业关系,对从业人员职业活动的具体行为进行规范,解决现实生活中的具体道德冲突。

(3) 继承性。在长期职业实践过程中形成的职业道德,会被作为传统和规范继承下来。即使在不同的社会经济发展阶段，同样一种职业因服务对象、服务手段、职业利益、职业责任和义务相对稳定，职业行为的道德要求的核心内容也都被继承和发扬，从而在不同社会发展阶段被普遍认同。

（4）多样性。不同的行业和不同的职业，有不同的职业道德标准。

二、职业道德修养

职业道德修养，是指从事各种职业活动的人员，按照职业道德基本原则和规范，在职业活动中所进行的自我教育、自我锻炼、自我改造、自我完善，使自己形成良好的职业道德品质和达到一定的职业道德境界。职业道德修养是一种自律行为，关键在于"自我锻炼"和"自我改造"。职业道德修养包括职业道德意识的修养和职业道德行为的修养。

1. 职业道德意识的修养

职业道德意识是职业道德的主观方面，体现着人们对客观存在的职业道德活动及道德关系的认识和理解，在内容上可分为职业道德认知、职业道德情感、职业道德意志、职业道德信念四方面。

职业道德认知是劳动者对一定的职业关系及反映这种关系的职业道德原则和规范的理解和掌握。提高职业道德认知，是从业人员增强道德责任感，形成优秀道德品质的第一步，是职业道德修养的基础。

职业道德情感是指劳动者心理上对职业道德要求、职业道德义务所产生的各种体验、态度和情绪，是提升职业道德修养的动力。

职业道德意志是指劳动者在履行职业义务过程中，自觉克服困难、排除障碍的毅力和能力，它是职业道德形成的内在保障，能抵制外来的腐蚀和引诱。

职业道德信念是指人们发自内心的对某种职业义务的强烈的责任感，是道德品质的灵魂，也是职业道德认知、情感和意志的结晶。

2. 职业道德行为的修养

"道德者，行也，而非言也。"职业道德行为是社会对人们在道德方面的外在要求，是指劳动者在一定的职业道德认知、情感、意志和信念支配下所采取的自觉行为。它是衡量从业者职业道德水平高低、职业道德品质好坏的客观标志。一般通过行为、习惯和传统等固定下来，是职业道德意识转化为职业道德活动的具体表现，以达到知行统一、言行一致。

三、提高职业能力

赵志群在《职业教育学习新概念》中提出："职业能力是指人们从事一个或若干个相近职业所必备的本领，是在真实的工作情境中整体化地解决综合性职业问题的能力。具备职业能力的人，可以在承担社会、经济和生态责任的前提下，参与到技术、工作和社会发展的设计中。这里的职业能力强调理解、反思、评估和完成职业的典型工作任务时所需要的主观认知潜力，而不仅仅是简单按照指令完成常规性的具体任务时表现出的技能，它与个人的素养发展密切相关，也是全面发展的社会主义接班人的培养目标以及创新能力和职业精神的具体表现。"

职业能力要在职业活动中形成和发展,并在职业活动中表现出来,既是从事某种职业岗位的必要条件,也是个人发展和创新的基础。个人职业能力越强,越能促进全面的、持续的职业发展,越能取得更好的工作绩效和劳动成果,也越能给个人带来职业成就感。

(一) 职业能力分类

职业能力是多种能力的综合,既包含个体在真实情境中整体解决综合性问题的能力,也包含个体与社会在职业活动中处理问题的能力,通常可以分为专业能力、实践能力、社会能力和方法能力四个方面,如图5-1所示。

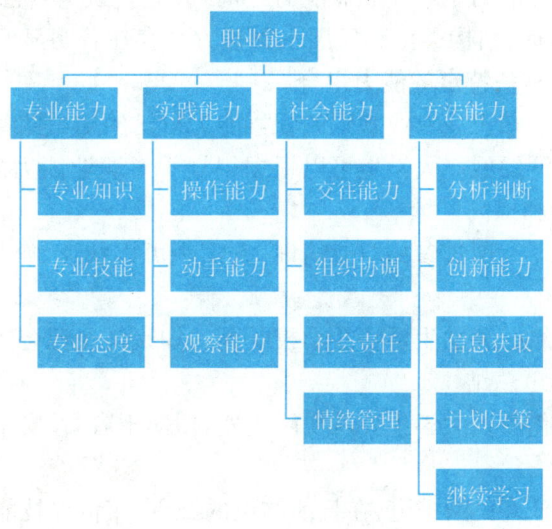

图 5-1 职业能力分类

(1) 专业能力是从事某一特定职业活动所需要具备的技能和相应的知识。专业能力包括专业知识、专业技能、专业态度。专业知识是指从事职业岗位活动所需要的技术理论知识,是专业技能获得的基础;专业技能是指从事工作岗位活动的操作技术能力;专业态度是指个人对自己所从事的工作岗位的认同感,是工作态度与工作精神的集中体现。

(2) 实践能力是指个体在实习实训及真实工作岗位环境中运用理论知识解决工作问题,完成工作任务的能力。实践能力主要包括操作能力、动手能力、观察能力。操作能力主要是指运用专业的技术理论知识及操作要领去实施操作,对技术技能的要求较高;动手能力是指不需要专业理论知识就可以直接操作的工作能力;观察能力是指通过对对象的整体感受,进而掌握其本质和变化的规律与趋势。

(3) 社会能力是从事职业活动所需要具备的社会行为能力,包括交往能力、组织协调、社会责任和情绪管理等。交往能力是人们在社会生活中与他人沟通思想、联络感情、增进友谊,从而建立起广泛的社会联系的一种能力;组织协调要求个人在工作环境中要有集体意识,要能调动他人工作的积极性与合作完成工作任务;社会责任在不同的职业岗位中有不同的体现形式,但基本上是要求个人服从组织安排、遵守纪律要求;情绪管理是对自身情绪和他人情绪的认识、协调、引导、互动和控制,从而确保个体和群体保持良好的情绪状态。

(4)方法能力是从事职业活动所需要具备的学习方法和工作方法,包括分析判断、创新、信息获取、计划决策和继续学习等能力。方法能力是最高级别的能力,是在专业能力、实践能力、社会能力都达到一定程度后所具备的可以调配一切能力处理解决任何问题的综合职业能力的体现。

(二)提高职业能力的途径

(1)认清职业能力倾向。培养职业能力之前,首先要认清自己的职业能力倾向,因为职业能力在培养目标、结构类型和发展水平等方面存在着明显的个体性和职业性,每一类职业活动都要求具备特定的能力组合。

(2)认真学习专业知识。专业知识的积累能为自己的知识储备奠定坚实的基础。

(3)规划职业生涯发展。大学生可以根据规划中对职业能力的需求来对自身进行有针对性的能力培养和提高。

(4)参加职业培训。通过参加职业培训,大学生可以快速、容易地获取有关职业能力方面的知识。

(5)进行反思总结。大学生要将在学校学到的知识与在社会实践中的所学相结合,并在二者之间不断反思总结。

(6)勇于实践和创新。大学生要从实际出发,做实干者,在实干中总结经验教训、认识规律。

2022年12月7日人民网报道,在日前结束的2022年世界技能大赛特别赛上,中国代表团蝉联金牌榜、团体总分第一名,展现了我国高技能人才队伍建设水平。未来要继续完善培养体系、强化激励机制、畅通发展路径,为持续壮大高技能人才队伍创造良好的发展环境。

2022年10月7日,中共中央办公厅、国务院办公厅印发了《关于加强新时代高技能人才队伍建设的意见》,提出要坚持问题导向,聚焦高技能人才队伍建设的薄弱环节和关键问题,着力破解制约高技能人才队伍建设的体制机制障碍。一方面从培养端发力,提出构建以行业企业为主体、职业学校为基础、政府推动与社会支持相结合的高技能人才培养体系。另一方面从制度设计上发力,提出建立国家资历框架,贯通教育培训体系。同时,强化激励机制,提升高技能人才的经济待遇和社会地位。

四、提高职业道德修养

1. 树立正确的人生观

人生观是指人们对人生的根本看法和态度,包括对人生目的、人生价值和人生意义的基本看法和态度,它决定着人们实践活动的目标和人生道路的方向,也决定着人们行为选择的价值取向和对待生活的态度。树立正确的人生观是提高职业道德修养的前提。

2. 于细微处见品德

"合抱之木,生于毫末;九层之台,起于累土。"良好的职业道德品质不是短时间能够养成的,而是日积月累逐步培养起来的,是一个"积小善为大善"的过程。因此,我们要从日常生活的具体事情做起,在细微处下功夫。既要从点滴小事入手,培养良好的行为习惯,又要防微杜渐,随时克服和纠正自己不道德的思想和行为。

3. 实践出真知

参加社会实践,在实践活动中进行自我教育和自我完善,是提高职业道德修养的基本方法。人们在工作实践中体验、锻炼和提高,并逐步形成与岗位职业道德规范要求相匹配的职业道德品质和行为习惯。

4. 批评与自我批评

开展批评与自我批评是我党的三大优良作风之一,立查立改、即知即改,是开展批评和自我批评的重要目标,是加强自身建设和推动事业发展的重要法宝。批评与自我批评是一个问题的两个方面,二者缺一不可。一方面,在提高职业道德修养的过程中,我们要正确对待批评,动机要正确,态度要诚恳,一定要出于善意、公心,以理以德服人,最终帮助他人纠正错误;另一方面,在提高职业道德修养的过程中,我们需要自我批评,人非圣贤,孰能无过,要正确对待自身的缺点,敢于承担责任,做到三省吾身、反省内求,以达到完善自我。

议一议

1. 相较于社会道德,职业道德的特点有哪些?
2. 结合自己所学专业,谈谈新时代大学生如何提升职业能力?

做一做

活动 5-1:以学生为主体的实验(实训)耗材管理活动
——提升厉行节约、反对浪费的劳动素养

一、劳动背景

为保证实验(实训)教学活动的顺利开展,完成人才培养目标,同时贯彻厉行节约、反对浪费的要求,各学院通常制定了相应的"实验(实训)室耗材管理办法",对耗材的计划、采购、使用、管理和安全等方面做了详细的规定和说明。在教学过程中,学生是耗材的直接使用人,但是由于学生的耗材领用、使用、回收和再利用等行为很不规范,耗材浪费严重。因此,以学生为主体开展实验(实训)耗材管理活动,提升其劳动素养,是非常必要的。

二、劳动描述

请结合所学专业目前使用的实验（实训）室以及开设的专业教学活动，以小组为单位开展实验（实训）耗材管理活动，劳动中各行动阶段的任务描述如图5-2所示。

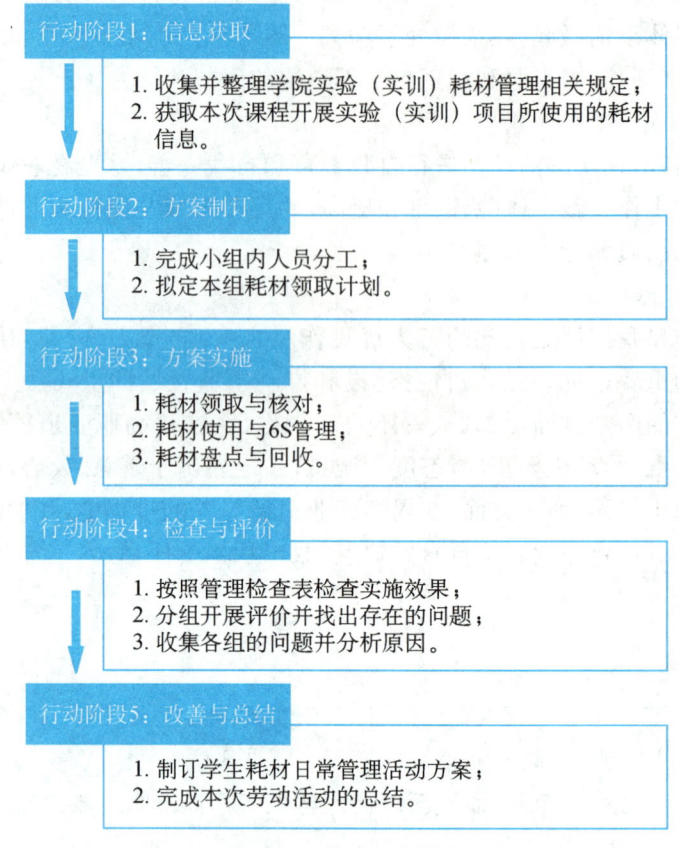

图 5-2　劳动任务描述

三、劳动目标

结合学生开展的实验（实训）项目，以学习小组为单位，实施以学生为主体的实验（实训）耗材管理活动，并与6S管理活动相结合，培养学生厉行节约、反对浪费的劳动素养，在实践活动中提高职业道德修养。

四、劳动过程

行动阶段 1：信息获取

1. 请收集并整理你所在学院的耗材管理规章制度等信息。

2. 请你根据所学专业、教学计划，选取本学期开设的一门实践类课程或一个实验（实训）项目，通过认真查阅课程资源、实验（实训）指导书等资料，与指导教师或管理员进行访谈等方式，收集和整理所使用的实验（实训）耗材的相关信息，填写表5-1。

表5-1　实验(实训)耗材信息表

课程名称		项目名称	
教学目标			
序号	耗材名称	作用	可回收性
1			□是　□否
2			□是　□否
……			

行动阶段2:方案制订

1. 请在学习小组内按照领料员、核查员、管理员等进行人员分工。其中领料员负责领料、补料和退料等;核查员负责耗材数量、质量的检查和清点等;管理员负责耗材整理、再利用回收等。

2. 请在课前开展小组研讨,根据教学目标以及成员能力水平,参照表5-2拟定本次课程耗材领用量,将拟申请领取的耗材数量上报指导教师。

表5-2　耗材管理表

领取人：		核查人：		日期：				年　月　日	
序号	耗材名称	型号	单位	拟领数量	实发数量	实收数量	补领数量	回收数量	备注
1									
2									
……									

行动阶段3:方案实施

1. 耗材领取

领料员在教学规定时间内到指导教师处领取本组耗材,并在表5-2中的"实发数量"栏填写指导教师实际配发数量。拟领数量和实发数量出现差异时,请从以下两点分析:

(1)实发数量小于拟领数量时,要认真分析原拟定领取数量是否存在多报、虚报现象,以及如何在数量减少的情况下,提高耗材利用率和实操效率,保障学习效果;

(2)实发数量大于拟领数量时,要认真审视本组成员课前预习成效,再次梳理课程重难点,认真分析如何在拟定领取数量下,完成学习任务。

2. 耗材核查

核查员对配发耗材的型号、单位、数量、质量等信息进行一一核对,按照实收数量如实填写表5-2。如存在偏差请及时与指导教师联系,进行耗材的补领、退换,可填入表5-2中"备注"栏加以说明。

3. 耗材使用与管理

按照实验(实训)室6S管理的相关要求开展耗材的整理、整顿等活动,并使之贯穿整个教学实践过程。请小组管理员在开展活动中注意以下五点:

(1)耗材分类整理、有效标识,避免实操过程中对耗材的错拿、误操作、混用等现象。例如耗材按照是否可二次利用、使用频繁程度、是否公共使用、性质功能、大小尺寸、安全危害程度、加工与未加工、成品与半成品等分类。同时应根据课程实验(实训)项目教学任务要求和学习分工,在小组内合理分配各成员所需耗材,做到不混放、不混用。

(2)耗材合理摆放,做到定高、定量、定范围和定位置,实现取用快捷。应注意耗材摆放区和操作区分开,不得占用和堵塞公共通道空间;操作过程中产生的废料、尾料等应与原耗材显著区分摆放。

(3)耗材规范使用。在整个实践操作过程中要严格按照实验(实训)指导书和安全操作规程要求进行操作,牢固树立"生命至上、安全第一"的意识,避免不规范的操作造成耗材消耗量增大,产生不必要的浪费。在操作过程中,应及时清点耗材、清扫废料,做到不遗留物品、不混合耗材、不混用耗材。

(4)保持整洁美观、安全卫生。对于涉及饮食健康、医疗保健、生物化工等专业的耗材,要特别注意存放环境、保质期、安全防护等方面的疏漏造成的耗材浪费和危害。

(5)实践操作过程中如出现耗材不足问题,应及时向指导教师申请补领耗材,并分析出现问题的原因及改进措施。

4. 耗材回收

在课程结束前至少30分钟,以小组为单位对耗材的使用情况进行盘点,注意区分未使用耗材、可二次利用耗材、不可利用耗材。向指导教师提交可回收利用耗材,经确认登记数量和种类后,填写表5-3,并认真分析,总结原因。对于需要特殊处理的专业耗材,须在指导教师或专业人员指导下进行处理。

表5-3 耗材清点表

领取人:　　　　核查人:　　　　日期:　　　　　　年　　月　　日

序号	耗材名称	型号	单位	实收数量	补领数量	回收数量	回收原因
1							
2							
……							

行动阶段4:检查与评价

1. 指导教师结合数据给出活动点评。条件允许时可以向学生提供同一门课程不开展耗材管理活动的班级或小组的耗材消耗和回收数量情况,作为活动开展效果的对比参照。

2. 各小组参照表5-4开展自查自评和小组之间的互查互评,如实记录出现的问题。

表5-4 耗材管理检查表

序号	检查内容	检查结果	问题说明
1	耗材记录数据详实	□是 □否	
2	合理拟定领用数量	□是 □否	
3	耗材信息核查详实无误	□是 □否	
4	合理分配成员所需耗材	□是 □否	
5	分类整理、标识明晰	□是 □否	
6	分类摆放、取用便捷	□是 □否	
7	通道顺畅无堆积物,台面清理得整齐干净	□是 □否	
8	按照操作指导规范使用耗材,无浪费	□是 □否	
9	操作过程中临时补领耗材	□是 □否	
10	操作过程中及时清点、清扫,不遗留物品	□是 □否	
11	无安全事故发生	□是 □否	
12	认真完成耗材盘点	□是 □否	
13	有效回收未使用和可再利用耗材	□是 □否	
14	自觉贯彻并形成劳动素养	□是 □否	

3. 汇总班级各组耗材实际使用量,填写完成表5-5,将汇总结果在班级内进行展示,通过数据对比,在学生中形成自觉厉行节约、反对浪费的良好风气。

表5-5 耗材管理汇总表

班级: 　　　　课程(项目)名称: 　　　　日期:

组号	教学任务达成度	6S效果	拟领数量	实发数量	实收数量	补领数量	消耗数量	回收数量
第一组								
第二组								
……								

行动阶段5:改善与总结

1. 根据耗材管理活动中实际使用数据和检查表的结果,对出现的实际使用损耗大、管理疏忽等现象进行分析研讨,改善并形成行之有效的实验(实训)耗材管理实施方案,并在今后的学习中自觉贯彻方案。

2. 请你完成一份劳动感悟总结,以图文的形式呈现,重点谈一谈你在今后学习中开展耗材管理活动的方案和实施要点,以及如何树立并自觉贯彻厉行节约、反对浪费的劳动素养。

练一练

参照本次活动内容与方法,请你对家庭日常消耗品实施管理活动,用活动记录数据和效果向家庭宣传勤俭节约的传统美德。

读一读

企业生产现场的材料管理

为了保证物料、辅料和工装器具等生产材料合理匹配生产计划、工作任务,须合理规范地向物管部门或产管部门领料,将多余或品质不良的材料退回,同时在生产过程中检查生产材料的实施供给情况,做好及时补料。

1. 管理内容与方法

现场材料管理可以从"数目一致、先进先出、去向明确、上料及时、仔细盘点、四品四数"6个方面入手:

(1)数目一致:在材料的领用、退补、费损、上料、盘点各环节,线长必须做到数目清晰,分类核对。

(2)先进先出:材料使用的第一原则就是先进先出,这是保持产品良好可追溯性的先决条件。现场要明确设备存放位置、按生产日期的先后顺序摆放、材料应有相应标识。

(3)去向明确:不是所有的材料都能装配成合格成品,中途分流(材料品质异常、人为遗失、作业不当等)的材料去向和原因要明确,并有相应记录单。

(4)上料及时:现场应做到实时把握生产进度、产量和材料投放相匹配,保证生产的连续性,特别是在巡线时应作为重点管控内容。

(5)仔细盘点:盘点是一段不得已暂时终止生产,只有支出没有收入的特殊时期,所以务必在较短时间内高效精确完成,可安排在生产后期。

(6)四品四数:材料管理务必做到"用数据说话",四品即完成品、在制品、维修品和报废品,四数即投入数、完成数、维修数、报废数。

2. 材料摆放管理

生产线工站的作业台是生产实施的关键之处,一定要加强对作业台面材料摆放的管理,要做到:

(1) 材料外包装不能直接摆上作业台,如纸箱、发泡盒、吸塑箱等;

(2) 采用稳固的托盒、支架(标明材料名称、型号、日期等)摆放材料,体积较大的可放置于作业台一侧,体积较小的可放在台面托盒内;

(3) 控制好材料的投放,可采用分时段等量投放,避免台面材料堆积;

(4) 台面及时清理,不让不合格的材料在作业台上存放过久;

(5) 材料做到可视化,标签清晰,相似的材料不要放在一起,以免混淆;

(6) 与生产无关、个人的物品不得摆放在作业台上。

3. 领料

生产现场管理中,材料的领用发放必须严格遵照生产计划、消耗定额和规章制度进行。领料是材料管理的首要内容,领料员领取本班次材料时应填写《材料领用单》,必须做好型号、数量、质量的核对工作,以便及时补、退材料。一般来说至少提前1天向仓管部门提出备料,生产前1小时向现场直接发料。

4. 退料

如果发现生产线有与产品规格不符的材料、超发的材料、补料材料、呆料和报废的材料,应办理有效的退料手续并及时补料。

(1) 由生产部门对退料进行分类汇总,填写《退料记录单》,并注明退料原因;

(2) 与产品规格不符、品质不良、报废的材料须经相关部门鉴定方可退料,并填写《费损记录单》;

(3) 与仓管员核对签收。

5. 补料

生产过程中,线长在巡线时应检查材料的损耗、供料数量和时机,发现问题后及时做好补料,对因材料问题引起的停工停线应做好应急措施、及时上报。补料主要有以下几种情况:生产计划变更引起的补料、工艺制作用料与实际不符引起的补料、原材料质量异常引起的补料、因生产管理原因引起的补料(生产过程中损耗超标,错用料,错裁料,遗失、损坏物料或因成品/半成品质量不合格而重做造成补料)、因领料员人为疏忽造成领料数量错误引起的补料等。一般情况下,补料申请、确认、追踪责任人、审核、审批、查仓存、核实补料等,应该以不影响该生产计划和任务为基本要求。

(资料来源:王延臣,《现代班组长现场管理》,中国铁道出版社,2018年)

任务 5.2　树立劳动安全意识

> **案例导入**
>
> "毛泽东号"机车组：铁路线上焕发时代新风采
>
> 　　在我国纵横八方的铁路网上，有一辆特别的机车在奔驰前行。每当机车组在驾驶这辆机车时，都严格遵守"背不靠座椅、眼不离前方、手不离闸把、说话不对脸、沏茶不谦让、吃饭不同时"的纪律。这辆机车就是"毛泽东号"机车。
>
> 　　一代代铁路人形成了"报效祖国、忠于职守、艰苦奋斗、永当先锋"的"毛泽东号"精神，以及"责任心+责任制+基本功=安全"的安全生产基本经验。他们奔跑追梦，不懈奋斗，73年安全行车一事不出，取得了累计安全行驶1 100万千米的骄人业绩，名副其实地成为全路运输安全生产的"火车头"。机车组先后有6人获得全国劳动模范，120多次获得全国、地方先进集体荣誉称号，成为新中国成立以来全路机车组组建时间最长、涌现劳模最多、安全成绩最好、完成任务量最大的先进机车组。
>
> 　　"85后"小伙子王振强是"毛泽东号"机车组第十三任司机长。他说："作为新时代的铁路人，我们既要牢牢秉承'开领袖车，做领军人'的责任担当，用高度责任心、严明责任制、过硬基本功，确保一趟趟列车的安全正点，还要结合时代特征，赋予其更多新的内涵，让'毛泽东号'这台英雄机车在新时代焕发出新风采。"
>
> （案例来源：敖蓉，《经济日报》2019年9月17日第4版，有删改）

想一想

　　请结合案例并查阅相关资料，思考"毛泽东号"机车组是如何实现安全生产的？

一、劳动安全的内涵

　　劳动安全，又称职业安全，是指在生产劳动过程中，防止中毒、车祸、触电、塌陷、爆炸、火灾、坠落、机械外伤等危及劳动者人身安全的事故发生。

　　《中华人民共和国劳动法》（以下简称《劳动法》）第三条规定："劳动者享有平等就业和选择职业的权利、取得劳动报酬的权利、休息休假的权利、获得劳动安全卫生保护的权利、接受职业技能培训的权利、享受社会保险和福利的权利、提请劳动争议处理的权利以及法律规定的其他劳动权利。劳动者应当完成劳动任务，提高职业技能，执行劳动安全卫生规程，遵守劳动纪律和职业道德。"可见，劳动安全是劳动者享有的在职业劳动中人身安全获得保障、免受职业伤害的权利,同时劳动者在劳动过程中必须严格遵守安全操作规程和劳动纪律,树立劳动安全意识,具备劳动防护能力。

大学生无论是在在校期间的实验实训、志愿服务、社会实践等形式的劳动活动中,还是在将来走进社会、面向岗位的劳动生产和服务中,都应该从以下三个基本方面做起。

(一)树立劳动安全意识

劳动者是落实劳动活动的直接执行者,是工作在劳动一线的人,加强安全工作,防止和减少安全事故,保障劳动者生命和财产安全,牢固树立安全意识是关键,应当以人为本,树牢安全发展理念,坚持安全第一、预防为主。

(二)遵守劳动安全法律法规

安全生产、劳动保护事关劳动者的生命财产安全,是广大劳动者最基本的劳动权利。党和政府十分重视保障劳动者安全生产和劳动保护权益,已经颁布和实施一系列法律法规和职业安全卫生标准,劳动者在享有权利的同时,也必须履行应尽的义务,必须遵章守法,履职尽责,服从管理。大学生应自觉有意识地学习法律法规知识,做知法、懂法、守法的劳动者。

(三)培养安全防护能力

培养科学应对和处置安全隐患、劳动危害的思维和防护能力,以从容不迫、临阵不乱、临危不惧的强大心理素质面对工作中出现的风险,不断提升精准研判和防范化解风险的防护能力。

二、树立劳动安全意识

近年来各类安全事故发生的首要原因就是劳动者劳动安全意识淡薄,疏忽麻痹。新时代大学生作为社会未来劳动者的骨干力量,应该培养和树立以下四方面的劳动安全意识。

(一)要牢固树立安全责任意识

责任就是要尽职尽责、担当负责。各岗位上的劳动者要牢记自己所承担的岗位责任,在劳动过程中时刻绷紧安全这根弦,使自己的劳动对象、劳动工具、劳动方法、劳动成果等均达到安全生产的标准。

(二)要牢固树立安全制度意识

无规矩不成方圆,劳动安全制度是在一个社会组织或团体中要求其劳动者共同遵守并按一定程序劳动的安全规程或行动准则。每一位劳动者必须严格执行安全制度,将遵章守则落实到每一处劳动细节,不存有侥幸心理,只有这样才能确保劳动生产规范化、有序化,减少安全事故的发生。

(三)要牢固树立安全忧患意识

安全忧患意识既是对危险的清醒预见意识也是自觉防范意识。凡事不可能一帆风顺,要增强忧患意识,做到居安思危,才能防患于未然。对劳动生产中的安全问题要想到前面、提到前面,把防范措施准备得更充分一些,把工作细节做得更扎实一些,安全才能得到保证。

(四)要牢固树立安全教育意识

劳动安全教育是指对劳动者进行防止和消除生产过程中人身、设备事故及职业危害,实现劳动安全的教育活动,主要包括安全生产及劳动保护法令政策知识、操作技术规程、有关规章制度、安全装置及防护器具的使用方法、典型经验及事故分析等内容。《劳动法》第五十二条明确规定"对劳动者进行劳动安全卫生教育";《中华人民共和国安全生产法》(以下简称《安全生产法》)第二十八条规定"生产经营单位应当对从业人员进行安全生产教育和培训",第五十八条规定"从业人员应当接受安全生产教育和培训"。只有从事生产经营的各级人员切实参与安全教育培训,不断强化全员安全意识,增强全员防范意识,才能筑起牢固的安全生产思想防线,才能从根本上解决安全生产中存在的隐患。

三、遵守劳动安全法律法规

目前,我国劳动安全法律体系已经形成了以《中华人民共和国宪法》和《劳动法》为根基,以《安全生产法》为主干,以《中华人民共和国刑法》《中华人民共和国工会法》《中华人民共和国矿产资源法》《中华人民共和国合伙企业法》等法律相关条款和大量行政法规、部门规章、地方立法为枝叶的较为完整的法律体系,明确规定了劳动者和用人单位在劳动安全方面所享有的权利和应尽的义务。

(一)《劳动法》的相关规定

为了保护劳动者的合法权益,调整劳动关系,建立和维护适应社会主义市场经济的劳动制度,促进经济发展和社会进步,我国根据《宪法》制定了《劳动法》。其中第六章劳动安全卫生相关规定如下。

第五十二条:"用人单位必须建立、健全劳动安全卫生制度,严格执行国家劳动安全卫生规程和标准,对劳动者进行劳动安全卫生教育,防止劳动过程中的事故,减少职业危害。"

第五十三条:"劳动安全卫生设施必须符合国家规定的标准。新建、改建、扩建工程的劳动安全卫生设施必须与主体工程同时设计、同时施工、同时投入生产和使用。"

第五十四条:"用人单位必须为劳动者提供符合国家规定的劳动安全卫生条件和必要的劳动防护用品,对从事有职业危害作业的劳动者应当定期进行健康检查。"

第五十五条"从事特种作业的劳动者必须经过专门培训并取得特种作业资格。"

第五十六条:"劳动者在劳动过程中必须严格遵守安全操作规程。劳动者对用人单位管理人员违章指挥、强令冒险作业,有权拒绝执行;对危害生命安全和身体健康的行为,有权提出批评、检举和控告。"

(二)《安全生产法》的相关规定

《安全生产法》是为了加强安全生产工作、防止和减少生产安全事故、保障人民群众生命和财产安全、促进经济社会持续健康发展而制定的。安全生产工作应坚持中国共产党的领导。安全生产工作应当以人为本,坚持人民至上、生命至上,把保护人民生命安全摆在首位，树牢安全发展理念，坚持安全第一、预防为主、综合治理的方针，从源头上防范化解重大安全风险。安全生产工作应实行管行业必须管安全、管业务必须管安全、管生产经营必须管安全。

新修订的《安全生产法》自 2021 年 9 月 1 日起施行，相关规定如下。

第五十三条："生产经营单位的从业人员有权了解其作业场所和工作岗位存在的危险因素、防范措施及事故应急措施，有权对本单位的安全生产工作提出建议。"

第五十四条："从业人员有权对本单位安全生产工作中存在的问题提出批评、检举、控告；有权拒绝违章指挥和强令冒险作业。生产经营单位不得因从业人员对本单位安全生产工作提出批评、检举、控告或者拒绝违章指挥、强令冒险作业而降低其工资、福利等待遇或者解除与其订立的劳动合同。"

第五十五条："从业人员发现直接危及人身安全的紧急情况时，有权停止作业或者在采取可能的应急措施后撤离作业场所。生产经营单位不得因从业人员在前款紧急情况下停止作业或者采取紧急撤离措施而降低其工资、福利等待遇或者解除与其订立的劳动合同。"

第五十七条："从业人员在作业过程中，应当严格落实岗位安全责任，遵守本单位的安全生产规章制度和操作规程，服从管理，正确佩戴和使用劳动防护用品。"

第五十八条："从业人员应当接受安全生产教育和培训，掌握本职工作所需的安全生产知识，提高安全生产技能，增强事故预防和应急处理能力。"

第五十九条："从业人员发现事故隐患或者其他不安全因素，应当立即向现场安全生产管理人员或者本单位负责人报告；接到报告的人员应当及时予以处理。"

第四十四条："生产经营单位应当教育和督促从业人员严格执行本单位的安全生产规章制度和安全操作规程；并向从业人员如实告知作业场所和工作岗位存在的危险因素、防范措施以及事故应急措施。生产经营单位应当关注从业人员的身体、心理状况和行为习惯，加强对从业人员的心理疏导、精神慰藉，严格落实岗位安全生产责任，防范从业人员行为异常导致事故发生。"

第四十五条："生产经营单位必须为从业人员提供符合国家标准或者行业标准的劳动防护用品，并监督、教育从业人员按照使用规则佩戴、使用。"

第五十六条："生产经营单位发生生产安全事故后，应当及时采取措施救治有关人员。因生产安全事故受到损害的从业人员，除依法享有工伤保险外，依照有关民事法律尚有获得赔偿的权利的，有权提出赔偿要求。"

(三) 实习安全的相关规定

实习是职业教育重要的教学环节，既是专业学习和技术技能训练的必备途径，也是锤炼意志品质、提前熟悉岗位、引导学生融入社会的重要方式。为深入贯彻全国职业教育大会精神，落实中共中央办公厅、国务院办公厅《关于推动现代职业教育高质量发展的意见》，进一步做好职业学校学生实习工作，教育部、工业和信息化部、财政部、人力资源社会保障部、应急管理部、国资委、市场监管总局和中国银保监会等八部门对《职业学校学生实习管理规定》进行了修订。

修订后的《职业学校学生实习管理规定》包括总则、实习组织、实习管理、实习考核、安全职责、保障措施、监督与处理、附则8章共50条规定,进一步明确了实习参与各方的责任、权利和义务,规范了实习各环节过程的基本要求,进一步明确了学生实习的行为准则,为实习管理划定了"红线",提出1个"严禁"、27个"不得",并有针对性地明确了处理规定,切实保障实习学生的合法权益。其中"第五章 安全职责"明确了职业学校、实习单位和实习学生三方的安全职责。

其中规定:职业学校和实习单位要确立"安全第一、预防为主"的原则,强化实习单位主要负责人安全生产第一责任人职责,严格执行国家及地方安全生产、职业卫生、人格权保护等有关规定。职业学校主管部门应当会同相关行业主管部门加强实习安全监督检查。实习单位应当健全本单位安全生产责任制,执行相关安全生产标准,健全安全生产规章制度和操作规程,制定生产安全事故应急救援预案,配备必要的安全保障器材和劳动防护用品,加强对实习学生的安全生产教育培训和管理,保障学生实习期间的人身安全和健康。未经教育培训或未通过考核的学生不得参加实习。实习学生应遵守国家法律法规、校纪校规和实习单位安全管理规定,认真完成实习方案规定的实习任务,提高自我保护意识。

四、培养安全防护能力

新时代大学生不仅要具备"生命至上、安全第一"的劳动安全意识,"处变不惊、从容冷静"的劳动心理素质,还应该具备"科学处置、规避自救"的安全防护能力。安全防护按照劳动安全的防护范围与种类可分为日常安全防护、职业安全防护和公共安全防护。日常安全防护包括日常生活和学习过程中的防火、防盗、防溺水、防诈骗、防伤害等,也包括交通、社交、运动、网络、心理方面的安全防护;职业安全防护指劳动者在某职业岗位上的劳动卫生保护;公共安全防护包括国家安全、突发公共事件、重大疾控、自然灾害等的防护。

大学生在教学活动、社会实践、实训实习等劳动活动中,处在各种不同的作业环境和劳动条件下,使用各类机器设备、工具和不同的生产工艺进行劳动实践,有时因作业环境中的不利条件、设备或工具的缺陷、工艺及操作上的缺点等因素,导致事故发生。为了消除劳动过程中的不安全因素,预防伤害事故发生,在技术、工艺及操作、设备、个体防护等方面需采取必要的安全措施和处置方法。表5-6为常见安全防护措施。

表5-6 常见安全防护措施

序号	种类	因素	防护措施
1	机械类	机械设备在运转过程中,由于缺少安全防护装置、工件装卡不牢、操作者违章作业、设备故障等原因,可能造成各种伤害事故	1. 减轻劳动强度,严格人员操作规范; 2. 设置安全防护装置; 3. 安装安全连锁装置; 4. 加装保险限位装置; 5. 设置警示信号和标识装置

（续表）

序号	种类	因素	防护措施
2	电气类	电击是指电流通过人体，造成人体内部伤害，使人呼吸窒息、痉挛、房颤、心脏骤停等，严重时，会造成死亡 电伤是指电对人体外部造成的局部伤害，如电弧烧伤、烫伤等 在生产中，大多数静电是由于不同物质的接触和分离或相互磨擦而产生的，如挤压、搅拌、喷溅、流动和过滤都会产生静电。静电能使不带电导体感应起电	1. 采用绝缘装置，避免与其他带电体接触时发生短路或触电； 2. 采用屏蔽装置，使带电体与其他物体或人隔开，不能直接触及人体； 3. 保持在带电体之间、带电体与地面之间、带电体与其他设备之间一定的安全距离； 4. 必须根据线路正常工作的最大电流正确选用导线的种类和规格，不超过安全载流量； 5. 使用明确统一的安全用电警示标志； 6. 减少静电的产生，设法导走或消散静电，防止静电放电
3	火灾类	燃烧的三个基本条件：可燃物；助燃物，如空气、氧气；火源或一定温度，如火焰、电火花、电弧、炽热物体等	1. 消除火源：如禁止烟火、明火，采取接地、接零保护，防止产生电火花；防止雷击；控制温度等； 2. 控制可燃物：使用难燃阻燃材料；防止可燃物质跑、冒、滴、漏；对相互作用后，可能产生可燃气体的物品应隔离存放； 3. 隔绝空气：将可燃物品隔绝空气存放，或在存放设备的容器中充装惰性保护气体； 4. 防止火势发展和蔓延。可以设置防火间距、阻火装置、防火墙等； 5. 开展火灾安全教育和培训
4	爆炸类	可分为物理爆炸和化学爆炸。物理爆炸：由物理变化（温度、体积、压力）引起，爆炸物的性质及化学成分不变化，破坏程度取决于气体压力；化学爆炸：物质在短时间内完成化学变化，形成其他物质，同时产生大量气体，并释放能量	1. 阻止第一过程的出现（即控制爆炸混和物的形成和控制点燃火源，使点燃不能开始），限制第二过程的发展（即切断爆炸传播途径和爆炸升级的条件），防护第三过程危害（即减弱热力、压力和冲击波对人和设施的破坏）； 2. 采取监测措施，安装报警装置； 3. 易燃易爆品分别采取避光、通风、隔离、冷藏、分散等措施，设置相应防火防爆设施
5	有毒类	凡是生产中使用或废弃的污染生产环境的毒物称为生产性毒物。它可以固体、液体、气体或气溶胶的形态存在。但就其对人体的危害来说，则空气污染最为明显	1. 以无毒或低毒原料代替有毒或高毒的原料是一项最积极的措施； 2. 革新工艺，改变操作方法，最大限度地减少工人接触毒物的机会； 3. 利用通风排毒系统，达到净化工作环境的目的； 4. 佩戴根据特殊需要所制作的特殊质地的护具，如防护服、防护手套、护目镜、防护面具等； 5. 加强现场管理，避免跑、冒、滴、漏等现象； 6. 开展中毒急救教育和培训

> **议一议**
>
> 1. 按照《职业学校学生实习管理规定》的相关要求,在实习期间应从哪些方面树立劳动安全意识?
> 2. 结合自己所学专业,在开展实验(实训)教学活动中,应具备哪些安全防护能力?

做一做

活动 5-2:实验(实训)室 6S 管理活动
——营造规范有序、安全卫生的实践场地

一、劳动背景

实验(实训)室是高等院校师生从事教学、科研、竞赛、培训及技能考核鉴定的重要场所。近年来实验(实训)室开发时间和利用率提高,设备仪器维护、物料辅材消耗以及安全卫生隐患等方面的问题也随之出现,因此各院校在广大师生间采用 6S 管理活动,对实验(实训)室进行全面的整治,推进实验(实训)室开放和使用管理的合理化和规范化。

二、劳动描述

请结合所学专业目前使用的实验(实训)室以及开设的专业教学活动,以小组为单位开展实验(实训)室 6S 管理活动,劳动中各行动阶段的任务描述如图 5-3 所示。

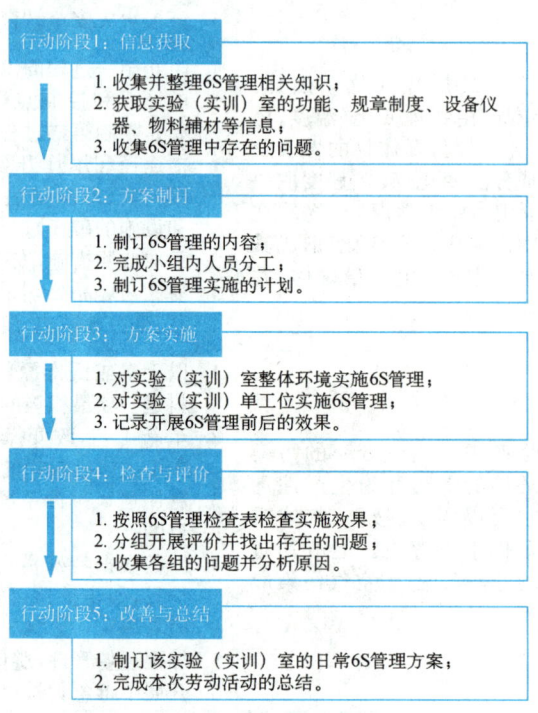

图 5-3　劳动任务描述

三、劳动目标

通过开展实验(实训)室 6S 管理的劳动活动,为广大师生营造整洁、安全、规范的实践教学场景,切实延长设施设备的使用寿命,有效降低运行维护成本;提升大学生职业素养,强化劳动安全意识和问题处理能力;让校内实验(实训)室的教学场景更贴近企业劳动现场和工作环境,使学生初步具备企业现场精细化管理的意识和能力。

四、劳动过程

行动阶段 1:信息获取

1. 6S 管理内容的整理

6S 就是整理(SEIRI)、整顿(SEITON)、清扫(SEISO)、清洁(SEIKETSU)、素养(SHITSUKE)、安全(SECURITY)6 个管理项目,因均以"S"开头,简称 6S。通过开展 6S 管理实现"提高效率,保证质量,使工作环境整洁有序,保证安全"的目的。请你查阅相关资料并结合任课教师的讲解,整理 6S 管理项目的内容和实施方法,完成表 5-7。

表 5-7 6S 管理项目表

序号	项目名称	项目管理内涵
1	整理(SEIRI)	
2	整顿(SEITON)	
3	清扫(SEISO)	
4	清洁(SEIKETSU)	
5	素养(SHITSUKE)	
6	安全(SECURITY)	

2. 实验(实训)室信息的收集

请你根据所学专业、开设课程,选取本学期使用的_____实验(实训)室作为开展 6S 管理活动的场所。以小组为单位,通过查询实验(实训)室功能介绍,与指导教师或管理员进行访谈等方式,收集和整理实验(实训)室的相关信息:

(1)室内设施环境:_____
_____。

(2)主要设备仪器:_____
_____。

(3)使用的物料辅材:_____
_____。

(4)主要功能:_____
_____。

(5)存在的问题(包括上课人员管理、设备仪器、物料辅材、设施环境、安全隐患等方面):
_____
_____。

行动阶段2:方案制订

1. 请你根据"行动阶段1"所收集整理的信息,并参照表5-8所示基本内容,拟定本组6S管理活动的实施方案。

表5-8 6S管理方案表

项目	管理要点	管理对象	实施措施
整理	要与不要 分类整理	设施环境	
		设备仪器	
		物料辅材	
		文件管理	
整顿	合理摆放 取用快捷	设施环境	
		设备仪器	
		物料辅材	
		文件管理	
清扫	清理保养 美化环境	设施环境	
		设备仪器	
		物料辅材	
		文件管理	
清洁	贯彻制度 持续开展	管理制度	
		人员分工	
		制度计划	
		意识培养	
安全	安全至上 保障品质	消防安全	
		水电气暖	
		卫生防疫	
		操作安全	
		设备物料	
		安全教育	
素养	形成习惯 提升素养	日常6S活动	
		遵章守纪	
		仪容仪表	
		时间观念	

2. 请向任课教师或管理员汇报本组拟定的方案,充分听取改进意见,修改本组6S管理方案和实施计划时间。

3. 请按照本组制订的 6S 管理方案和计划,在小组内进行人员分工。

行动阶段 3:6S 管理实施

1. 课前 6S 管理活动

请各组提前 10 分钟到达实验(实训)室,对本组工位进行 6S 管理。

(1)根据课程的教学内容,将工位上的设备仪器、物料辅材合理分类,分为必需品和非必需品两种。在此期间,应在工位上只放置必需品,有效扩大操作空间,确保必需品可以及时拿到,非必需品进行合理收纳。

(2)对本组工位设施进行清扫,营造干净整洁的实践环境。

(3)开展安全检查,特别是在涉及电类、机械、化学等的有毒有害、高温、有噪声的环境下,及时发现隐患并上报任课教师和管理员。

(4)按照学校管理规定和 6S 管理方案对个人进行劳动素养检查。

为对比 6S 管理实施效果和持续改进,请对开展 6S 管理前后的情景进行拍照记录。

2. 课中 6S 管理活动

(1)对设备仪器进行点检。请在任课教师指导下,依据说明书或指导手册,对设备仪器规定部位和关键点进行检查,以便尽早发现故障隐患,及时加以修理调换。

(2)严格落实操作安全规程。树立"生命至上、安全第一、预防为主"的安全意识。进行实验实训项目操作前,做好个人安全卫生防护准备,并在整个课程期间严格贯彻 4M1E(人、机、物、法、环)等方面的安全操作规程。

(3)保持清洁,贯穿全过程。

3. 课后 6S 管理

(1)结束实验实训项目操作后,对实验(实训)室的设施环境、设备仪器、物料辅料、文档报告资料等及时开展整理、整顿和清扫活动。

(2)开展安全检查。在离开实验(实训)室前再次检查确认水电气暖、门窗安防等安全事项。

(3)填写实验(实训)室使用记录,并做好使用交接工作。

行动阶段 4:检查与评价

开展组内自评、小组互评和教师评价活动,并将评价结果记录在表 5-9 中。

表 5-9 6S 管理检查表

序号	检查项	检查内容	检查结果	情况说明
1	设施环境	通道顺畅无堆积物	□符合 □不符合	
		地面无纸屑、废料、油污、积尘等	□符合 □不符合	
		桌椅、储物柜、文件资料、清洁工具摆放整齐	□符合 □不符合	
		工作台面清理得整齐干净	□符合 □不符合	
		标识牌、文化栏等合理摆放,无脏污	□符合 □不符合	
		门窗墙壁清洁无死角	□符合 □不符合	

(续表)

序号	检查项	检查内容	检查结果		情况说明
2	设备仪器	擦拭干净并按时点检与保养	□符合	□不符合	
		配套工装治具附件等整洁无损	□符合	□不符合	
		分类摆放、取用便捷	□符合	□不符合	
		配套说明书、指导手册保存齐全	□符合	□不符合	
		线缆走线规范,无私拉乱扯现象	□符合	□不符合	
3	物料辅材	领用归还记录详实	□符合	□不符合	
		分类整理、合理摆放收纳	□符合	□不符合	
		节俭省用、成本控制	□符合	□不符合	
		及时清点、清扫,不留遗物	□符合	□不符合	
		安全存放收纳	□符合	□不符合	
4	安全卫生	落实疾控防疫、卫生防护措施	□符合	□不符合	
		做好各项操作前个人保护措施	□符合	□不符合	
		严格操作规范、安全无事故	□符合	□不符合	
		消防、门窗等安防设施齐全正常	□符合	□不符合	
		室内水电气暖等辅助设施正常	□符合	□不符合	
		开展安全教育	□符合	□不符合	
5	劳动素养	文明着装、仪容仪表端正	□符合	□不符合	
		不闲谈、不急慢、工作认真专心	□符合	□不符合	
		形成6S管理制度,责任到人	□符合	□不符合	
		有效时间控制,提高学习效率	□符合	□不符合	
		自觉开展6S管理活动	□符合	□不符合	

行动阶段5:改善与总结

1. 根据检查表的结果和反馈意见,结合各组6S管理实施方案,改善并形成行之有效的实验(实训)室6S管理实施方案,自觉贯彻方案。

2. 请你完成一份劳动活动感悟总结,以图文的形式呈现,重点谈一谈你对6S管理的理解和实施注意要点,以及如何树立安全意识和提升劳动素养。

练一练

为进一步加强学生宿舍管理,确保每一名学生都有一个安全文明、整洁卫生的生活环境,请你结合实验(实训)室6S管理活动,制订宿舍6S管理活动方案,并在班级内开展活动效果评选。

读一读

6S 就是整理（SEIRI）、整顿（SEITON）、清扫（SEISO）、清洁（SEIKETSU）、素养（SHITSUKE）、安全（SAFETY）6 个项目，因均以"S"开头，简称 6S。

提起 6S，首先要从 5S 谈起。5S 起源于日本，指的是在生产现场中将人员、机器、材料、方法、环境等生产要素进行有效管理，它针对企业中每位员工的日常行为方面提出要求，倡导从小事做起，力求使每位员工都养成事事"讲究"的习惯，从而达到提高整体工作质量的目的，是日式企业独特的一种管理方法。1955 年，日本 5S 的宣传口号为"安全始于整理整顿，终于整理整顿"，当时只推行了前 2S，其目的仅是确保作业空间和安全，后因生产控制和品质控制的需要，而逐步提出后续 3S，即"清扫、清洁、素养"，从而使其应用空间及适用范围进一步拓展。1986 年，首部 5S 著作问世，对整个日本现场管理模式起到了冲击作用，并由此掀起 5S 热潮。日企将 5S 活动作为工厂管理的基础，推行各种品质管理手法。而在丰田公司的倡导推行下，5S 对于提升企业形象、安全生产、推进标准化、创造令人心怡的工作场所等方面的巨大作用逐渐被各国管理界所认可。我国企业在 5S 现场管理的基础上，结合国家的安全生产活动，在原来 5S 的基础上增加了安全（SAFETY）要素，形成 6S。

1. 整理（SEIRI）。将工作现场的所有物品区分为有用品和无用品，除了有用的留下来，其它的都清理掉。目的：腾出空间，空间活用，防止误用，保持清爽的工作环境。

2. 整顿（SEITON）。把留下来的必要的物品依规定位置摆放，并放置整齐，加以标识。目的：工作场所一目了然，减少寻找物品的时间，创造整整齐齐的工作环境，消除过多的积压物品。

3. 清扫（SEISOU）。将工作场所内看得见与看不见的地方清扫干净，保持工作场所干净、明亮，创造良好的工作环境。目的：稳定品质，减少工业伤害。

4. 清洁（SEIKETSU）。将整理、整顿、清扫进行到底，并且制度化，经常保持环境处在整洁美观的状态。目的：创造整洁现场，维持上述 3S 推行成果。

5. 素养（SHITSUKE）。每位成员养成良好的习惯，并遵守规则做事，培养积极主动的精神（也称习惯性）。目的：促进良好行为习惯的形成，培养遵守规则的员工，发扬团队精神。

6. 安全（SAFETY）。重视成员安全教育，每时每刻都有安全第一观念，防患于未然。目的：建立及维护安全生产的环境，所有的工作应建立在安全的前提下。

6S 之间彼此关联，整理、整顿、清扫是具体内容；清洁是指将上面的 3S 实施的做法制度化、规范化，并贯彻执行及维持结果；素养是指培养每位员工养成良好的习惯，并遵守规则做事，开展 6S 容易，但长时间的维持必须靠素养的提升；安全是基础，要尊重生命，杜绝违章。

项目六

保障劳动权益

> **劳动箴言：**
> 在重视劳动和尊重劳动者的基础上，我们有可能来创造自己的新的道德。
> ——高尔基

知识目标

1. 了解我国劳动法律法规体系；
2. 认识劳动关系，掌握劳动者享有的权利和应履行的义务；
3. 理解保护劳动权益的具体内容。

能力目标

1. 能够正确签订劳动合同，有效防范劳动市场的法律风险；
2. 能够通过正当途径理性维权，应对并解决简单的劳动争议。

素质目标

1. 树立劳动权益的保障意识，运用法律武器维护自身合法劳动权益；
2. 树立劳动法律风险的防范意识，规避劳动风险。

任务 6.1 树立合法劳动意识

> **案例导入**
>
> ### 奇葩的招聘广告
>
> 求职者小王在找一份系统维护工程师的工作。他在一家著名的招聘网站上看到这样一则招聘广告,其中对于员工的任职要求有如下的规定:
> 1. 大学本科及以上学历,计算机相关专业,985、211院校毕业生优先考虑;
> 2. 男性,35周岁以下,五官端正,无肢体残疾;
> 3. 熟练掌握Windows和Linux服务器的安装配置与维护;
> 4. 掌握Oracle数据库的安装配置及维护;
> 5. 具有良好的沟通和表达能力,责任心强,作风踏实;
> 6. 普通话流利,英语流利,上海户籍优先;
> 7. 摩羯座优先,不接受处女座;
> 8. A型或AB型血优先。
>
> 看到这个招聘广告,小王心里觉得太搞笑了,很多规定实在是无厘头,完全没有依据。
>
> (案例来源:李皓楠,《人力资源的5分钟劳动法》,天津人民出版社,2020年)

想一想

在这则招聘广告里,有哪些内容涉嫌违反相关劳动法律法规?

合法劳动是指法人或自然人在国家相关法律法规许可范围之内开展的各种劳动。在社会经济发展中,无论是体力劳动还是脑力劳动,无论是简单劳动还是复杂劳动,一般来说,有益于人民和社会的都是合法劳动。劳动创造世界,劳动创造人类社会,劳动创造物质财富和精神财富,劳动推动经济发展和社会进步,所以我们要尊重和保护一切合法劳动。但劳动并不一定都是合法的,如制假售假的劳动,传销、非法集资的劳动,欺诈、拐骗他人的劳动等违法犯罪活动,都是有害的非法劳动。每位公民都应该树立法治观念,增强法律意识。

作为即将步入社会的新时代大学生,更应当成为法律的真诚拥护者和坚定践行者。在劳动过程中,要积极学习劳动法律相关知识,树立合法劳动意识,坚决抵制违法违纪行为;同时,注意防范劳动法律风险,当自身合法权益受到侵害时,能够拿起法律武器从容应对职场法律风险、维护自身的合法权益,理性地维权,做一个知法、懂法、守法、用法的合法劳动者。

一、认识劳动法律法规体系

劳动法是一个具有多种含义的概念。广义上的劳动法指调整劳动关系及与劳动关系联系密切的其他社会关系的法律规范的总和,即法律体系中的劳动法律部门。狭义上的劳动法指一个国家的劳动法典,如《中华人民共和国劳动法》。

劳动法体系是指一国全部劳动法律规范按照一定标准分类组合所形成的有机联系的统一整体,即按照一定标准所划分的若干项劳动法律制度所构成的有机整体;简单而言,是根据一定标准、原则所制定的同类劳动法律规范的总称。我国劳动与社会保障法的体系庞大,除《中华人民共和国劳动法》《中华人民共和国劳动合同法》《中华人民共和国就业促进法》《中华人民共和国社会保险法》《中华人民共和国劳动争议调解仲裁法》,以及《工伤保险条例》等重要法律法规之外,还有一系列司法解释、部门规章及司法意见等,在具体的劳动关系实践中起着重要的作用。我国现行劳动法体系结构如图6-1所示,这些法律法规及相关规范性文件在保护劳动关系中作为弱势一方的劳动者方面起着关键性的作用,同时也为和谐劳动关系的建立提供了法律上的依据,有助于规范和促进和谐劳动关系的发展。

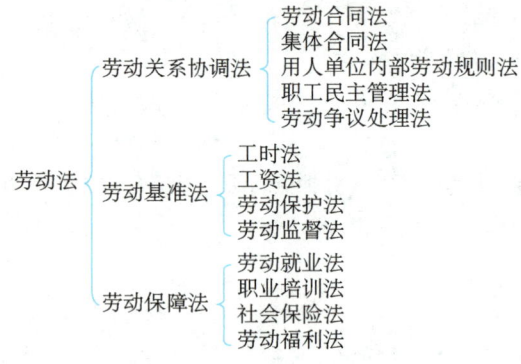

图6-1 我国现行劳动法体系

(一)《中华人民共和国劳动法》

《中华人民共和国劳动法》(以下简称《劳动法》)于1995年1月1日起施行,并分别于2009年和2018年进行了两次修订。其立法目的是保护劳动者的合法权益,调整劳动关系,建立和维护适应社会主义市场经济的劳动制度,促进经济发展和社会进步。该法共分为13章,包括总则、促进就业、劳动合同和集体合同、工作时间和休息休假、工资、劳动安全卫生、女职工和未成年工特殊保护、职业培训、社会保险和福利、劳动争议、监督检查、法律责任、附则。

《劳动法》的基本原则主导整个劳动法体系,集中体现《劳动法》的本质和基本精神,是调整劳动领域的社会关系时所应遵循的基本准则。我国《劳动法》的基本原则如下。

1. 劳动既是公民权利又是公民义务原则

(1)劳动是公民的权利。每个有劳动能力的公民都享有从事劳动的平等权利,即包括就业权、择业权在内的劳动权。公民有权依法选择适合自己特点的职业和用人单位，利用国家和社会所提供的各种就业保障条件提高自己的就业能力，增加就业机会。

（2）劳动是公民的义务。现阶段，劳动是公民必要的谋生手段。公民不但可以积极争取国家和社会提供的就业机会，还可以通过自谋职业、自主创业等方式为自己创造就业机会，并在劳动岗位上诚信地履行各项义务，尤其是与用人单位建立劳动关系后，须遵守劳动纪律和完成劳动任务。

2. 保护劳动者合法权益原则

（1）偏重保护和优先保护。《劳动法》在立法上偏重保护作为弱势群体的劳动者，优先保护劳动者利益，在一定程度上体现劳动者的权利本位和用人单位的义务本位。

（2）平等保护。《劳动法》平等地保护全体劳动者的合法权益，包括对各类劳动者的平等保护和对特殊劳动者群体，如妇女、未成年人等的特殊保护。

（3）全面保护。劳动者的合法权益，从劳动关系成立之前到劳动关系终止后都被纳入保护范围之内。

（4）基本保护。对劳动者基本权益的保护，属于最低限度保护，如对其社会保障权、劳动报酬权等的保护。

3. 劳动力资源合理配置原则

劳动力资源的宏观配置是指主要通过劳动力市场对劳动力资源进行以市场配置机制为主，行政配置机制为辅的劳动力资源配置，即社会劳动力在全社会范围内各个用人单位之间的配置。其目的是更好地维护劳动力市场的运行秩序。劳动力资源的微观配置是指在用人单位内部对劳动者的劳动岗位、劳动时间和劳动任务的安排。其目的是达到人岗匹配，取得好的绩效。

（二）《中华人民共和国劳动合同法》

《中华人民共和国劳动合同法》（以下简称《劳动合同法》）由第十届全国人民代表大会常务委员会第二十八次会议于2007年6月29日通过，自2008年1月1日起施行，适用于中华人民共和国境内的企业、个体经济组织、民办非企业，以及国家机关、事业单位、社会团体等组织。该法于2012年12月进行了一次修订，主要对劳务派遣的相关法律问题进一步进行了规定，于2013年7月1日起施行。

《劳动合同法》原本应该是《劳动法》的下位法，应该由人大常委会审议通过，但由于一些客观原因，《劳动合同法》是由全国人大会议表决通过的。在立法层次上，《劳动合同法》与《劳动法》同为法律。《劳动法》是劳动保障立法体系中的基准法，是《劳动合同法》的立法根据，可以说是《劳动合同法》的母法。

《劳动法》与《劳动合同法》是前法与后法、旧法与新法的关系，按照《中华人民共和国立法法》"新法优于旧法"的原则，前者与后者不一致的地方，以后者为准；《劳动合同法》没有规定而《劳动法》有规定的，则适用《劳动法》的相关规定。

《劳动合同法》的立法目的是更好地保障劳动者的合法权益，作为劳动者应加强对相关法律法规的学习，学会进行法律风险管控并增强维权意识。

（三）《中华人民共和国就业促进法》

就业被视为民生之本和安国之策。《中华人民共和国就业促进法》(以下简称《就业促进法》)是为促进就业、促进经济发展与扩大就业相协调、促进社会和谐稳定而制定的法律。该法于2008年1月1日开始实施，内容主要涉及政策支持、公平就业、就业服务和管理、职业教育和培训、就业援助、监督检查和法律责任等方面。

《就业促进法》中，"公平就业"作为第三章出现在法律条文中，明确指出反对就业歧视，创造公平良好的就业环境。劳动者依法享有平等就业和自主择业的权利。劳动者就业，不因民族、种族、性别、宗教信仰等不同而受歧视。《就业促进法》针对妇女、少数民族、残疾人、传染病病原携带者，以及农村劳动者这些人群的公平就业问题作了有针对性的规定："国家保障妇女享有与男子平等的劳动权利。用人单位招用人员，除国家规定的不适合妇女的工种或者岗位外，不得以性别为由拒绝录用妇女或者提高对妇女的录用标准。""用人单位招用人员，不得歧视残疾人。""农村劳动者进城就业享有与城镇劳动者平等的劳动权利，不得对农村劳动者进城就业设置歧视性限制。"针对乙肝病毒携带者就业受到歧视的问题，《就业促进法》特别规定，用人单位招用人员，不得以是传染病病原携带者为由拒绝录用。但是，经医学鉴定的传染病病原携带者在治愈前或者排除传染嫌疑前，不得从事法律、行政法规和国务院卫生行政部门规定禁止从事的易使传染病扩散的工作。劳动者受到就业歧视后，可以向人民法院提起诉讼。

《就业促进法》还加大了对困难群体的扶持力度，指出要针对困难群体实行就业援助。对于因身体状况、技能水平、家庭因素、失去土地等原因难以实现就业，以及连续失业一定时间仍未能实现就业的人员，《就业促进法》将其界定为就业困难群体。对这部分群体和"零就业家庭"，特别规定了就业援助制度。各级人民政府建立健全就业与再就业援助制度，将就业援助与解决就业困难人员的生产生活结合起来，采取税费减免、贷款贴息、社会保险补贴、岗位补贴等办法，通过公益性岗位安置等途径，对就业困难人员实行优先扶持和重点帮助；政府投资开发的公益性岗位，应当优先安排符合岗位要求的就业困难人员；被安排在公益性岗位工作的，按照国家规定给予岗位补贴。对于"零就业家庭"，即法定劳动年龄内的家庭人员均处于失业状况的城市居民家庭，可以向住所地街道、社区公共就业服务机构申请就业援助。街道、社区公共就业服务机构经确认属实的，应当为该家庭中至少一人提供适当的就业岗位。

针对人才和劳动力市场中存在的一些非法中介机构提供虚假信息，损害劳动者权益的现象，《就业促进法》对职业中介机构的设立规定了准入门槛。除对工作场所、工作人员等方面有要求外，法律还规定，设立职业中介机构，应当依法办理行政许可。经许可的职业中介机构，应当向工商行政部门办理登记。未经依法许可和登记的机构，不得从事职业中介活动。

（四）《中华人民共和国社会保险法》

《中华人民共和国社会保险法》(以下简称《社会保险法》)是一部着力保障和改善民

生的法律,是中国人力资源社会保障法制建设中的又一个里程碑。该法于2011年7月1日起施行。2018年,第十三届全国人民代表大会常务委员会第七次会议对《社会保险法》部分条款进行修改。

《社会保险法》规定,国家建立基本养老保险、基本医疗保险、工伤保险、失业保险、生育保险等社会保险制度,保障公民在年老、疾病、工伤、失业、生育等情况下依法从国家和社会获得物质帮助的权利。社会保险制度坚持广覆盖、保基本、多层次、可持续的方针,社会保险水平应当与经济社会发展水平相适应。中华人民共和国境内的用人单位和个人依法缴纳社会保险费,有权查询缴费记录、个人权益记录,要求社会保险经办机构提供社会保险咨询等相关服务。个人依法享受社会保险待遇,有权监督本单位为其缴费情况。

《社会保险法》的颁布实施,对于建立覆盖城乡居民的社会保障体系,更好地维护公民参加社会保险和享受社会保险待遇的合法权益,使公民共享发展成果,促进社会主义和谐社会建设,具有十分重要的现实意义。

(五)《中华人民共和国劳动争议调解仲裁法》

《中华人民共和国劳动争议调解仲裁法》(以下简称《劳动争议调解仲裁法》)于2008年5月1日起实施。其立法目的是公正、及时地解决劳动争议,保护当事人合法权益,促进劳动关系和谐稳定。

《劳动争议调解仲裁法》规定,发生劳动争议,劳动者可以与用人单位协商,也可以请工会或者第三方共同与用人单位协商,达成和解协议。当事人不愿协商、协商不成或者达成和解协议后不履行的,可以向调解组织申请调解;不愿调解、调解不成或者达成调解协议后不履行的,可以向劳动争议仲裁委员会申请仲裁;对仲裁裁决不服的,除本法另有规定的外,可以向人民法院提起诉讼。劳动争议申请仲裁的时效期间为一年。仲裁时效期间从当事人知道或者应当知道其权利被侵害之日起计算。劳动争议仲裁不收费。劳动争议仲裁委员会的经费由财政予以保障。

由此可见,今后工作中遇到劳动纠纷,可以选择协商、调解、仲裁、诉讼等方式中的一种或多种去解决。但申请劳动仲裁必须在知道或者应当知道权利被侵害之日起一年内提出。同时要注意,发生劳动争议,不能向法院直接提起诉讼,必须先行提起劳动仲裁,对劳动仲裁结果不服的,可以向法院提起诉讼。劳动仲裁具有准司法的属性,是提起劳动纠纷诉讼的前置性程序。

二、自觉遵守劳动法规

没有规矩,不成方圆。要建设高度文明的社会主义国家,实现中华民族的伟大复兴,就必须在全社会形成"以遵纪守法为荣、以违法乱纪为耻"的社会主义道德观念,让遵纪守法成为每个公民应尽的社会责任和道德义务。遵纪守法的具体要求体现为:要学法、知法,增强法律法制意识;要守法、用法,做个文明公民,维护正当权益;要遵守单位、行业纪律和规范等。

(一)遵守劳动合同管理规范

劳动合同管理规范包括劳动合同履行的原则;员工招收录用条件、招工简章、劳动合同草案、有关专项协议草案审批权限的确定;员工招收录用计划的审批、执行权限的划分;劳动合同续订、变更、解除事项的审批办法;试用期考察办法;员工档案的管理办法;应聘人员相关材料保存办法;集体合同草案的拟定、协商程序;解除、终止劳动合同人员的档案移交办法、程序;劳动合同管理制度修改、废止的程序等。

(二)遵守劳动岗位规范

劳动岗位有确定的职责、任务和生产、工作位置。劳动岗位规范指企业根据劳动岗位的特点对上岗职工提出客观要求的综合规定。在劳动组织工作中,它是安排职工上岗和签订上岗合同的依据,以及对职工进行岗位考核的尺度。

劳动岗位规范的内容,一般应由下述四个部分构成:

(1)岗位名称;

(2)岗位职责,即劳动岗位的职能和在岗职工所负的责任;

(3)生产技术规程,它是企业为执行国家、行业、地方、企业技术标准,保障生产秩序,就保证产品质量、设备有效使用和安全生产等方面所作的具体规定;

(4)上岗标准,它是职工履行岗位职责所必备的自身条件。

(三)遵守劳动纪律

劳动纪律指劳动者在劳动中所应遵守的劳动规则和劳动秩序。劳动纪律是用人单位为形成和维持生产经营秩序,保证劳动合同得以履行,要求全体员工在集体劳动、工作、生活过程中,以及与劳动、工作紧密相关的其他过程中必须共同遵守的规则。劳动纪律的目的是保证生产、工作的正常运行;劳动纪律的本质是全体员工共同遵守的规则;劳动纪律的作用在集体生产、工作、生活的过程之中体现。

劳动纪律的范畴大致包括:

(1)严格履行劳动合同及承担违约责任(履约纪律);

(2)按规定的时间、地点到达工作岗位,按制度要求请休事假、病假、年假、探亲假等(考勤纪律);

(3)根据生产、工作岗位职责及规则,按质、按量完成工作任务(生产、工作纪律);

(4)严格遵守技术操作规程和安全卫生规程(安全卫生纪律);

(5)节约原材料,爱护用人单位的财产和物品(日常工作生活纪律);

(6)保守用人单位的商业秘密和技术秘密(保密纪律);

(7)遵纪奖励与违纪惩罚规则(奖惩制度);

(8)与劳动、工作紧密相关的规章制度及其他规则(其他纪律)。

(四)遵守劳动安全卫生制度

劳动安全卫生制度指为了保障劳动者在劳动生产过程中的安全和健康,用人单位根据国家有关法规制定的各种规章制度的总和。其内容有两个方面:一方面属于生产行政管理制度,如安全生产责任制度、安全生产教育制度、劳动安全卫生监察制度;另一方面属于生产技术管理制度,如安全技术操作规程、机械设备维修制度。《劳动法》第五十二条、《安全生产法》都明确规定,生产经营单位必须建立健全劳动安全卫生管理制度。

(五)遵守劳动定员定额规则

劳动定员定额规则即编制定员规则、劳动定额规则。劳动定员又称编制定员,指根据企业既定的生产经营方向(或产品方案)及其规模所规定的,在一定时期内和一定技术组织条件下,企业机构的设置和企业各机构配备各类人员的数量界限。劳动定额指为规范地确定劳动任务而制定的,在一定技术组织条件下劳动者完成工作所需要的劳动消耗量。

除上述内容之外,还要遵守劳动者和用人单位在平等协商、真实自愿基础上约定的其他内容等。

议一议

1. 哪些法律法规能保护劳动者的合法权益,有效调整劳动关系?
2. 遵纪守法的时代内涵有哪些?

做一做

活动 6-1:订立劳动合同,明确权利义务
——在模拟签订劳动合同中建立合法劳动关系

一、劳动背景

《中华人民共和国劳动合同法》是为了完善劳动合同制度,明确劳动合同双方当事人的权利和义务,保护劳动者的合法权益,构建和发展和谐稳定的劳动关系而制定的法律条文。

合法的劳动合同应当遵循合法、公平、平等自愿、协商一致、诚实信用的原则。依法订立的劳动合同,是劳动者与用人单位确立从属劳动关系、明确双方权利义务的协议,是劳动关系的直接反映,是劳动者维权的法律凭证。劳动合同确定了合法的劳动关系,它明确规定了劳动者和用人单位的权利义务,既是对合同主体双方的保障又是一种约束。

通过有效劳动合同的签订,可以提高双方履行合同的自觉性,促使双方正确行使权利,严格履行义务,建立起合法、互信、共赢、和谐、稳定的劳动关系。由于劳动者和用人单位的主张不同、动机取向和利益要求不同,或者受其他因素影响,劳动关系双方发生劳动争议是不可避免的。因此,劳动关系双方都要学会合理合法、及时妥善地解决劳动争议。

二、劳动描述

以小组为单位,学生分角色扮演用人单位和劳动者,双方模拟签订一份劳动合同。在签订劳动合同的过程中,全面了解合同订立的相关程序及具体要求,分析劳动合同中规定的劳动关系双方的权利和义务,对劳动合同中存在争议的条款进行协商解决,防范劳动合同的法律风险。劳动中各行动阶段的任务描述如图6-2所示。

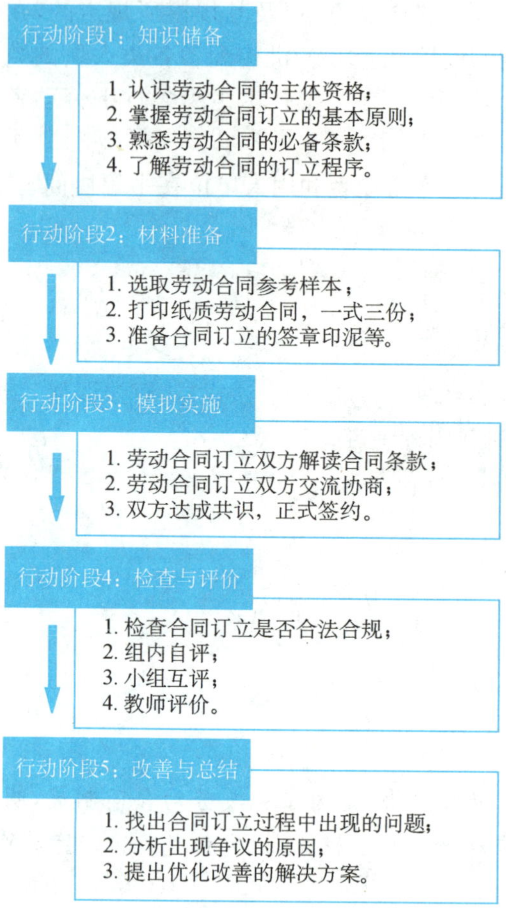

行动阶段1:知识储备
1. 认识劳动合同的主体资格;
2. 掌握劳动合同订立的基本原则;
3. 熟悉劳动合同的必备条款;
4. 了解劳动合同的订立程序。

行动阶段2:材料准备
1. 选取劳动合同参考样本;
2. 打印纸质劳动合同,一式三份;
3. 准备合同订立的签章印泥等。

行动阶段3:模拟实施
1. 劳动合同订立双方解读合同条款;
2. 劳动合同订立双方交流协商;
3. 双方达成共识,正式签约。

行动阶段4:检查与评价
1. 检查合同订立是否合法合规;
2. 组内自评;
3. 小组互评;
4. 教师评价。

行动阶段5:改善与总结
1. 找出合同订立过程中出现的问题;
2. 分析出现争议的原因;
3. 提出优化改善的解决方案。

图6-2 模拟劳动合同签订劳动任务描述

三、劳动目标

引导学生建立劳动和社会保障的法律、法规意识,了解《中华人民共和国劳动法》《中华人民共和国劳动合同法》的基本内容,通过模拟劳动合同的签订,使学生学会依法与用人单位建立劳动关系,正确认识维护个人权益和尊重用人单位合法权益的辩证关系,正确处理劳动关系双方可能出现的问题和争议,为未来进入职场订立劳动合同时规避风险做好充分的准备。

四、劳动过程

行动阶段1:知识储备

请你自主学习本节末"读一读"中《读懂劳动合同》一文讲解的关于劳动合同的相关

知识,做好签订劳动合同前的知识储备。重点了解劳动合同的主体资格、劳动合同订立的基本原则、劳动合同的内容及必备条款、劳动合同的订立程序、试用期的相关要求等。根据你的学习情况,填写表6-1。

表6-1 合同订立的相关知识

序号	学习重点	具体内容
1	劳动合同的主体资格	
2	劳动合同订立的基本原则	
3	劳动合同的内容及必备条款	
4	劳动合同的订立程序	
5	劳动合同中关于试用期的相关要求	

行动阶段2:材料准备

1. 劳动合同有书面合同和电子合同。请你利用网络招聘网站或搜索引擎等,查询收集2~4份劳动合同,从中选取一份劳动合同作为此次模拟活动的劳动合同参考样本,打印或复印一式三份的合同文本。

2. 将学生分成若干组,每组4~6人,设组长1名,其中2~3人扮演用人单位方,2~3人扮演劳动者,学生根据扮演的不同角色,重点整理己方的权利和义务。

3. 另选出3~5人组成仲裁委员会,仲裁委员会成员负责对劳动合同进行评判,对双方出现的分歧进行调解。

4. 确定劳动合同签订的时间和地点,准备纸质材料、签字笔、单位公章、个人手章或印泥等相关材料。

行动阶段3：模拟实施

1. 各组学生根据劳动合同订立的时间、期限和主体资格等，确定合同的有效性。

2. 合同订立双方各持一份劳动合同，根据自己的角色分工，分别站在用工单位和劳动者的角度，结合合同条款阐述自己的权利和义务。

3. 合同订立双方针对劳动合同中存疑的合同条款进行提问，指出条款中的不合法或不合理的突出问题。

4. 合同订立双方就合同条款和内容进行沟通协商，协商限时15分钟。协商过程应以劳动者为主，由劳动者主动提出疑义，用人单位给出解释答复；协商一致的，修改合同条款，协商不一致的，提请仲裁委员会介入。

5. 仲裁委员会处理争议，对合同订立双方在合同签订过程中产生的分歧进行调解，调解达成的，形成调解意见，调解不成的，仲裁委员会按照法律法规作出裁决。

6. 合同订立双方对修改后的劳动合同进行再次核对，核对无误后签字盖章，正式签订劳动合同。

行动阶段4：检查与评价

对照表6-2内容，开展团队自我评价、小组评价和教师评价活动，评价劳动合同的订立是否合法合规，并将评价结果记录在表6-2中。

表6-2 劳动合同评价表

	内容	配分	自我评价	小组评价	教师评价
合同订立评价标准	劳动合同签订的时间、期限符合法律法规	20分			
	劳动合同的条款完备、内容全面	20分			
	劳动合同的形式规范、程序完整	20分			
	劳动关系双方的权利义务平等公平，无违反法律、行政法规的强制性规定	20分			
劳动感悟	知识准备充分、技能运用得当，劳动感悟深刻	20分			
合计		100分			
综合评价得分					

注：① 综合评价得分＝组内自评(40%)＋小组互评(30%)＋教师评价(30%)。
② 考评满分100分，60～74分为及格，75～84分为良好，85分以上为优秀。

行动阶段5：改善与总结

模拟结束后，请学生梳理劳动合同签订全过程，谈谈个人感受，并就模拟签订劳动合同过程中出现的问题，以及仲裁委员会的评判和调解意见进行总结，指出解决此类问题的有关法律法规内容和处理此类问题应采取的方法等。

练一练

请同学们尝试多分析几份劳动合同,学有余力的同学,可以进一步了解劳动合同变更通知书、劳动合同变更协议书、续签劳动合同通知书、终止劳动合同通知书和解除劳动合同通知书等,真正做到把劳动合同学懂、弄通。

读一读

读懂劳动合同

劳动合同的形式一般有书面和口头两种,劳动合同的内容即劳动合同条款。有必要从法律上识别劳动合同,以便于对劳动者或用人单位进行权利和义务的认定。

一、劳动合同订立的主体资格认定

一般而言,受雇于用人单位,在用人单位的管理和指挥下从事劳动,并从中获取劳动报酬的自然人,就可以认定为劳动者。对于自然人劳动合同缔约能力的判断标准,除了年龄标准外,还应该有健康标准、智力标准、行为自由标准等。订立劳动合同的一般应是劳动者本人。未经过本人同意或授权代理,事后又不作追认的他人代签的劳动合同无效。

《中华人民共和国劳动合同法》(以下简称《劳动合同法》)第二条规定:"中华人民共和国境内的企业、个体经济组织、民办非企业单位等组织(以下称用人单位)与劳动者建立劳动关系,订立、履行、变更、解除或者终止劳动合同适用本法。"用人单位的范畴是比较宽泛的,除了国家机关,其他组织或单位都可以被认定为《劳动合同法》中的用人单位。需要特别注意的是,在实践中还常出现在劳动合同中将单位的人事部门作为合同一方当事人的错误做法。劳动合同主体资格不合法,会导致劳动合同无效。因劳动合同无效给对方造成损害的,有过错的一方应当承担赔偿责任。

二、劳动合同订立的时间及程序

(一)劳动合同订立的时间

《劳动合同法》第七条规定:"用人单位自用工之日起即与劳动者建立劳动关系。"劳动合同订立的时间和建立劳动关系往往不能同时完成,法律因此作出了比较宽松的规定。

一是先订立劳动合同,后建立劳动关系。目前我国法律并不限制用人单位在用工之前与劳动者订立书面的劳动合同,但劳动关系的建立仍以实际用工之日为标志。

二是建立劳动关系和订立劳动合同同时进行。在理论上,这是符合法律规定的一种理想状态,符合条件的部分用人单位可以做到。

三是先建立劳动关系,后订立劳动合同。即劳动关系的建立(用工)在前,书面劳动合同的订立在后,此种情形下双方应当在自用工之日起一个月内订立书面劳动合同。

（二）订立劳动合同的程序

劳动者和用人单位订立劳动合同，应遵循一定手续和步骤。订立劳动合同的程序如下：

（1）提出订立劳动合同的意愿。在订立劳动合同前，用人单位通常会通过各种渠道发布招聘的需求，劳动者也会向用人单位提出求职需求。

（2）双方协商。劳动者和用人单位就劳动合同的具体条款进行协商，在双方意思表示一致后，协商即告结束。

（3）双方签约。通常情况下劳动合同的文本由用人单位准备，双方当事人在签约之前应当认真审阅文本载明的内容与双方之前的约定是否一致。双方在劳动合同文本上，签字或盖章生效。劳动合同文本由用人单位和劳动者各执一份。用人单位未将劳动合同文本交付劳动者的，按照《劳动合同法》的规定，由劳动行政部门责令改正；如果因未交付劳动合同文本给劳动者造成损害，还应当承担赔偿责任。

（三）劳动合同的期限及种类

劳动合同的期限是指劳动合同规定的双方当事人权利和义务的有效时间。劳动合同期限依法分为三种：一是固定期限；二是无固定期限；三是以完成一定工作任务为期限。据此，劳动合同可对应分为三种类型，即固定期限劳动合同、无固定期限劳动合同、以完成一定工作任务为期限的劳动合同。

三、劳动合同的内容

劳动合同内容一般指的是劳动合同条款，包括以下内容：用人单位的名称、住所和法定代表人或者主要负责人；劳动者的姓名、住址和居民身份证或者其他有效身份证件号码；劳动合同期限；工作内容和工作地点；工作时间和休息休假；劳动报酬；社会保险；劳动保护、劳动条件和职业危害防护；法律、法规规定应当纳入劳动合同的其他事项。

以上是《劳动合同法》规定的劳动合同的九条必备条款，劳动合同内容可分为必备条款和约定条款两大类，用人单位与劳动者还可以约定试用期、培训、保守秘密、补充保险和福利待遇等其他事项。

以试用期为例，试用期是指劳动合同双方当事人在合同中约定的相互考察、了解以确定是否继续履行劳动合同的一段时间，可视为考察期。试用期应当包含在劳动合同期内。用人单位应当为劳动者参加社会保险。试用期限有 1 个月、2 个月、6 个月三个标准，该期限长短与劳动合同期限相关，依《劳动合同法》规定："劳动合同期限 3 个月以上，不满 1 年的，试用期不得超过 1 个月；劳动合同期限 1 年以上，不满 3 年的，试用期不得超过 2 个月；3 年以上固定期限和无固定期限的劳动合同，试用期不得超过 6 个月。"劳动者在试用期的工资不得低于本单位相同岗位最低档工资或者劳动合同约定工资的 80%，并不得低于用人单位所在地的最低工资标准。试用期的次数有限制，同一用人单位与同一劳动者只能约定一次试用期。下列情形下均不得约定试用期：一是订立以完成一定工作任务为期限的劳动合同，二是订立不足 3 个月的定期劳动合同，三是非全日制用工。

四、无效劳动合同

劳动合同的效力是劳动法律赋予依法成立的劳动合同的约束劳动合同当事人乃至第三人的强制力。劳动合同如果没有效力,就没有法律上的约束力与强制力。

根据《劳动合同法》规定:"劳动合同由用人单位与劳动者协商一致,并经用人单位与劳动者在劳动合同文本上签字或者盖章生效。"需要指出的是,劳动合同文本生效并不意味着劳动关系成立,如果劳动合同文本生效,但用人单位没有实际用工,该劳动合同文本仅具有合同的约束力,并不需用人单位承担《中华人民共和国劳动法》上的义务。

以欺诈、胁迫的手段或者乘人之危,使对方在违背真实意思的情况下订立或者变更劳动合同的,用人单位免除自己的法定责任、侵害劳动者权利的,违反法律、行政法规强制性规定的,均为无效劳动合同,或会影响合同的效力。比如《劳动合同法》中对设定违约金的条件有明确的规定,用人单位在劳动合同中随意为劳动者设定的违约金条款为无效条款。国家关于最低工资、工作时间、休息休假、社会保险等都有强制性的规定,如果劳动合同中的条款与这些强制性规定相冲突,也会导致这些条款无效。

劳动合同的无效有两种情形,一是部分无效,二是全部无效。部分无效的劳动合同是指虽然合同的某些条款违反了法律、行政法规的强制性或禁止性规定,但并不影响其他条款的法律效力的劳动合同。劳动合同部分无效,不影响其他部分效力的,其他部分仍然有效。

五、劳动合同的解除

劳动合同的解除是指在劳动合同期限届满之前,双方或单方提前终止劳动合同效力的法律行为,有两种类型,一是法定解除,二是协商解除。法定解除指按照法律、法规规定提前终止劳动合同,协商解除指双方经协商一致而提前终止劳动合同的法律效力。

六、劳动合同的终止与续订

劳动合同的终止是指合同期限届满,劳动合同规定的权利、义务即行消灭。劳动合同只能法定终止,违反法定终止情形的约定终止无效。劳动合同法定终止的情形包括:劳动合同期满的;劳动者开始依法享受基本养老保险待遇的;劳动者死亡,或者被人民法院宣告死亡或宣告失踪的;用人单位被依法宣告破产的;用人单位被吊销营业执照、责令关闭、撤销或者用人单位决定提前解散的;法律、行政法规规定的其他情形。

劳动合同经双方当事人协商一致,可以续订。从风险防控的角度来看,如果用人单位决定不再与劳动者续订劳动合同,用人单位需要依据《劳动合同法》的规定支付经济补偿金;劳动合同期限届满,用人单位决定续订劳动合同,如果劳动者在用人单位维持或提高劳动条件后仍不愿意续订,甚至劳动者本来就不愿意续订劳动合同的,用人单位无须向劳动者支付经济补偿金;如果用人单位和劳动者双方同意续订劳动合同,应当在原劳动合同届满之前完成劳动合同的续订。续订劳动合同不得约定试用期。

任务 6.2　保障劳动权益

案例导入

试用期的陷阱

某高校在校大学生小王到某信息科技有限公司工作。双方于 2022 年 3 月 28 日签订了《普通高等学校毕业生就业协议书》(以下简称《就业协议书》),约定小王在信息公司从事销售工作,服务期 2 年,试用期 3 个月,从 2022 年 4 月 1 日起计,试用期收入为 3 200 元/月,试用期满且表现合格后收入为 4 000 元/月。

2022 年 7 月 1 日小王毕业后,继续在该公司就职,服从信息公司的管理,提供劳动,领取报酬,但双方没有订立书面劳动合同。2022 年 7 月 31 日,公司对小王工作业绩不满意,提出将其辞退,小王被迫离职,但信息公司以无劳动合同为由拒绝支付其试用期满后的 7 月份工资。小王认为,自 2022 年 4 月 1 日起至 2022 年 7 月 31 日止,自己与公司存在劳动关系,要求公司支付应得的 4 000 元工资和补偿金等。

想一想

1. 在校大学生就业是否构成劳动关系?
2. 该用人单位与小王约定试用期 3 个月是否合适,有没有损害小王的权益?

劳动权益是劳动者在劳动法律关系中依法享有的,保障其在生产经营活动中生存和发展的一系列劳动权利和利益的组合。保障劳动者权益是稳定就业、改善民生、加强社会治理的重要内容。

一、认识劳动关系

(一)劳动关系的概念

劳动关系指劳动者与用人单位在实现劳动过程中建立的社会经济关系,可以从广义和狭义两方面进行理解。从广义上讲,劳动关系即人们在社会过程中发生的一切关系,包括劳动力的使用关系、劳动管理关系和劳动服务关系等。从狭义上讲,劳动关系指符合国家劳动法律法规的劳动法律关系,即双方当事人依据相关法律法规,明确权利与义务,并且实现由国家强制力保障的社会经济关系。劳动关系反映的是资本和劳动之间的关系,其本质是雇员与雇主双方的权利和义务关系。

《中华人民共和国劳动合同法》对劳动关系作出了明确界定,劳动关系指机关、企事业单位、社会团体和个体经济组织(统称用人单位)与劳动者个人之间,依法签订劳动合同,劳动者接受用人单位的管理,从事用人单位安排的工作,成为用人单位的成员,从用人单位领取报酬和受劳动保护所产生的法律关系。

(二)劳动关系的特征

1. 劳动关系主体之间既具有法律上的平等性,又具有客观上的隶属性

劳动关系主体双方在法律面前享有平等的权利,劳动者向用人单位提供劳动或服务,用人单位向劳动者支付劳动报酬,双方在平等自愿的基础上建立劳动关系。同时,劳动者作为用人单位的成员,在实现劳动过程中理所当然地应当遵守用人单位的规章制度,服从用人单位的管理,双方形成领导与被领导的隶属关系。

2. 劳动关系产生于劳动过程之中

劳动者只有与用人单位提供的生产资料相结合,才能在实现劳动过程中与用人单位产生劳动关系,没有劳动过程便不可能形成劳动关系。

3. 劳动者与用人单位间的劳动关系具有排他性

劳动关系只能产生于劳动者与用人单位之间,劳动者与其他社会主体之间发生的社会关系不能称为劳动关系。

4. 劳动关系的存在以劳动为目的

用人单位与劳动者建立劳动关系,是为了实现劳动过程,为社会生产或社会产品提供服务。

二、劳动者的权利和义务

劳动者同用人单位建立劳动法律关系后,作为用人单位的职工,依法并按约定享有劳动权利和承担劳动义务。

(一)劳动权利

1. 参加劳动的权利

劳动者有权参加用人单位所组织的劳动;有权请求用人单位按照法定或约定要求为其安排劳动岗位(工种),并提供必要的生产资料;有权拒绝各种形式的强迫劳动。

2. 获取劳动报酬的权利

劳动者有权按自己提供劳动的数量和质量取得劳动报酬;女职工还有权要求实行男女同工同酬;有权获得最低工资保障、工资支付保障和实际工资保障。

3. 休息的权利

劳动者有权在法定工作时间之外休息;有权在休假和休养期间享受规定的各项待遇;有权要求用人单位安排劳动任务不得超过法定最高工时和不得违法组织加班加点。

4. 获得劳动安全卫生保护的权利

劳动者有权获得符合劳动安全卫生标准的劳动条件和接受劳动安全卫生知识的教育;有权拒绝用人单位提出的违章作业要求;在劳动过程中遇到有严重危及生命安全的

危险时有权采取紧急避险行为;有权要求进行定期健康检查;职业病禁忌者有权要求不从事所禁忌的工作,职业病患者有权要求调离原岗位并要求及时接受治疗;女工和未成年工在健康方面有权获得特殊保护。

5. 享受社会保险的权利

劳动者有权要求用人单位为其办理失业、养老、工伤等项目的社会保险,并按规定缴纳保险费;有权要求社会保险经办机构和用人单位支付在劳动能力丧失或使用中断期间的社会保险费。

6. 享受劳动福利的权利

劳动者有权享用社会公共福利设施和本单位集体福利设施;有权要求用人单位支付法定和约定的福利性津贴(补贴)。

7. 接受职业培训的权利

劳动者有权利用用人单位提供的职业培训条件和参加用人单位组织的职业培训。

8. 参加工会和职工民主管理的权利

劳动者有权组织和加入工会,参加工会所组织的各项活动;有权通过职工代表大会等形式参与本单位的民主管理;有权对本单位管理人员的违法违纪行为提出批评和控告。

9. 决定劳动法律关系是否存续的权利

劳动者有权就劳动法律关系的延续、变更、解除等依法进行意思表示,包括单方决定和与用人单位协商两种形式。

10. 保护合法权益不受侵犯的权利

劳动者有权在发生劳动争议时申请调解、仲裁和提起诉讼;在合法权益受到侵犯时有权请求有关国家机关、工会组织依法给予保护。

(二)劳动义务

1. 劳动给付义务

劳动给付义务即必须按照劳动法规、集体合同、劳动合同和用人单位所要求的项目、时间、地点、方式、定额和质量等内容,亲自完成劳动任务。

2. 忠实义务

基于劳动关系的人身性、隶属性和诚实信用原则,劳动者有忠于职守的义务,主要表现为:遵守用人单位的劳动纪律和其他规章制度;服从用人单位指挥和监督;保守在劳动中知悉的用人单位的商业秘密;向用人单位积极报告、上交劳动中所获得的应归用人单位所得的一切财产;学习和掌握胜任本岗位所必备的知识和技能等。

3. 派生义务

派生义务主要指由违反劳动给付义务、忠实义务所延伸出来的需要承担的义务,如因违反劳动纪律而接受纪律处分并弥补违纪行为对用人单位造成的财产损失;因违反劳动合同而承担违约责任等。

三、劳动权益的保障

劳动权益的保障包括对劳动者的人身权益、经济权益和政治参与权益的全面保护，因此必须从国家、企业及劳动者个人等多方面做出努力。

（一）劳动工资待遇保障

从国家层面上看，《中共中央关于坚持和完善中国特色社会主义制度 推进国家治理体系和治理能力现代化若干重大问题的决定》提出增加劳动者，特别是一线劳动者的劳动报酬。坚持多劳多得，着重保护劳动所得，提高劳动报酬在初次分配中的比重。重视发挥第三次分配的作用，发展慈善等社会公益事业。鼓励勤劳致富，保护合法收入，增加低收入者收入，扩大中等收入群体，调节过高收入，清理规范隐性收入，取缔非法收入。2020年1月7日，《保障农民工工资支付条例》正式公布，自2020年5月1日起施行，这是一部为确保付出劳动的农民工按时足额获得工资报酬，根治拖欠农民工工资现象，根据《中华人民共和国劳动法》及有关法律规定制定的行政法规。这都为保障和提高劳动者的劳动待遇提供了政策依据。从企业层面上看，为吸引劳动者，激发劳动者的积极性、主动性、创造性，让劳动者充分发挥主人翁精神，以提升劳动者对企业的忠诚度，企业应该有相应的激励机制，全面提高劳动者工资待遇。

工资是用人单位根据国家有关规定或者劳动合同的约定，以货币形式直接支付给本单位劳动者的劳动报酬。劳动者的劳动报酬主要通过工资来体现，我国在工资制度方面有相应的法律规定。

1. 工资的形式

我国的工资形式主要有四种：第一，计时工资，即按单位时间工资率（计时工资标准）和工作时间向劳动者支付个人工资的一种形式，主要有月工资、日工资和小时工资三种；第二，计件工资，即按劳动者生产的合格产品数量和预先规定的计件单位计算工资的形式；第三，奖金，即支付给劳动者的超额劳动报酬和增收节支的劳动报酬，有月奖、季度奖和年度奖，经济性奖金和一次性奖金，综合奖和单项奖等；第四，津贴，即对劳动者在特殊条件下的额外劳动消耗或额外费用支出给予物质补偿的一种工资形式，主要有岗位津贴、保健性津贴、技术性津贴等。

2. 工资的分配原则

工资的分配原则主要四条：第一，按劳分配原则，即多劳多得，少劳少得，等量劳动获取等量报酬，不劳不得；第二，同工同酬原则，即用人单位对所有劳动者提供的同等价值的劳动支付同等的劳动报酬；第三，在经济发展的基础上逐步提高工资水平的原则；第四，工资总量宏观调控原则，即国家对工资分配中的不合理现象进行干预的法律调控。

3. 工资总额的组成

根据国家统计局公布的《关于工资总额组成的规定》，工资总额包括计时工资、计件工资、奖金、津贴和补贴、加班加点工资、特殊情况下支付的工资等。

特殊情况下的工资主要有以下五种：

（1）依法参加社会活动期间的工资。劳动者在法定工作时间内参加社会活动,如参加人大代表选举、担任陪审员等,用人单位应向劳动者支付工资。

（2）加班加点的工资。劳动者加班加点的,用人单位应按下列标准支付工资:安排劳动者延长工作时间的,支付不低于工资的150%的工资报酬;休息日(周六、日)安排劳动者工作的,支付不低于工资的200%的工资报酬;法定休假日安排劳动者工作的,支付不低于工资的300%的工资报酬。

（3）婚丧假期间的工资。劳动者本人结婚或其直系亲属死亡的婚丧假(包括路程假)期间,用人单位应向劳动者支付工资。

（4）年休假、探亲假期间的工资。劳动者依法享受年休假、探亲假的,用人单位应按劳动合同规定的标准支付工资。

（5）停工期间的工资。非因劳动者原因停工、停产且在一个工资支付周期内的,用人单位应当按劳动合同规定的标准支付工资;超过一个工资支付周期的,若劳动者提供了正常劳动,则支付劳动者的报酬不得低于当地的最低工资标准;若劳动者没有提供正常劳动,则按国家有关规定处理。

4. 企业工资制度

（1）等级工资制,即根据劳动者的技术等级或职务等级划分工资级别,按等级发放工资的制度。

（2）效益工资制,即企业的工资总额同企业经济效益挂钩的制度。

（3）岗位技能工资制,包括岗位工资制和技能工资制。岗位工资制实行一岗一薪,易岗易薪。岗位工资由岗位的劳动繁重程度、劳动环境、工作责任大小等因素决定。技能工资根据劳动者的劳动技能和工作业绩来考核决定。

（二）工作时间与休息休假保障

1. 工时制度

工时是劳动者根据法律规定,在一昼夜(工作日)或一周(工作周)之内用于完成本职工作的时间。我国的工作日种类主要有以下五种:

（1）标准工作日。根据《国务院关于修改〈国务院关于职工工作时间的规定〉的决定》,职工每日工作8小时,每周工作40小时;国家机关、事业单位实行统一的工作时间,星期六和星期日为周休息日,企业和不能实行上述规定的事业单位可根据实际情况灵活安排周休日。

（2）缩短工作日。我国实际缩短工作日的情形有:夜班工作时间缩短1小时;从事矿山、井下、高山、低温、高温、严重有毒有害、特别繁重或过度紧张的劳动的,工作时间缩短为每天工作6或7小时;哺乳未满1周岁婴儿的女职工,每日可哺乳1小时;未满18岁的未成年工每天工作少于8小时。

（3）延长工作日。用人单位由于生产经营需要,与工会和劳动者协商后可以延长工作时间,一般每日不得超过1小时;因特殊原因需要延长工作时间的,在保障劳动者身体健康的条件下每日不得超过3小时,每月不得超过36小时。有下列情形之一的,延长工作时间不受上述规定限制:发生自然灾害、事故或者有其他原因,威胁劳动者生命健康和财产安全,需要紧急处理的;生产设备、交通运输线路、公共设施发生故障,影响生产和公众利益,必须及时抢修的;法律、行政法规规定的其他情形。

(4) 无定时工作日。即每天没有固定工作时数的工作日,如汽车司机、铁路道口看守人员、记者、森林巡查人员等的工作日。

(5) 非全时工作日。即每日或每周工作时间少于标准工作日,由劳动者自由决定的工作时间,多适用于旅馆、饭店、商店或个体经营等服务性工作,劳动者多为学生、残疾人、老年人等。

2. 休息休假制度

(1) 工作日内的休息时间,即工作日内的间歇时间。一般在工作 4 小时后,应给予劳动者半小时的休息时间。

(2) 两个工作日间的休息时间。一般 8 小时工作时间以外的时间均为休息时间,两个工作日间的休息时间不得少于 16 小时,无特殊情况时应保证劳动者能连续使用休息时间。

(3) 每周公休日。即劳动者工作满一个工作周一般可休息 1～2 天。从事特殊工种(如冶金、化工、有毒有害工种等)的劳动者,可享有比普通职工更多的每周公休日。

(4) 每年法定节假日。根据国务院 2013 年 12 月 11 日修订的《全国年节及纪念日放假办法》的规定,我国全体公民的法定节假日为:元旦(1 月 1 日);春节(农历正月初一、初二、初三);清明节(农历清明当日);劳动节(5 月 1 日);端午节(农历端午当日);中秋节(农历中秋当日);国庆节(10 月 1 日、2 日、3 日)。

(5) 探亲假。劳动者探望配偶,每年给假一次,假期为 30 天;未婚职工探望父母,原则上每年给假一次,假期 20 天,如因工作需要,当年不便休假或职工自愿的,可两年给假一次,假期为 45 天;已婚职工探望父母,每四年给假一次,假期 20 天;实行休假制度的职工(如教师),原则上不另行安排探亲假,但如果假期较短,则可由本单位适当安排,补足其探亲假的天数。

(6) 带薪年休假。劳动者连续工作一年以上的,享受带薪年休假。年休假包括每周公休日,但不包括国家法定节假日,碰到法定节假日可以顺延。如某人休 7 天年休假时的第三天是 5 月 1 日,则第三天不算在年休假内,其实际休假 8 天。但如果遇到公休日则不适用这样的规定,公休日算在年休假内。

(三) 社会保险制度保障

社会保险制度是劳动者因年老、患病、工伤、失业、生育等情况,丧失或暂时丧失劳动能力或失去职业岗位时,国家和社会给予物质帮助和补偿的制度。我国社会保险的险种主要有养老保险、医疗保险、工伤保险、失业保险、生育保险,即通常所提到的"五险一金"中的"五险"。2019 年,生育保险和医疗保险合并实施,"五险一金"变成了"四险一金"。

1. 养老保险

养老保险,即劳动者在退休、离休后,根据其年龄条件、劳动条件、工龄(或工作年限)条件和有关规定而获得物质帮助的一种社会保险。我国目前实行的是国家基本养老保险、企业补充养老保险和个人储蓄性养老保险相结合的制度。目前我国主要采用社会统筹与个人账户相结合的养老保险制度。企业与个人分别按法定比例缴纳养老保险费用,个人所缴费用都进入其个人账户;企业缴费大部分进入基本养老统筹基金,部分进入个人账户。个人账户储存额只用于职工养老,不得提前支取;职工调动时,可随之转移;职工死亡的,则可由其继承人继承。我国享受养老金的年龄,一般情况下,男性工人、干部为年满60周岁,女性工人为年满50周岁、干部为年满55周岁。在国家实施基本养老保险制度后参加工作的职工,个人缴费年限累计满15年的,退休后发给基本养老金;不满15年的,则不能享受基本养老金待遇,其个人账户储存额一次支付给本人。

2. 医疗保险与生育保险

医疗保险,即劳动者非因工患病、负伤并暂时丧失劳动能力时获得必要的医疗服务和物质保障的一种社会保险。我国目前实行的是基本医疗保险统筹基金和个人账户相结合的制度。用人单位缴纳的基本医疗费用分为两部分:一部分建立统筹基金,另一部分划入个人账户。个人缴纳的则全部进入个人账户。职工生病医疗期的长短与职工工龄长短有关。实际工作年限10年以下,在本单位工作年限5年以下的,为3个月;5年以上的为6个月。实际工作年限10年以上,在本单位工作5年以下的,为6个月;5年以上、10年以下的为9个月;10年以上、15年以下的为12个月;15年以上、20年以下的为18个月;20年以上的为24个月。在医疗期间,用人单位不得解除劳动合同,职工的病假工资、医疗救济费等按国家有关规定支付。

生育保险,即女职工在生育期间获得必要的经济补偿和医疗保健的一种社会保险。生育保险待遇的内容主要有:根据《女职工劳动保护特别规定》,法定产假为98天,其中产前假15天,难产者增加15天,生育多胞胎的则每多生育一个婴儿增加15天。流产产假以怀孕时间长短区别,怀孕不满4个月流产者为15天,4个月及以上者为42天。法定产假期间停发工资,按月领取生育津贴,其标准为本单位上年度职工月平均工资。女职工因怀孕、分娩、流产所产生的检查费、接生费、手术费、住院费和药费,因生育引起疾病的医疗费,以及采取避孕措施控制生育的费用由生育保险基金支付。女职工的生育医疗费用和生育津贴,如其用人单位已参加生育保险基金统筹,由社会保险机构生育保险基金支付;否则,由用人单位支付。

3. 工伤保险

工伤保险,即职工因工致伤、病残、死亡时,依法获得经济赔偿和物质帮助的一种社会保险。根据我国《工伤保险条例》的规定,职工有下列情形之一的,应当认定为工伤:在工作时间和工作场所内,因工作原因受事故伤害的;工作时间前后在工作场所内,从事与工作有关的预备性或收尾性工作受到事故伤害的;在工作时间和工作场所内,因履行工作职能受到暴力等意外伤害的;患职业病的;因工外出期间,由于工作原因受到伤害或发生事故下落不明的;在上下班途中,受到非本人主要责任的交通事故或城市轨道交通、客运轮渡、火车事故伤害的;法律、行政法规规定应认定为工伤的其他情形。职工有下列情形的,视同工伤:在工作时间和工作岗位突发疾病死亡,或在48小时内经抢救无效死亡的;在抢险救灾等维护国家利益、公共利益活动中受到伤害的;职工原在军队服役,因战、因公负伤致残,已取得革命伤残军人证,到用人单位后旧伤复发的。职工有第一、二种情形的,享受工伤待遇;有第三种情形的,享受除一次性伤残补助金以外的工伤保险待遇。工伤待遇需要评定劳动功能障碍程度、生活自理障碍程度,因此职工发生工伤后,应进行劳动能力鉴定,其中劳动能力障碍分为10个等级(最重1级,最轻10级),生活自理能力障碍分为3个等级(生活完全、大部分、部分不能自理)。工伤保险具有赔偿性质,待遇标准较高,工伤保险费由用人单位按照职工工资总额的一定比例缴纳,职工个人不需缴纳工伤保险费。

4. 失业保险

失业保险,即对失业人员失业期间的基本生活给予保障的一种社会保险。失业保险待遇的享受条件具体包括:按照规定参加失业保险,所在单位和本人已按照规定履行缴费义务满1年;非因本人意愿中断就业;已办理失业登记,并有求职要求。失业人员领取失业金期间有下列情形的,停止领取:重新就业的;应征服兵役的;移居境外的;享受基本养老保险待遇的;被判刑收监执行的;无正当理由拒不接受当地政府指定的部门或机构介绍的工作的;有法律、行政法规规定的其他情况的。失业人员领取失业保险金的期限由累计缴费时间确定:累计缴费1年以上、不足5年的,为12个月;5年以上、不足10年的,为18个月;10年以上的,为24个月。失业保险金的标准,按照低于当地最低工资标准、高于城市居民最低生活保障标准的水平,由省(区、市)政府确定。

(四)社会福利保障

福利是为满足职工物质文化生活,保证职工及其亲属的一定生活质量而提供的工资收入以外的津贴、设施和服务。其具体可分为社会福利和集体福利。社会福利由国家和社会团体兴办公益性事业来体现,如各居民小区内设的健身设施;集体福利由企业按工资总额和利润的一定比例来提取,用于医药费、集体福利设施、困难补助、福利性补贴等支出。

(五)工会组织保障

工会,又称劳工总会、工人联合会等。《中华人民共和国工会法》于1992年4月3日由第七届全国人民代表大会第五次会议通过,2001年10月修正,是在中国建立和建设社会主义市场经济体制的新形势下颁布的。工会负有组织和教育职工依法行使民主权利,发挥主人翁作用,维护全国人民总体利益,维护职工合法权益,发动和组织职工完成生产任务和工作任务,组织职工参加企业事业的民主管理和民主监督,提高职工思想政治素质和文化技术素质等职责。工会有助于调动和保护职工群众的积极性,通过改革进一步解放和发展生产力,推动经济的发展和社会的全面进步。新《中华人民共和国工会法》规定"中华全国总工会及其各级工会代表职工的利益,依法维护职工的合法权益""维护职工合法权益是工会的基本职责。工会在维护全国人民总体利益的同时,代表和维护职工的合法权益"。这些都进一步突出和强调工会维护职工合法权益的职能,进一步保障了工会组织切实发挥作用,保护、调动广大职工的积极性。

（六）女职工的特殊保护

在从事工种方面，《中华人民共和国劳动法》规定了女职工禁止劳动的范围：矿山井下作业；森林业伐木、归楞及流放作业；国家规定的第四级体力劳动强度的作业；建筑业脚手架的组装和拆除作业，以及电力、电信行业的高处架线作业；连续负重每次超过20公斤（每小时负重6次以上），间断负重每次超过25公斤的作业。

对女职工生理机能变化特殊过程中的保护主要有两方面：经期、孕期、产期、哺乳期的保护，如女职工经期不从事高空、低温、冷水作业和国家规定的第三级体力劳动强度的劳动；对怀孕7个月以上的女职工，一般不得延长工作时间和安排从事夜班工作；产假不得少于90天；对有不满1周岁婴儿的女职工，单位应在其劳动时间内给予两次哺乳时间，每次30分钟，并不得安排其从事国家规定的第三级体力劳动强度的劳动和哺乳期禁忌从事的劳动，不得延长其工作时间，一般不得安排夜班工作等。在女职工较多的单位建立和完善女职工保护设施，如建立女职工卫生室、孕妇休息室、哺乳室、托儿所、幼儿园等。

（七）未成年工的特殊保护

未成年工在我国指年满16周岁、未满18周岁的少年工人。对其的特殊保护主要包括：

在从事的工种方面，不得安排其从事矿山井下劳动、有毒有害作业、国家规定的第四级体力劳动强度的劳动、其他禁忌从事的劳动；用人单位应对未成年工定期体检，预防和避免未成年人患职业病或职业中毒；法律禁止招用未满16周岁的儿童、少年做工、经商、当学徒；文艺、体育和特种工艺单位确需招用未满16周岁的未成年人，须报经县级以上劳动行政部门批准。

（八）劳动环境的特殊保护

劳动环境指的是劳动者所处的劳动场所的外部环境，主要关注对劳动者身心健康产生影响的各种有害因素。通过对各种有害因素的危害程度的测定，可以对劳动环境作出评价。劳动环境不同，在相同时间内其他劳动因素不变时，所需付出的劳动消耗量是不同的。在较差的条件下，就要支出更多的劳动。我国《中华人民共和国劳动法》规定，用人单位应当为劳动者提供健康、安全的工作环境，特殊行业应当给予特殊健康保护。

由于现代工业对劳动环境的破坏，要使劳动对劳动者有吸引力，就必须有一个令人愉快的劳动环境，要防止粉尘、有害气体或液体的危害，防止噪声、强光的刺激和防暑防冻，进行个人防护用品的供应及职业病的防治等。因此安全的工作环境应避免极端恶劣的条件（高温、粉尘、噪声等），用人单位应提供安全的工作条件，防止工伤事故、伤害和职业病。我国目前许多职业群体的工作状况令人担忧，如农民工群体在城市多半从事脏、乱、差的工作，工作环境极其恶劣，工作条件极为简陋，工作安全无法保障，克扣、拖欠工资现象严重，并且由于其工作性质，农民工群体在城市受到各种政策性、群体性歧视，严重影响这一群体融入城市。要实现社会和谐发展，就必须使劳动者实现体面劳动，并注意做好劳动环境的生态保护工作。

四、正确处理劳动争议

(一) 劳动争议的概念

劳动争议,又称劳动纠纷、劳资纠纷、劳资争议,是指劳动者与用人单位之间基于劳动关系,因实现劳动权利和履行劳动义务而发生的纠纷。其中既有权利争议又有利益争议。权利争议(实现既定权利、义务的争议)是指因实现《中华人民共和国劳动法》、集体合同和劳动合同所规定的权利和义务所发生的争议,如关于拖欠工资、违法解除劳动合同的争议;利益争议(确定权利、义务的争议)是指因主张有待确定的权利和义务所发生的争议,比如关于订立专项集体合同(工资福利待遇专项集体合同)、变更集体劳动合同的争议。利益争议在政府干预下由双方协商解决,一般不通过调解、仲裁、诉讼等方式解决。随着社会的不断发展和劳动法制的逐步健全,劳动争议处理已经成为一项法律制度,在调整劳动关系中发挥着至关重要的作用。

(二) 劳动争议的范围

根据《中华人民共和国劳动争议调解仲裁法》第二条规定,以下情形属于劳动争议的范围:因确认劳动关系发生的争议;因订立、履行、变更、解除和终止劳动合同发生的争议;因除名、辞退和辞职、离职发生的争议;因工作时间、休息休假、社会保险、福利、培训以及劳动保护发生的争议;因劳动报酬、工伤医疗费、经济补偿或者赔偿金等发生的争议;法律、法规规定的其他劳动争议。

(三) 劳动争议的处理方式

由于劳动关系各方的出发点和利益不同等各种原因,产生纠纷也是难以避免的事情。

丁佶生为北京阿里巴巴云计算技术有限公司的员工,2013年4月19日上午向公司请假,称18日因严重颈椎病到医院看病,医生诊断建议休息两周,为此申请病休两周,当日公司同意。下午丁佶生即启程飞往巴西"旅游"。后公司得知此情况,在丁佶生回国后与其多次沟通,但丁佶生拒绝就其病休期间的去向作出说明。阿里巴巴公司随后以丁佶生病休期间出国旅游、提供虚假信息欺骗公司、严重违反规章制度为由解除劳动合同,然而,丁佶称北京空气污染严重,其去巴西是为了休养,并非旅游,不是虚假病假。丁佶生提出仲裁,请求撤销阿里巴巴公司解除劳动合同的决定、继续履行劳动合同。劳动争议仲裁委员会裁决支持丁佶生的诉求,阿里巴巴公司不服提出诉讼,一审判决撤销阿里巴巴公司解除劳动合同决定、继续履行劳动合同。二审维持原判。法院认为,阿里巴巴公司的规章制度中并没有对员工休病假期间的休假地点作出限制性规定,因此员工飞往巴西进行休养,不构成严重违纪。阿里巴巴公司在收到二审判决后,向北京市高级人民法院提出再审申请。高院立案并提审,历经将近两年的审理,终于作出了再审判决,撤销原判决,确认阿里巴巴公司解除劳动合同合法有效。再审判决认为:"虽然司法实践中倡导用人单位制定明确的规章制度和劳动纪律,但是不能苛求对劳动者的日常行为事无巨细地作出规制。对于劳动纪律和规章制度中没有具体涉及的情形,应当遵循民法基本原则加以理解适用,而诚实信用原则不但是劳动者应当恪守的社会公德,更是用人单位与劳动者依法建立和履行劳动关系的基石。"

劳动争议和劳动纠纷的发生,不仅使正常的劳动关系得不到维护,还会使劳动关系中某一方的合法利益受到侵害。我国的劳动争议强调多元化处理,包括协商、调解、仲裁与诉讼四种常见的处理方式。其中,协商与调解是柔性措施,仲裁具有准司法性质,而诉讼是解决争议的最终程序。

1. 协商

发生劳动争议后,争议双方可以协商,也可以请工会或者第三方共同协商,达成和解协议。劳动争议的协商,是指劳动者与用人单位通过平等自愿、互谅互让的沟通商谈化解矛盾、达成共识的过程。这种双方当事人自主解决争议的方式是解决争议的首要途径,并贯穿争议处理的全过程。根据争议的具体情况,一般有如下协商方式:当事人之间直接协商、劳动者邀请工会组织或第三方共同与用人单位进行协商,以及当事人代表协商。

2. 调解

劳动争议的调解是指依据法律规范和道德规范,由第三方主持,劝说争议双方当事人,通过民主协商、互谅互让达成协议,从而消除争议的活动。这里面的第三方主要指的是社会基层调解组织,包括企业劳动争议调解委员会,在乡镇、街道设立的具有劳动争议调解职能的组织及依法设立的基层人民调解组织。这些基层调解组织在解决劳动争议的过程中,发挥着软组织、硬功夫的作用。

3. 仲裁

劳动争议仲裁指经劳动争议当事人申请,由劳动争议仲裁机构主持,对双方当事人因劳动权利、义务等问题产生的争议进行评价、调解与裁决的处理争议的方式。该处理劳动争议的方式具有准司法性质。生效的仲裁裁决具有强制执行力。我国劳动争议仲裁体制为仲裁前置,裁审衔接。符合以下两类情形的劳动争议仲裁案件实行一裁终局,即仲裁的裁决为终局裁决,不能再到法院起诉:(1)小额案件,即追索劳动报酬、工伤医疗费、经济补偿或者赔偿金,不超过当地月最低工资标准12个月金额的争议;(2)劳动标准案件,即因执行国家的劳动标准在工作时间、休息休假、社会保险等方面发生的争议。需要注意的是,前述一裁终局仅对用人单位而言,劳动者不服该裁决的,可向法院起诉。劳动争议申请仲裁的时效为一年,从当事人知道或应当知道其权利被侵害之日起计算。

4. 诉讼

根据《中华人民共和国劳动法》规定,劳动争议当事人对仲裁裁决不服的,可以在收到仲裁裁决书之日起 15 日内向人民法院提起诉讼;一方当事人在法定期限内不起诉又不履行仲裁裁决的,另一方当事人可以申请人民法院强制执行。因此,当事人向人民法院提起劳动争议诉讼必须满足两个条件:一是劳动争议已经经过仲裁;二是向人民法院提起诉讼的时间为自收到仲裁裁决书之日起 15 日内。目前法院由民事审判庭依据《中华人民共和国民事诉讼法》和《中华人民共和国劳动争议调解仲裁法》的规定,对劳动争议案件进行审理,实行二审终审制,即如果劳动争议的当事人不服一审人民法院的判决,可向上一级人民法院上诉,后者的判决是二审判决,是生效的终审判决,当事人必须执行。

议一议

1. 劳动权益保护的主要内容有哪些?
2. 解决劳动争议的合法途径有哪些?

活动 6-2:理性应对就业歧视,合法解决劳动争议
——在辩论中拿起法律武器维护劳动者的劳动权益

一、劳动背景

劳动者在求职过程中会遭受一些不公平的待遇,很多人甚至不清楚这样的行为是否合法,并不知道能否维权,如何维权。实际上,这就是社会中常见的就业歧视现象。面对就业歧视,法律法规是维护广大劳动者合法权益的有力保障。不过人们往往认为通过法律途径要浪费较大精力并且要花费较高费用,应聘者通常属于弱势群体,迫于生活各种压力最终只好选择放弃。但随着人们维权意识的增强,为权益而斗争的声音也越来越响亮,维权的路径和选择也越来越丰富。只要大家勇于面对、敢于拿起法律武器保护自己,相信这样的不良现象也会随着劳动者维权的潮流而逐渐消散。

二、劳动描述

以劳动就业为切入口,针对社会中企事业单位招聘用人时存在的歧视现象,组织学生通过辩论赛的形式,由各小组确定辩题,展开讨论。以《中华人民共和国宪法》《中华人民共和国劳动法》《中华人民共和国劳动合同法》等相关法律法规为依据,广泛收集相关制度文件、典型案例等,准备辩论稿,陈述自己的论据论点,最终确定辩论赛结果。劳动中各行动阶段的任务描述如图 6-3 所示。

三、劳动目标

本活动旨在培养学生的劳动法律意识,特别是增强学生在劳动就业方面的法律意识,引导学生认识劳动权益保障的重要意义和有效途径,使学生们学会运用法律武器、通过合法合规渠道理性维护劳动者的合法权益。

四、劳动过程

行动阶段 1:赛前准备

1. 知识准备

收集整理《中华人民共和国劳动法》《中华人民共和国劳动合同法》《中华人民共和

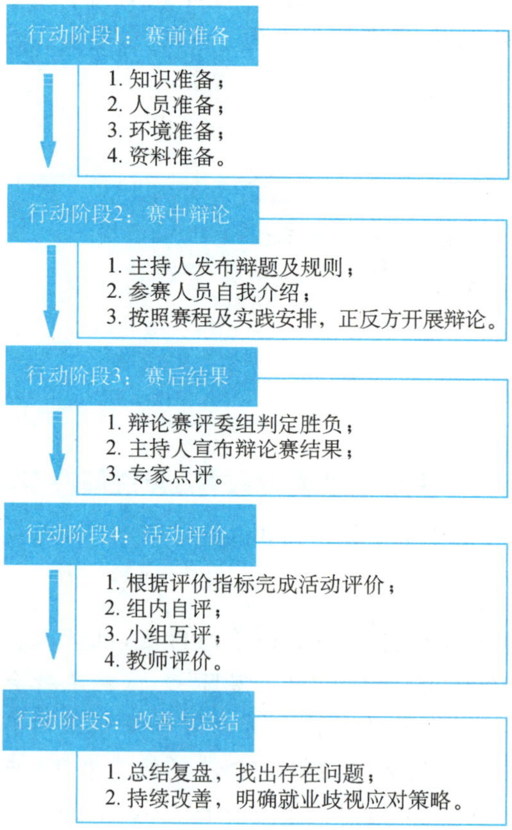

```
行动阶段1：赛前准备
   ↓
   1. 知识准备；
   2. 人员准备；
   3. 环境准备；
   4. 资料准备。

行动阶段2：赛中辩论
   ↓
   1. 主持人发布辩题及规则；
   2. 参赛人员自我介绍；
   3. 按照赛程及实践安排，正反方开展辩论。

行动阶段3：赛后结果
   ↓
   1. 辩论赛评委组判定胜负；
   2. 主持人宣布辩论赛结果；
   3. 专家点评。

行动阶段4：活动评价
   ↓
   1. 根据评价指标完成活动评价；
   2. 组内自评；
   3. 小组互评；
   4. 教师评价。

行动阶段5：改善与总结
   ↓
   1. 总结复盘，找出存在问题；
   2. 持续改善，明确就业歧视应对策略。
```

图 6-3　劳动任务描述

国就业促进法》中关于就业、创业的相关法律法规，为辩论提供理论依据。

2．人员准备

以小组为单位，明确人员的各自分工，确定辩论赛的主持人、正反方辩手、评委等。

（1）主持人：1人，熟悉辩论赛的基本流程和操作规范，具备良好的控场能力。

（2）正方辩手：4人，一辩、二辩、三辩、四辩各司其职，分工准备。

（3）反方辩手：4人，一辩、二辩、三辩、四辩各司其职，分工准备。

辩手应表达流畅、说理透彻，普通话标准、吐字清晰，具备一定的辩驳能力和临场表达能力。

（4）评委裁判：4人，监督辩论过程，评定辩论结果。

（5）工作人员：2人，计时员和记分员。

3．环境准备

（1）布置辩论赛场地，设置主席台、辩论席、评委席等。

（2）配备横幅，做好辩论赛宣传。

（3）备齐备足水、纸、笔、座签、比赛计时器、计分软件、评分表等相关材料。

4. 资料准备

广泛收集劳动者就业相关的制度文件,重点收集学历歧视或就业歧视的典型案例,形成辩论稿,准备充足有力的论据资料。

请结合上述四个方面,将你为辩论赛准备的具体内容填写至表6-3。

表6-3 辩论赛赛前准备明细表

序号	赛前准备	具体内容
1	知识准备	
2	人员准备	
3	环境准备	
4	资料准备	

行动阶段2：赛中辩论

1. 主持人发布辩题,介绍辩论正反方所持立场,介绍比赛规则及比赛注意事项,介绍出席评委。

辩论赛须知

1. 计分人员分别在各队的对面,用黄牌或红牌进行时间的提示,并设有"计时器"进行提示。如时间已到,辩手必须停止发言,否则酌情扣分。

2. 在辩论过程中,选手可以参考事先准备好的资料(如卡片等)。

3. 每场比赛各队队员可随意穿着服装,具体由各队自行决定。

4. 各参赛队务必在比赛开始前半小时内到达赛场,以便于组织者对赛事的统一安排,使各场比赛准备工作能够顺利进行。

辩手注意事项

1. 赛场辩论时,双方辩手应该遵循辩论程序轮番发言,不应在对方申述观点和理由时打断其发言。
2. 在盘问阶段,双方辩手应该把握好时间。
3. 提倡并鼓励智慧的、轻松的、幽默的辩论风格。辩手间不可进行人身攻击,不许使用具有侮辱性的语言进行辩论。
4. 在辩论中,辩手可以引用名人名言,也可以用譬喻的方法。在举例时,尽量避免敏感的政治人物和政治事件。
5. 每场比赛,辩手的辩位不能变动,也不得中途替换辩手。如有特殊情况,需替换辩手,须书面提出申请,由主办部门研究决定。
6. 如一方完全抄袭网络等媒体上的内容,没有自己的观点,另一方可以指出对方抄袭。

2. 参赛队员自我介绍。
3. 主持人宣布辩论赛正式开始。
4. 依照表6-4所示辩论赛的相关程序及实践安排,正反方开展辩论。

表6-4 辩论赛程序及时间安排

序号	辩论程序		时间
1	陈词	正方一辩发言	3分钟
2		反方一辩发言	3分钟
3	攻辩	正方二辩选择反方二辩或三辩进行一对一攻辩	2分钟
4		反方二辩选择正方二辩或三辩进行一对一攻辩	2分钟
5		正方三辩选择反方二辩或三辩进行一对一攻辩	2分钟
6		反方三辩选择正方二辩或三辩进行一对一攻辩	2分钟
7		正方一辩进行攻辩小结	2分钟
8		反方一辩进行攻辩小结	2分钟
9	自由辩论	正方自由陈词	1分钟
10		反方自由陈词	1分钟
11		正方自由陈词	1分钟
12		反方自由陈词	1分钟
13	观众提问	正反方分别接受观众提问	4分钟(双方各2分钟)
14	总结	反方四辩总结陈词	3分钟
15		正方四辩总结陈词	3分钟

行动阶段3:赛后结果

1. 胜负判定:评委根据赛中辩论情况打分,去除最高分和最低分,相加取平均值,即为该队最后得分,参赛两队中得分居高的一队取胜;如果两队得分相同,则由专家评委组另行投票,决定胜负。

2. 主持人宣布辩论赛结果,颁发奖励。
3. 专家评委点评。

行动阶段4:活动评价

根据团队及辩手个人辩论的完成情况进行活动评价,标准见表6-5,分小组完成自我评价、小组评价和教师评价。

表6-5 辩论赛活动评价表

评价内容		配分	自我评价	小组评价	教师评价
团体部分	审题:对所持立场能从思维、理论、事实等多层次、多角度理解,论据充足,推理关系明晰	10分			
	论证:论证有说服力,论据充分,推理过程合乎思维,事实引用得当	10分			
	辩驳:提问能抓住对方的要害,问题简单明了。在规定的时间内没有提出问题或是提问不清,提问不当,应适当扣分。同时能正面回答对方的问题,给人以有理有据的感觉。不回答,不正面回答或者答非所问,应相应扣分	20分			
	配合:有团队精神,能相互支持,论辩衔接流畅,自由辩论时发言错落有致。问答形成一个有机整体,给对方有力打击	10分			
	语言:普通话标准,语言流畅,用词得当,口齿清楚,语速适中。尊重对方辩友,尊重评委,尊重观众。表现得当,落落大方,且有幽默感	10分			
个人部分	论:陈词是否流畅,说理是否透彻,思维性是否强,引用事例是否得当	10分			
	辩:提问时机是否合适,回答是否中肯,反驳是否有力且有理,反应是否机敏,用语是否得体	10分			
劳动感悟	知识准备充分、技能运用得当,劳动感悟深刻	20分			
合计		100分			
综合评价得分					

注:① 综合评价得分=自我评价(40%)+小组评价(30%)+教师评价(30%)。
② 考评满分100分,60~74分为及格,75~84分为良好,85分以上为优秀。

行动阶段5：改善与总结

辩论结束后，请学生复盘辩论赛全过程，并针对就业歧视问题进一步深入思考。要想刹住就业歧视歪风，除了大学生自身要掌握相关劳动权益保障的法律法规和基础知识外，还要发挥政府之力，细化针对就业歧视行为的处罚手段。比如，对发布含有就业歧视内容的招聘信息的单位依法责令改正并进行经济处罚；对涉嫌就业歧视的用人单位进行约谈，并通过媒体曝光，这些都有助于为求职者打造公平公正的择业环境。针对就业招聘中存在的年龄歧视、学历歧视、地域歧视等现象，相关部门也要强化监管，加大惩处力度，织密制度保障网，切实维护好求职者的合法权益；针对在求职中遇到的就业歧视问题，大学生要学会据理力争，及时向有关部门投诉，必要时诉诸法律，拿起法律的武器维护自身合法权益。

 读一读

拒绝就业歧视

歧视，简言之，指不平等地看待。1789年法国《人权宣言》宣告："所有公民都是平等的，故他们都能平等地按其能力担任官职、公共职位和职务，除了德行和才能上的差别外，不得有其他差别。"我国现行《宪法》第33条庄严宣告："中华人民共和国公民在法律面前一律平等。"尽管歧视作为一个概念，其基本含义人们能够予以感知，但是对其内涵与外延人们尚存争议。鉴于此，国际劳工组织在《关于就业和职业歧视公约和建议书》中给"歧视"下了一个较规范的定义：任何根据种族、肤色、性别、宗教、政治观点、民族、血统或社会出身所作的区别、排斥或优惠，其结果是取消或有损于在就业或职业上的机会均等或待遇平等，从而构成歧视。

现实中，性别歧视在用人单位招聘过程中仍普遍存在。"宁用武大郎，不选穆桂英"成为很多单位招人用人的潜规则，一些用人单位在招聘中会把"只限男性"或"男性优先"写入招聘条件，很多女性心中不平却又无可奈何，毕竟用人单位说了算。这种赤裸裸的就业性别歧视，着实让人愤慨。此外，一些用人单位还在招聘时询问求职者婚育情况，许多女性在求职时"倒"在了这一关，如2020年12月媒体报道的"孕妇无法做胸透被拒绝录用"一事，就引发了社会广泛关注。

劳动者不分男女，每个人都享有平等的就业权。我国相关法律规定，在录用职工时，除国家规定的不适合妇女的工种或者岗位外，不得以性别为由拒绝录用妇女或者提高对妇女的录用标准。用人单位在招聘中搞就业性别歧视，既违背了国家相关法律法规，又造成了巨大的人才资源浪费，更扼杀了女性选择人生和追求梦想的权利，破坏了社会公平公正。因此，应该加大对就业歧视的整治力度。

从歧视对象上来看，中国劳动者在就业的过程中碰到的主要歧视表现在以下五个方面。

1. 户籍制度与城乡就业歧视。

有学者指出,在中国表现得最为严重的就业歧视来源于现存的户籍制度,固定的户籍制度从制度上助长了劳动力市场的就业歧视,增加了流动就业迁移成本和流动成本,限制了劳动者在平等基础上自主择业的权利。户籍制度带来劳动力市场的多元分割局面,导致就业市场歧视现象的同时,不仅是农村与城市,连城市与城市之间的劳动力也无法得到市场机制的资源配置,这种人为的制度障碍有悖市场经济的规律。

2. 性别歧视。

应该承认中国在消除性别歧视,促进两性平等方面的成绩是有目共睹的。在就业男女平等、保障妇女权益方面,国家出台了一系列法律法规,包括《中华人民共和国劳动法》《妇女权益保障法》《女职工劳动保护规定》。《中华人民共和国劳动法》第十三条特别强调了妇女享有和男子平等的就业权利,在录用职工时,除国家规定不适合妇女的工种或岗位外,不得以性别为由拒绝录用妇女或提高对妇女的录用标准。然而在现实中,即使有这些法律法规规范就业双方的法律关系,就业领域内仍存在比较严重的性别歧视。许多用人单位为了回避《劳动法》所规定的不得解雇怀孕以及哺乳期妇女的规定,不愿意雇佣女性,或者在雇佣时对男女求职者采取不平等的标准。在就业市场上,明确限制性别的招聘广告比比皆是。许多单位虽然表面没有对性别作出限制,但是一进入面试程序就"男性优先"。还有某些私营企业在女职工孕期采取"变岗变薪"的方法来侵害女职工的合法权益。当然,从性别歧视问题来看,突出的是女性在就业市场上遭遇的性别歧视,但也有些用人单位根据自己的意愿只招收女性或者以女性为优先,这也构成对男性劳动者的歧视对待。有学者提出,性别型就业歧视(即对女性劳动者的就业歧视)和户籍型就业歧视(即对农村劳动者的就业歧视),这两种歧视类型是中国就业歧视最普遍和最严重的两类。

3. 年龄歧视。

在一些招聘广告中,经常可以看到有关年龄的限制性条件,比如招收文秘人员,一般要求女性,年龄在22岁至28岁。由于中国人口众多,就业结构出现年轻化的趋势,有的用人单位在招聘时规定了几近苛刻的年龄界限,将一大批年龄较大的求职者排斥在外,越来越多的企业在招聘员工时,将用人的年龄限定在35岁以下。有的单位采用强迫的方法使达到一定年龄的受雇者自动离职或者退休,或者当受雇者达到一定年龄,其升迁就受到影响。

4. 身高歧视。

身高也成了歧视的对象。在中国,社会上普遍嫌矮爱高,认为身材欠高人士形象不佳。身高多由遗传因素决定,非个人所能控制。有的用人单位往往在招聘公告上对求职者的身高作出硬性规定,身高未"达标"的求职者,连面试机会都被剥夺。也有的单位,如某地的教育部门重新认定教师职业资格时,规定身高160厘米以下的男性不得当教师。这一规定不仅限制身高160厘米以下的男性进入教师职业,而且也让许多授课多年的教师面临下岗的困境。

5. 对乙肝病毒携带者的歧视。

乙肝病毒携带者的就业问题由来已久。中国有14亿多人口,很多的民众都感染过肝炎病毒,约有1.2亿人是乙肝病毒携带者。尽管权威的医学专家已经明确认为:除了少数特殊行业外,慢性乙型肝炎病毒携带者可照常参加工作,但是许多单位在录用过程中,通过设置一定的体检标准来限制乙肝病毒携带者的录用。从职业岗位的需求和劳动者自身权益保护的目的出发,进行一定体检项目和标准的设置是必要和合理的。但是从实现该目的采取的手段与目的之间的关联性来看,这些项目和标准设置的合理性受到了质疑和批评。

劳动者在就业过程中还遭受其他类型的歧视,例如经验歧视,在一些招聘广告中,常常有经验的要求,这使得一些没有工作经验的大学生或无工作经验的人望而却步。其实,有些职位对经验的依赖并不多,只要经过短期的工作环境接触或者培训就可胜任。更令人不能理解的是血液歧视,有的公司在招收销售人员时就要求血型为O型或者B型;还有姓氏歧视,有媒体报道,一位经营布料的老板在招收营业员时,拒绝录用一位姓裴的女性求职者,原因是该女性的姓与"赔"谐音,对于生意人来说不吉利。

2020年12月,人社部发布《网络招聘服务管理规定》(以下简称《规定》),明确规定用人单位向人力资源服务机构提供的网络招聘信息中"不得含有民族、种族、性别、宗教信仰等方面的歧视性内容",可以说堵住了用人单位在网络招聘过程中可能存在的就业歧视漏洞,这无疑为广大求职者尤其是女性求职者撑起了一把"保护伞"。笔者注意到,除了网络招聘不得含有性别歧视性内容,《规定》还着重强调要加强应聘者的信息安全保护,这值得点赞。

刹住就业歧视歪风,要细化针对就业歧视行为的处罚手段。让劳动者梦想成真,需要公平公正的就业环境,这既需要相关部门和用人单位的积极作为,更需要全民的广泛参与。对于公众来说,要树立"职业面前人人平等"的观念,针对在求职中遇到的就业歧视现象,要学会据理力争,及时向有关部门投诉,必要时诉诸法律,拿起法律的武器维护自身合法权益。

(资料来源:王学明,广西新闻网,有删改)

参考文献

[1] 刘国胜,柳波,袁炯.大学生劳动教育[M].北京:人民邮电出版社,2021.

[2] 刘文文,刘春雷.当代大学生应如何继承"勤俭"美德[J].素质教育(中旬刊),2012(5):3-4.

[3] 范维涤.浅谈劳动者的心理健康[J].工会理论研究(上海工会管理干部学院学报),2000(3):31-32.

[4] 丁雅诵.大学生"懒癌"得治![N].人民日报,2017-01-19(18).

[5] 马祖云.敬业绘就"最美"人生[N].人民日报,2021-02-04(4).

[6] 河南省职业技术教育教学研究室.高等职业院校劳动教育指导手册[M].郑州:河南科学技术出版社,2020.

[7] 吕国泉.时代坐标中的劳动精神[N].学习时报,2021-12-06(A5).

[8] 杨刘敏,付梁艳.马克思劳动伦理的基本内涵及其当代价值[J].西部学刊,2022(10):38-42.

[9] 白兴时,李晖.实现体面劳动的基本途径和对策建议[N].工人日报,2011-06-21(6).

[10] 段丽华.大学生就业指导[M].2版.北京:高等教育出版社,2022.

[11] 杨伟国,蔡飞.劳动教育[M].北京:高等教育出版社,2022.

[12] 徐国庆.劳动教育[M].2版.北京:高等教育出版社,2021.

[13] 赵放,王千文.职业院校劳动教育教程[M].北京:高等教育出版社,2022.

[14] 卢胜利,刘瑜,杨孝峰.新时代大学生劳动教育[M].北京:高等教育出版社,2022.

[15] 教育部职业技术教育中心研究所.劳动教育读本(高职版)[M].北京:高等教育出版社,2020.

[16] 何光明,张华敏.高职学生劳动教育教程[M].北京:高等教育出版社,2020.

[17] 黄才华,侯同江.就业与创业指导[M].3版.北京:高等教育出版社,2021.

[18] 河南省教育科学规划与评估院.高等职业院校劳动教育指导手册(修订本)[M].郑州:河南科学技术出版社,2022.

[19] 周明星,王子成.论技艺劳育的三重逻辑[J].职教论坛,2020,36(8):27-37.